EMMA

y las otras señoras del narco

ANABEL HERNÁNDEZ

Grijalbo

Emma y las otras señoras del narco

Primera edición: noviembre, 2021
Primera reimpresión: diciembre, 2021
Segunda reimpresión: diciembre, 2021

D. R. © 2021, Anabel Hernández

D. R. © 2021, derechos de edición mundiales en lengua castellana:
Penguin Random House Grupo Editorial, S. A. de C. V.
Blvd. Miguel de Cervantes Saavedra núm. 301, 1er piso,
colonia Granada, alcaldía Miguel Hidalgo, C. P. 11520,
Ciudad de México

penguinlibros.com

ISBN: 978-607-380-745-6

Impreso en México – *Printed in Mexico*

Para las mujeres de México que son pilar esencial para reconstruir una nación destruida por un sistema criminal de corrupción, violencia y complicidad.

Para ellas que no se rinden ni se venden y siguen adelante todos los días con esfuerzo, sacrificio, amor y esperanza aun en las condiciones más adversas.

Para ellas que luchan por la verdad.

Para ellas que dicen no a la injusticia.

Para ellas que lloran a sus seres amados desaparecidos o asesinados.

Para ellas que no están, víctimas de feminicidio.

Para ellas que sufren violencia y explotación.

Para ellas que denuncian y rompen los pactos de impunidad.

Todas ellas son un ejemplo y un motor para mí todos los días.

Índice

Introducción

El sistema criminal que existe en México tiene rostro masculino no solo porque, en su mayoría, los integrantes de la cúpula y quienes toman las decisiones son hombres: políticos, funcionarios públicos, jerarcas religiosos, empresarios y narcotraficantes, entre otros; sino porque se trata de un sistema patriarcal donde la prepotencia sobre el más frágil, la discriminación, el complejo de superioridad, el narcisismo, el uso de la fuerza y violencia como mecanismo de control, y el menosprecio por la existencia y los derechos del otro son la normativa.

Llevo más de 20 años investigando ese sistema y he entrado en sus sótanos para entrevistar a víctimas y victimarios, no solo para conocer su forma de operación y los nombres de sus cómplices, sino para intentar entender su raíz y esencia como quien busca conocer todas las partes del virus y sus mecanismos para encontrar una vacuna y combatir la pandemia. Esta búsqueda incansable es mi forma de protesta, de rebeldía ante ese sistema criminal que destruye nuestra nación, es mi humilde contribución para intentar combatir a la horda de enemigos públicos.

Este libro es parte de este largo camino periodístico de exploración y búsqueda de entendimiento. Hasta ahora mis investigaciones se han enfocado en diseccionar la operación del tráfico de drogas, cuyo ingrediente principal es la colusión que usa como pegamento a la corrupción y la ambición de poder. Ahora he querido ir más allá y recorrer el telón para ver lo que ocurre tras bambalinas. Un detrás de cámaras del mundo del narcotráfico.

¿Cómo son las vidas personales de estos jefes de la droga? ¿Cómo interactúan en la intimidad con sus mujeres y sus familias? ¿Cuáles son sus necesidades primordiales? ¿Qué los impulsa a producir y traficar drogas, corromper, asesinar y destruir todo a su paso? ¿Cuál es su objetivo? ¿Qué los nutre y les da fuerza para continuar como bólidos en su frenética carrera?

Este libro es un primer paso para entenderlo, y me he enfocado en explorar el mundo de sus mujeres: madres, hijas, esposas y amantes. Mujeres que forman parte de la corte en el reino de los narcos y se amoldan a las reglas machistas que les son impuestas y en "recompensa" disfrutan del botín obtenido de masacres, corrupción y violencia, cuyas principales víctimas son otras mujeres.

La presencia del género femenino —las mujeres que voluntariamente están dentro de la cúpula del narcotráfico— cubre la necesidad afectiva esencial que tienen incluso personas con un desorden psicosocial como los jefes de la droga. Les dan afecto, los solapan, los justifican, les aplauden, les dan placer, procrean hijos y multiplican su especie, y con ello los impulsan a seguir delinquiendo en un círculo vicioso sin fin. Ellas son el motor y a la vez son el objetivo. Son el alimento de la bestia.

¿Para qué alguien desea una montaña de dinero, aunque sea ensangrentado, si no tiene con quién disfrutarlo? ¿Para qué las mansiones, la ropa costosa y las joyas si no hay con quién compartirlo? ¿Para qué comprar un Ferrari si no hay quién los acompañe en el viaje? La gran mayoría de los narcotraficantes no son ermitaños que estén dispuestos a vivir aislados sentados sobre sus fortunas, pasando las horas en solitario contando su botín. Como el común de los humanos, son seres sociales por naturaleza, necesitan interactuar, reflejarse, confirmarse, reproducirse y ser aceptados. Y quizás ellos, cuyo perfil es megalomaniaco, lo necesitan más que los demás. ¿De qué sirve llegar a la cima de la pirámide del crimen si no hay con quién festejarlo? Sus mujeres son el primer círculo del coro que los vitorea y los recibe con laureles cuando regresan de combatir en las guerras criminales que destruyen nuestro país. Su calor contrarresta el repudio social, que, por cierto, preocupantemente, cada vez es menor en México.

Si los narcotraficantes se quedan aislados y solos, mueren. Por eso es necesario analizar las relaciones personales que los nutren, son un punto de fortaleza y su talón de Aquiles.

Esta investigación la he realizado con el mismo rigor y método que mis investigaciones sobre las redes de corrupción y abuso de poder. Tuve acceso a testigos directos, presenciales, de los hechos que aquí narro; personas que justamente estaban ahí, tras bambalinas, observando ese mundo íntimo hasta ahora secreto. Colaboradores muy cercanos a los narcotraficantes de los que habla el libro que vivieron su interacción con sus mujeres y familia. Algunos aceptaron hablar *on the record* y que sus nombres se publicaran, otros accedieron a ser mis informantes y contar los hechos a cambio de mantener sus identidades bajo reserva. Conservo grabaciones de muchas de las entrevistas que les realicé.

Sus testimonios pude cruzarlos y contrastarlos entre sí, y con otras fuentes de información fuera del mundo criminal que también fueron testigos porque forman parte de los círculos de amistad y familia de esas mujeres, o por razones de logística y casualidad.

Gracias a esos testigos pude entender cómo las relaciones de funcionarios públicos y políticos con narcotraficantes se dan no solo a través de la corrupción, el dinero y la búsqueda de poder, sino de mujeres que circulan en uno y otro mundo y se convierten en vasos comunicantes, en damas de compañía o amantes compartidas.

Pude corroborar la existencia de lugares, eventos y direcciones, y tuve acceso a expedientes judiciales de México y Estados Unidos, documentos de cuentas bancarias, certificados de propiedad, información fiscal y actas constitutivas de empresas nacionales e internacionales. Por medio de ese conjunto de información obtuve los nombres de los protagonistas, hombres y mujeres, de las historias que narro en cada capítulo.

Emma y las otras señoras del narco surge desde mi posición como mujer antagonista y víctima del mundo que aquí reconstruyo para el entendimiento del lector. No pretende ser un juicio sumario, no es abordado desde el punto de vista de prejuicios conservadores, ni tiene la intención de hacer escarnio, pero es necesario reconocer que a escala mundial existen mujeres que voluntariamente han sido protagonistas o cómplices esenciales de terribles casos criminales. Como la red de tráfico sexual NXIVM creada por Keith Raniere, cuya matriz se estableció en Estados Unidos, y en la que actrices de talla internacional participaron en el deleznable crimen, algunas ya condenadas como Allison Mack. O el caso de la red de explotación sexual de menores de edad encabezada por el empresario Jeffrey Epstein, cuya pareja sentimental y amiga Ghislaine Maxwell, una celebridad en el mundo de la alta sociedad británica, era su cómplice.

Estos dos ejemplos son la clara muestra de que a veces el crimen se oculta y opera mejor tras la fachada de los famosos. La fama y la forma en que los medios de comunicación la exaltan los cubre de un falso velo de virtud, como si el hecho de ser famosos los hiciera buenos y gentiles. Pero además de cómplices son trofeos, entre más famosos e inalcanzables parezcan, más son deseados por el mundo criminal.

"El artista se mete donde el narco no puede", afirmó de manera contundente uno de los lugartenientes del Cártel de los Beltrán Leyva que fue testigo directo del desfile de cantantes, artistas y modelos; mujeres y hombres del mundo de la farándula que convivían con los criminales más sanguinarios.

"Cuando terminas de comprar todo lo material, comienzas a comprar personas, comienzas a coleccionar mujeres", sentenció contundente en entrevista otro testigo que desde la década de los noventa ha estado relacionado con el mundo del narcotráfico.

A algunas de las protagonistas de este libro como Emma Coronel Aispuro, la esposa de Joaquín Guzmán Loera, *el Chapo*, el líder más visible del Cártel de Sinaloa, y Diana Espinoza Aguilar, esposa de Rafael Caro Quintero, el poderoso líder del Cártel de Guadalajara actualmente prófugo de la justicia, las conocí personalmente, las entrevisté y tuve diversas conversaciones con ellas a lo largo de cerca de dos años. A otras las identifiqué a través de los testigos que entrevisté, de su actuación pública o de información que consta en expedientes: Priscilla Montemayor, esposa del narcotraficante Edgar Valdez Villarreal, *la Barbie*, las cantantes Marcela Rubiales, Zoyla Flor y Lucha Villa; la ex Miss Universo Alicia Machado, la actriz Arleth Terán, la conductora Galilea Montijo y la vedette Ninel Conde son algunas de ellas. Muchos de sus nombres no eran nuevos para mí, sino que los he escuchado de manera recurrente a lo largo de los lustros que llevo investigando a los cárteles de la droga y ahora decidí profundizar en sus historias con el objetivo ya explicado.

Madres, hijas, esposas y amantes, mujeres que forman parte del séquito de los narcos y se amoldan al sistema criminal patriarcal, machista, que les imponen sus monarcas. Bailan ante ellos la danza de los siete velos sobre los cadáveres de los miles que han sido víctimas de los mismos hombres a quienes deleitan con su presencia a cambio de dinero, joyas y propiedades.

Todo esto ocurre mientras otros cortesanos, algunos también del mundo del espectáculo, miran, aplauden y se mimetizan en complicidad, como el actor y exdiputado federal de Morena Sergio Mayer, Joan Sebastian, el veterano actor Andrés García, entre otros. Y al mismo tiempo, funcionarios públicos como el expresidente Enrique Peña Nieto, el exalcalde de Acapulco Félix Salgado Macedonio, y más, entran y salen de reuniones con los narcos en las mismas residencias donde luego ocurren fiestas y orgías.

Recorramos juntos el telón.

1

La reina Emma

Era la medianoche del domingo 23 de septiembre de 2018 —tiempo de Culiacán, Sinaloa— cuando la mujer de entonces 29 años, trasnochada y preocupada, decidió buscar en sus viejos contactos mi número telefónico. Titubeó. Sabía que a su familia política no le gustaba mi trabajo como periodista, mucho menos las cosas que había revelado sobre ellos, sin duda estaban más cómodos sin que nadie metiera las narices en sus asuntos.

La venció el impulso de teclear un mensaje por WhatsApp. Quizá lo hizo justo por eso, porque a ellos no les iba a gustar; quizá se sentía demasiado sola; quizá solo necesitaba hablar con alguien que perteneciera al extremo opuesto del mundo en el que ella vivía, pero que al mismo tiempo lo entendía porque había excavado durante años en sus secretos.

Su número era distinto al de la última vez que conversamos, y muchas cosas habían pasado desde entonces. Era público que yo vivía bajo amenaza de muerte y ella sabía perfectamente que, por regla, no respondo mensajes de teléfonos desconocidos, a menos que sea con clave o que la persona que escribe compruebe fehacientemente su identidad. De esa forma nos habíamos mantenido en contacto por largo tiempo desde febrero de 2016, cuando la conocí, y parte de 2017.

El mensaje era inconfundible, no había duda de quién escribía: "Hace más de un año te di una entrevista en un restaurante de Sinaloa, ¿sabes quién soy?", y añadiría el nombre "Mar & Sea". Solo nosotras dos, su hermana Claudia, su cuñada Armida y un camarógrafo de Telemundo sabíamos que la primera vez que nos encontramos fue en aquel restaurante de mariscos localizado en el Desarrollo Urbano Tres Ríos, en la ribera del río Humaya en Culiacán.

Era Emma Coronel Aispuro, la esposa de Joaquín Guzmán Loera, *el Chapo*, el líder más conocido del Cártel de Sinaloa, acusado por el gobierno de Estados Unidos de ser uno de los narcotraficantes más peligrosos y poderosos del mundo, cuyo juicio en la Corte Federal del Distrito Este de Nueva York estaba programado para iniciar el 5 de noviembre en Brooklyn; debía enfrentar cargos por haber traficado drogas durante 25 años (de 1989 a 2014), lavado de dinero, secuestro y homicidio; además de que le adjudicaban una fortuna ilegal de más de 14 mil millones de dólares y el pago de millonarios sobornos a autoridades de todos los niveles en México y otros gobiernos para obtener protección y ayuda en sus actividades criminales.

¿Qué preocupaba a Emma en la víspera de lo que era ya denominado el "juicio del siglo"? ¿Qué era lo que le quitaba el sueño?

Emma ya había sido requerida por los abogados de su esposo para estar presente en la sala de la corte en Brooklyn, como parte de la estrategia de defensa para hacer ver al Chapo más humano y menos infame. Pienso que ella presentía que el proceso público al que sería sometido el narcotraficante cambiaría su vida para siempre, como efectivamente ocurrió.

Le respondí enseguida su mensaje. Ella no lo sabía, pero yo estaba del otro lado del mundo, en Italia, analizando fenómenos criminales de familias como la suya. Su mensaje me había remontado varios años atrás, como si al maniobrar el teclado del teléfono para responderle hubiera metido el código de la máquina del tiempo.

* * *

La primera vez que escuché hablar de Emma Coronel Aispuro fue en 2007, durante mi investigación para *Los señores del narco* (2010). Supe de su matrimonio con el Chapo semanas después de que ocurrió gracias a un informante cuyo amigo había sido uno de los invitados. Comencé a recolectar toda la información disponible sobre ella. Era poca.

Durante mucho tiempo a través de diversos canales intenté contactarme con ella para hacerle una entrevista, pero no tuve éxito. Ninguna esposa de un jefe del narcotráfico del nivel de Guzmán Loera había dado una; su rol habitual era vivir en el silencio, con discreción, gastando la fortuna de sus esposos y cuidando de los hijos. Nada de redes sociales.

Con el paso del tiempo, al investigar al Cártel de Sinaloa y la manera en que funciona, comprendí que Emma solo hablaría cuando le fuera indispensable o cuando su esposo se lo ordenara. Ese día llegó, fue el 12 de febrero de 2016, poco después de que el Chapo fuera arrestado por tercera y última ocasión en Los Mochis, Sinaloa en la antesala de una extradición inminente a Estados Unidos.

Emma nunca había dado una entrevista, ni siquiera había fotos recientes de ella. El encuentro fue organizado por uno de los abogados de la defensa de Guzmán Loera. No hubo ninguna condición de por medio, ni temas vetados —yo no lo hubiera aceptado—; lo único que solicitó fue que fuera ella quien fijara el lugar de reunión: un salón privado en el Mar & Sea, en la capital del Cártel de Sinaloa.[1]

Puntual y sin escoltas entró al lugar. Era una mujer alta, de cabello largo e impecablemente teñido, peinado y enrizado; con un espeso maquillaje profesional que hacía resaltar sus ojos redondos, marrones y brillantes, enmarcados con pestañas postizas tan largas que los hacían parecer como los de una muñeca. Sus labios estaban cuidadosamente pintados de un color nude sobrio, aun así no podía disimular que eran voluminosos gracias al silicón. Su nariz era recta, fina y ligeramente respingada. Su figura curvilínea había sido esculpida varias veces por la liposucción, siguiendo el modelo de narcobelleza impuesto en el mundo que la rodeaba, aunque sin vestir de forma escotada ni llamativa, como las típicas *buchonas*, sino de manera impecable y recatada.

Entendí que Emma creía que estaba llegando al set de una película, no a una entrevista. Era la primera vez que su imagen sería transmitida por televisión y quería que fuera impecable.

Me saludó cordial y nerviosa. Iba acompañada de su hermana Claudia y de Armida Guzmán Loera, hermana del Chapo, quien no se levantaría de su asiento durante las más de cuatro horas que duró el encuentro, ni siquiera para tomar una bocanada de aire fresco.

El tono de voz de Emma era suave y sereno, pero había algo de fingido en él, como si estuviera aguantando la respiración. Parecía dueña de sí, aunque contenida, como una olla exprés a punto de estallar. Era solo cuestión de tiempo.

Emma era, al menos en apariencia, una mujer totalmente distinta a las fotos que yo conservaba de cuando tenía 17 años. No era solo el paso del tiempo natural, sino como si toda esa alteración estética fuera una especie de armadura que escondía a la persona que había sido antes de conocer al Chapo.

Durante años me he sentado frente a frente con narcotraficantes, con sus mujeres, sus esposas, sus hijos, sus amigos, abogados y cómplices. Una entrevista de la índole de la que iba a tener con Emma es un juego de ajedrez, donde el propósito no es abrumar al otro jugador ni pretender eliminarlo en un jaque mate, tampoco hacer volar el tablero, sino que quiera volver a sentarse contigo al día siguiente para continuar la partida.

Aquí cuento la historia de lo que ella me dijo en la entrevista y las conversaciones que tuvimos durante casi dos años de contacto intermitente; pero, sobre todo, es la historia de lo que dijo sin necesidad de palabras.

* * *

Emma Coronel Aispuro es la segunda de cuatro hijos procreados por la pareja conformada por Inés Coronel Beltrán y Blanca Aispuro, de quien heredó su belleza. Su hermano mayor se llama Omar; su hermana menor, Claudia, y su hermano menor, Édgar. Nació en San Francisco, California, el 2 de julio de 1989. Su madre se fue de mojada en avanzado estado de gravidez para visitar a familiares que se habían asentado luego de haber cruzado ilegalmente. Sin preverlo, durante su estancia se desencadenó el parto en el que nació Emma; ese accidente del destino le dio la doble nacionalidad, mexicana y estadounidense; es la única de los cuatro hermanos que la tiene.

A los pocos meses del nacimiento de Emma, Blanca regresó con su hija a la diminuta ranchería La Angostura, en Canelas, Durango, donde Emma creció. Es una comunidad con un muy alto nivel de marginación —de no más de 80 habitantes—, enclavada en la región del denominado Triángulo Dorado, entre Durango, Sinaloa y Chihuahua.

La Angostura es una comunidad circundada de montañas que se levantan a una altura de más de mil 300 metros sobre el nivel del mar. Donde la naturaleza esculpió una obra de arte: cordilleras cubiertas de bosques de pino, nogal, palo colorado, madroño, zarzamora y laurel que impregnan el ambiente con sus perfumes; y los ríos sinuosos y cascadas que cantan. Por las noches, bajo una danza de luciérnagas, el coyote aún aúlla; y en el día, el cielo es surcado por audaces águilas que cazan ardillas y liebres al filo de los acantilados.

"Es un rancho como cualquier otro, son personas humildes; todos entre familia, entre amigos", dice Emma sobre el lugar donde creció, dejando entrever con su tono y lenguaje corporal una auténtica emoción.[2] "Mucha gente sale a trabajar a Culiacán, otros se van a Estados Unidos; sobreviven, pero todos muy humildemente." La Angostura es un puñado de casas en medio de la nada. Las únicas vías terrestres son brechas de terracería, así que solo se logra llegar a caballo, cuatrimoto o helicóptero.

Emma dio la crónica de una infancia feliz. "No hacía nada. Estar en la casa, ayudar en la casa, estar con mis hermanos. Ahí estudié la primaria, la secundaria; estaba con mis amigas. En un rancho no hay muchas clases de juegos, pero mi papá siempre nos tenía muñecas. Cosas muy simples, pero significativas."

Aunque su vida era de campo y sin lujos, aseguró que le gustaba vivir de ese modo y no tenía mayores sueños ni ambiciones. "A mí me gusta porque soy de ahí; a cada persona le gusta el lugar de donde es. ¡Significa tanto para mí! Ahí viví mi niñez junto con mis hermanos. Ahí no se ve nada extravagante, cosas como las que se ven en la ciudad, que son tan estresantes. Allá la vida es muy tranquila."

Definió a su familia como muy unida. Describió a su madre como un ama de casa ordinaria, dedicada a las tareas del hogar; y a su padre como un campesino responsable que desde muy joven se dedicó a sembrar maíz y frijol para mantener a la familia. Su papá le enseñó cómo defenderse; hombres y mujeres aprenden desde muy chicos a trabajar en el campo.

El mundo de Emma se transformó cuando llegó esa bestia agazapada que devoraba todo a su paso: el Cártel de Sinaloa, la organización de tráfico de drogas más poderosa del mundo. Ellos alteraron el perfume natural de la foresta de la tierra de Emma con el penetrante olor del aceite que emana de la mariguana que cultivan periódicamente en el territorio, al igual que la amapola. El aullido de coyote era muchas veces opacado por el sonar de las metralletas. Y el cielo que por natura pertenecía a las aves era invadido por avionetas que transportaban a los jefes de la organización criminal y la mercancía ilegal cultivada clandestinamente.

Así como la organización criminal había alterado el equilibrio y la armonía natural del Triángulo Dorado, también trastocó la propia belleza y humanidad de Emma.

Todo comenzó con un baile. Aquel estúpido baile.

* * *

A principios de 2006 Emma tenía 17 años. Su entonces novio la invitó a salir como cualquier cita de adolescentes; la llevaría a un baile en una ranchería vecina al lugar donde ella vivía. Una de las pocas diversiones que tenía era acudir a esas fiestas para cantar y moverse al ritmo de la música de banda. Esa tarde se puso unos jeans de mezclilla, la mejor blusa que encontró en su escueto guardarropa, y se maquilló de forma ligera como acostumbraba en aquella época. Su rostro ovalado aún era de niña; sus labios eran delgados, y sus ojos marrones, aunque grandes, parecían un poco caídos, lo que le daba una apariencia aún más pueril. De 1.70 de estatura, era delgada y larga; su figura de mujer aún no terminaba de desarrollarse.

Al llegar al baile rápido tomaron el centro de la pista, pero al poco tiempo se cruzaron con otra pareja conformada por un hombre que ya rondaba los 50 años y una muchacha. Emma y el hombre se quedaron de frente, cada uno con su respectiva pareja; el señor sonrió en forma de coqueteo.

Al terminar la pieza Emma iba a sentarse con su novio cuando una persona discretamente se le acercó para darle un mensaje. "Dice ese señor que si quieres bailar con él", expresó el mensajero mientras señalaba al interesado; era el mismo hombre que le había sonreído en la pista: Joaquín Guzmán Loera, *el Chapo*, quien para entonces, se supone, era uno de los fugitivos más buscados por el gobierno de México y de Estados Unidos.

"Sí, claro que sí", dijo ella consintiendo bailar la siguiente canción con él.

"En los ranchos, aunque uno tenga novio, tiende a bailar con todas las personas que te invitan", explicó Emma a modo de justificación. "Yo no sabía que él era la persona que decían, yo lo confundía con otra persona; supusimos que era otra persona, yo nunca ponía atención en las noticias."

Al comenzar a bailar con el Chapo, la versión de Emma es que de inmediato le cayó muy bien, él le preguntó su nombre, de dónde era y platicaron como lo harían dos desconocidos, de todo y nada. Solo bailaron una pieza y Emma se fue a su casa. Según ella no lo volvió a ver hasta casi finales de 2006, cuando ella se inscribió en el concurso de belleza de la Feria del Café y la Guayaba, el evento social más importante en Canelas.

* * *

Cuando Joaquín Guzmán Loera conoció a Emma era ya un mujeriego empedernido y tenía fama de que ninguna podía resistirse a él, ya fuera por convicción propia o a punta de pistola. También nacido en el Triángulo Dorado, en la ranchería de La Tuna, en Badiraguato, Sinaloa, ya tenía muchos años inmerso en el mundo criminal y su rostro ocupaba pósteres publicados por los gobiernos de México y Estados Unidos que ofrecían millonarias recompensas a quien diera información veraz que ayudara a su detención.

Es el mayor de seis hijos procreados por el matrimonio de Emilio Guzmán y Consuelo Loera. Su padre lo llevó a trabajar a los campos de siembra ilegal desde que tenía siete u ocho años, por eso nunca pudo pasar del tercero de primaria. El ciclo escolar lo dejaba siempre inconcluso para ayudar con la siembra y luego con la cosecha. Emilio Guzmán era duro con su hijo, lo golpeaba, y el dinero que ganaba con la venta de la mariguana se lo gastaba en alcohol y prostitutas, por lo que la familia quedaba hambreada.

Hay quienes piensan que Guzmán Loera es una especie de pigmeo. La realidad es que el Chapo, de acuerdo con los expedientes oficiales, mide 1.65, la estatura promedio de un hombre mexicano. Y si bien su sobrenombre significa "pequeño" en la sierra de Sinaloa, es la forma en que la gente se refiere afectuosamente a los niños y muchachos. Como sea, solo para el registro, Emma era más alta que él.

Desde muy joven, más o menos a la edad que tenía Emma cuando la conoció, el Chapo comenzó a sembrar su propia plantación de mariguana con la ayuda de su primo Arturo Beltrán Leyva, que vivía en la ranchería de La Palma, en el mismo Badiraguato. El primer registro que hay de él en el mundo criminal a mayor escala es como chofer de Miguel Ángel Félix Gallardo, un narcotraficante de Sinaloa, que junto con Ernesto Fonseca Carrillo, mejor conocido como *Don Neto*, y Rafael Caro Quintero, con el sobrenombre del *Príncipe*, conformaron a fines de los años setenta el llamado Cártel de Guadalajara, cuya matriz era la capital del estado de Jalisco.

Además de chofer, el Chapo tenía un grupo de sicarios al que conocían como los Dormidos; hacían el trabajo más sucio de la organización criminal: amenazas, secuestros, torturas, homicidios, y también eran sepultureros. Escoltas de Don Neto afirmaron que en aquel tiempo el Chapo torturaba y ejecutaba a sus víctimas personalmente y era adicto a las drogas. Afirman que en 1985 participó directamente en la tortura y el homicidio del agente de la oficina antinarcóticos de Estados Unidos, Enrique Camarena, hecho que llevó a la caída del Cártel de Guadalajara. Don Neto, el Príncipe y Félix Gallardo terminaron en prisión por dicho evento; pero para su fortuna el Chapo era aún tan minúsculo en la organización que nadie se percató de su existencia.

Tras la caída de sus jefes se fue a trabajar con Amado Carrillo Fuentes, quien era sobrino de Don Neto, y quien creó el Cártel de Juárez. En ese tiempo el Mayo Zambada estaba creando el Cártel de Sinaloa y Amado le rendía pleitesía y atendía sus instrucciones. La primera vez que el Chapo cayó en prisión fue en 1993, acusado de haber participado en la balacera ocurrida en el Aeropuerto Internacional de Guadalajara en la que fue asesinado el cardenal Juan Jesús Posadas Ocampo.

Cuando fue detenido, su esposa era Alejandrina Salazar, con quien tuvo cinco hijos: César, Iván, Giselle, Alfredo y Claudete Ilene. Y simultáneamente tenía ya otra pareja llamada Griselda

Guadalupe López, con quien procreó otros cuatro hijos: Joaquín, Édgar, Ovidio y Grisel Guadalupe.[3]

Los primeros tres años estuvo recluido en el penal de máxima seguridad de La Palma (ahora llamado Altiplano) en Almoloya de Juárez, Estado de México. Luego gracias a la gestión de sus abogados lo transfirieron a la cárcel de máxima seguridad en Puente Grande, Jalisco, donde en poco tiempo, junto a su compañero de celda, Héctor Luis Palma Salazar, el *Güero*, se convertiría en el rey de la prisión. Comida, fiestas, mujeres y droga corrían a voluntad. Con el dinero que le enviaba su primo, Arturo Beltrán Leyva, quien fue solidario con él en los malos momentos, pudo sobornar a las máximas autoridades del penal y a las autoridades de la Secretaría de Gobernación responsables de las cárceles federales.

Durante sus años en Puente Grande, el Chapo vivió adicto a las drogas y al sexo. Competía con el Güero para ver quién duraba más en el acto sexual y quién acumulaba más mujeres. Mandaban traer prostitutas de afuera, y cuando eso no era posible pagaban a enfermeras, encargadas de limpieza y cocineras que trabajaban en el penal. Incluso tenían acceso sexual a reclusas que estaban en una sección de la prisión que se supone era solo para hombres.

Ahí el Chapo conoció a Yves Eréndira Moreno, de entonces 38 años, quien era cocinera en la prisión. Guzmán Loera estableció una relación más o menos humana con ella, le escribía cartas y le enviaba flores a su casa. Decía haberse enamorado porque cocinaba unas enchiladas iguales a las de su madre. Al mismo tiempo, se vinculó con la reclusa Zulema Yulia Hernández, una joven de 23 años que estaba acusada de robo y fue indebidamente encerrada ahí. El Chapo la embarazó al menos en dos ocasiones y se le realizaron abortos clandestinos en los cubículos médicos de la cárcel. A otra de las internas, que se negó a entregarse o venderse al narcotraficante, el Chapo ordenó que fuera abusada tumultuariamente. Este pasaje de la vida del Chapo, narrado por primera vez en *Los señores del narco*, sería uno de los que más atormentarían a Emma durante

24

mucho tiempo. No lo podía creer, y me lo reclamaría constantemente.

Uno de sus principales cómplices de esas atrocidades y excesos fue el subdirector de seguridad del penal, Dámaso López Núñez, alias el *Licenciado*, quien renunció a su cargo apenas unos meses antes de concretarse la fuga, solo para irle allanando el camino afuera al Chapo.

En enero de 2001, Guzmán Loera, con los funcionarios dentro y fuera del penal en el bolsillo, se escapó de la prisión. La versión oficial de las autoridades es que se había fugado en un carrito de lavandería. La realidad es que había salido por la puerta principal vestido de policía con la complicidad de diversas autoridades federales, entre ellos Genaro García Luna, entonces titular de la Policía Judicial Federal (después Agencia de Investigación Federal). Fue a tomar control de la prisión junto con su mentor Jorge Tello Peón, subsecretario de Gobernación, quien desde hacía un año sabía que el Chapo controlaba la cárcel, pero lo dejó operar hasta concretar la fuga.[4]

Cuando Joaquín Guzmán Loera salió de prisión se reencontró con Dámaso y lo hizo su amigo, brazo derecho y hasta compadre. Tuvo el cobijo de su primo Arturo Beltrán Leyva, y del Mayo Zambada. Pocos meses después, en cónclaves celebrados en distintas partes de México, se creó La Federación, un conglomerado de cárteles, entre los que se encontraban el Cártel de Sinaloa, comandado por el Mayo; el Cártel de Juárez, encabezado por Vicente Carrillo Fuentes; el Cártel de Colima, comandado por los hermanos Jesús, Adán y Luis Amezcua; el Cártel del Milenio, de los hermanos Valencia y narcotraficantes importantes como Juan José Esparragoza Moreno, el *Azul*, e Ignacio Coronel, quien controlaba Jalisco y sus alrededores; este último era muy poderoso porque iba a la vanguardia en el negocio de las metanfetaminas, a la par de los hermanos Amezcua, y tenía mucho poder económico; fue asesinado en 2010 y algunos pensaban que era tío de Emma.

"No es verdad, simplemente tenemos el mismo apellido. Hay muchas personas que se apellidan igual y no son familia. El señor no es mi tío, de hecho, no lo conozco", explicó ella en 2016. "También han dicho que es mi papá, y otros, que es mi tío, pero no es mi familiar. No sé si es mi familia, y yo no lo sé, pero yo sé que él no es mi familia, nunca nos hemos visto."

Cuando el Chapo bailó con Emma por primera vez en 2006 él ya era una figura mundial. Lo catalogaban como un narcotraficante que había incluso llegado a acumular más poder que el propio capo colombiano Pablo Escobar Gaviria, que hasta entonces era el máximo emblema del crimen en Latinoamérica.

Emma narró que después del baile fue su novio quien terminó la relación con ella. Eso la hirió.

* * *

En noviembre de 2006 salió la convocatoria para que las jovencitas del municipio de Canelas se enlistaran para competir en el concurso para ser reina de la Feria del Café y la Guayaba que se lleva a cabo desde 1960. Dicho concurso es el principal evento del año en la región, y culmina en el mes de febrero siguiente con la coronación de la reina y los días de fiesta: en el pueblo se instalan juegos mecánicos, luces de colores, hay eventos deportivos, jaripeos, carrera de caballos, pelea de gallos, y llegan a tocar bandas musicales para amenizar los bailes de rancho.

Los requisitos básicos para ser aspirante a reina estaban previamente establecidos: "estatura, delicadeza, inteligencia, porte, belleza, en suma, una verdadera reina". Pero no bastaba cumplir con el perfil, sino que además era necesario tener recursos económicos para hacer "campaña" y obtener la simpatía y el voto de los lugareños: colocar pósteres y mantas en diferentes poblados del municipio para promocionar a la concursante, ordenar la fabricación de camisetas con el retrato de la candidata, organizar eventos y dar uno que otro regalo o recuerdo para obtener los votos mayoritarios el día de la elección; así como vestuario y la contratación constante de salón de belleza para maquillaje y peinados, como es usual en ese tipo de concursos, incluso en las comunidades más pequeñas. La familia de Emma no era una familia de recursos. Su padre en ese entonces era solo un campesino como cualquier otro que igual se dedicaba a los cultivos legales que ilegales, como lo hacían prácticamente todos en la región. En el mercado mundial de las drogas el que las cultiva es el eslabón más débil. Inés Coronel estaba justo en ese rango.

Para el día 20 de noviembre, la lista se cerró con cinco concursantes: Emma de La Angostura; Baudelia Ayala Coronel, de El Ranchito; Rosa Sandoval Avitia, de la cabecera municipal; Alma Díaz Rodríguez, de Zapotes; y Nancy Herrera Vizcarra, de Mesa de Guadalupe. Emma pronto comenzó a destacar entre las demás competidoras, no solo porque era la más agraciada, sino porque era la mejor vestida. En las fotos que quedan como memoria del evento eso sale a relucir. Pero ¿quién era su mecenas? En Canelas ya se hablaba de un romance con el Chapo.[5] Aunque Emma lo negaría para al menos atribuirse esa pequeña victoria por méritos propios.

"Ya no lo volví a ver hasta meses después, cuando estuve concursando para ser reina y gané. Que no fue por dinero o por amistades de él, sino por amistades de mi papá y de mi familia, porque allá a quienes conocían era a nosotros. Gané con muchísimos votos y a partir de ahí fue cuando se hizo un escándalo, y ya estaban implicándolo en mi vida, y todavía no era así", contó Emma sobre el momento en que la coronaron reina del Café y la Guayaba.

Las crónicas escritas en ese tiempo reflejaron otra cosa. Emma organizó un baile para promocionar su candidatura que se llevó a cabo el 6 de enero y el cual habría reseñado el periódico local *El Correo de La Montaña*. Ese día, se afirma, llegaron cerca de 200 motonetas con hombres vestidos de negro, la cara cubierta con pasamontañas y armas largas al hombro, quienes se colocaron en las principales salidas y entradas de Canelas. En la pequeña pista clandestina aterrizó una avioneta con el grupo Los Canelos de Durango a bordo, una banda que sin duda la familia Coronel Aispuro no tenía recursos para pagar.

Se afirma que llegaron otras aeronaves con personas vestidas con uniforme tipo militar poderosamente armadas, y luego el Chapo, quien habría hecho un recorrido por el pueblo del brazo de Emma que culminaría en la plaza principal, donde los escoltas del narcotraficante habrían abierto camino para la entrada triunfal a la pista del capo y la adolescente, con el grupo musical sonando.[6]

Cuando llegó el día de la votación, Emma Coronel Aispuro resulto triunfante, sin ninguna sorpresa por parte de sus competidoras. Hasta 2006, el espacio donde se llevaban a cabo los eventos de la feria era una sencilla cancha asfaltada. Para 2007, cuando Emma fue coronada, se le agregaron a la construcción corredores de concreto hidráulico, alumbrado, barda perimetral, baños públicos y estructura metálica techada. Ahí, en un típico baile de pueblo, toda enjoyada, ataviada con un chocante vestido dorado sin manga, de top recamado, coordinado con una capa del mismo tono ribeteada en rojo para hacer la indumentaria más llamativa, fue coronada como Emma I. A su lado estuvieron sus padres, Inés Coronel y la bella Blanca Aispuro, como si fuesen una pareja feliz.

Desde que en 1961 fue coronada María Elena Gamboa Casillo, *la Nena*, 44 reinas del Café y la Guayaba habían ostentado el cetro antes que Emma I, aunque ninguna se había vuelto mundialmente famosa como ella.

Pero no todo era color de rosa.

* * *

Emma creció en un hogar disfuncional, lejos de la familia modelo que ella había dibujado. Sus padres tenían constantes problemas porque Inés Coronel era un bebedor empedernido y desobligado con su familia. Entre la pareja no solo había frecuentes discusiones a gritos, sino que en ocasiones el padre de Emma golpeaba a su madre, todo en presencia de los niños.[7]

El matrimonio Coronel Aispuro podía pasar meses separado. Inés se iba a Sonora y Blanca se quedaba sola a cargo de los cuatro hijos. Por largas temporadas los niños no iban a la escuela. Para la manutención de la familia, Omar, el hijo mayor, tenía que ir al campo a sembrar maíz y frijol. Luego aprendió a conducir y hacía viajes de transporte y flete para agricultores de la zona. Cuando comenzó a ganar un poco de dinero también empezó a beber, lo que causaba el enojo de su madre, quien a modo de castigo lo enviaba a Sonora con su padre. Cuando allá se peleaban, Inés lo mandaba de regreso a Canelas.

Esta situación dejó diversas secuelas entre los integrantes de la familia. Por ejemplo, en el caso de su hermano mayor Omar, desarrolló un profundo complejo de inseguridad, señalan testigos que lo conocieron. Era "vulnerable, influenciable y fácil de manipular", incapaz de tomar decisiones, dependía de la aprobación de los demás. Su actitud era sumisa ante cualquiera que considerara una autoridad. Sin un núcleo familiar estructurado, necesitaba pertenecer a algo que le diera una identidad. Esa necesidad con el tiempo lo llevaría a convertirse en un peón en las filas del Cártel de Sinaloa.

En ese ambiente familiar y rústico, el carácter de Emma se hizo bronco. Era áspera y malhablada, aunque inteligente y aplicada en la escuela. Le tomaría un gran esfuerzo modular su profundo acento de la serranía, tanto que incluso tomó cursos de dicción para intentar borrarlo cuando hablaba en público.

Emma tenía más afinidad con su padre, sin embargo, cuando él se iba de la casa, pasaba más tiempo con su madre. Fue ella quien, por el carácter de Emma, y para tratar de alejarla de ese ambiente y de todos los problemas, decidió mandarla a vivir con familiares que tenía en San Francisco, California —donde Emma había nacido—, cuando cumplió 11 años; Emma era la única de sus hijos que podía hacerlo por la nacionalidad americana y Blanca quería darle a su hija la oportunidad de tener una vida diferente.

Emma vivió un año en California, pero no se adaptó. "Sí, me gustó, pero yo me quise regresar porque los extrañaba mucho. No me acostumbré a estar lejos de donde soy, y extrañaba mucho a mi familia." Regresó a Canelas y ahí cursó la escuela secundaria.

Quienes la conocen la describen como una mujer hermética que pocas veces muestra sus sentimientos. Pese a su naturaleza ruda ha aprendido a no ser impulsiva, por lo que es capaz de mantenerse con cara de piedra aun en los momentos más difíciles. Aunque el mundo se esté desquebrajando sobre su espalda es de las personas que dice que todo está bien.

* * *

El Chapo siguió cortejando a Emma. "Varias ocasiones iba a la casa. Yo digo que lo que me conquistó de él fue su plática, la forma de tratarme. La forma en la que nos empezamos a llevar, que primero fue como amigos. No me llevó grandes regalos ni grandes cosas, sino que él se gana a las personas por su forma de ser; por cómo trata a las personas en general", diría Emma sobre cómo el narcotraficante obtuvo su amor.

—¿Qué piensas que es lo que más le gusta de ti? —le pregunté.

—Pues más bien esa sería una pregunta para él.

—¿Nunca te lo ha dicho?

—Pues sí, pero podemos platicar de muchas cosas, pero esa sería una pregunta que más bien él tendría que decir.

—¿Era un hombre expresivo?

—Sí, es un hombre muy amable, muy atento, educado.

El narcotraficante diría que lo que lo conquistó de Emma no era solo su juventud, belleza e inexperiencia, sino las enchiladas que una vez cocinó para él, porque, al igual que las de la cocinera de Puente Grande, Yves Eréndira, se parecían a las que le hacía su madre. Con un fuertísimo apego materno, sin duda su lazo emocional más importante, quizá el Chapo buscaba alguna referencia de ella en las mujeres que conocía.

Después de la coronación, Emma aun siendo menor de edad, sus padres le permitían salir de paseo con el Chapo. Él la llevaba a los bailes de toda la región, "bailábamos y hablábamos, pero nada que él hubiera organizado para mí".

Según Emma, ni aun en ese punto entendía que su pretendiente era un fugitivo y un importante líder del Cártel de Sinaloa, aunque constantemente en las noticias aparecía su fotografía y su nombre. Dijo que no había nada especial en su conducta.

"Él no se hace distinguir de las demás personas, es como cualquiera. Claro que lo tratan con respeto, pero él actúa como cualquier persona normal; es amable, a todo el mundo anda saludando y platicando. Se sienta donde sea, come lo que sea, toma lo que sea, es un ser humano como cualquier otro."

El 2 de julio de 2007, cuando Emma cumplió 18 años, el líder del Cártel de Sinaloa se casó con ella; no bajo la "ley del hombre" porque legalmente seguía casado con Alejandrina, su primera esposa, de la cual hasta 2021 no se había divorciado; pero sí bajo la "ley divina". Consiguió un cura para que los uniera en matrimonio religioso y así le diera alguna formalidad a la unión.

Emma dijo que fue una fiesta familiar sencilla, con poquísimos invitados, donde lució un vestido blanco y hampón como de "princesa". Pero testigos que tuvieron conocimiento de la boda narraron un gran festejo. Dijeron que estuvo custodiada por miembros del Ejército mexicano y estuvieron presentes políticos y funcionarios de todos los partidos, incluyendo al entonces gobernador de Sinaloa, Jesús Aguilar Padilla.

Cuando formalizaron su relación, Emma era más joven que todos los hijos que el narcotraficante había procreado con Alejandrina: 10 años más joven que César, siete menos que Giselle, seis menos que Iván, tres menos que Alfredo.

Pese al poder y los millones de dólares acumulados por el Chapo, para la núbil esposa no hubo viaje de bodas. "No fuimos a ningún lado. Estuvimos en un rancho."

Poco tiempo después el Chapo, que tenía asuntos más importantes de los cuales ocuparse, convenció a Emma de irse a Culiacán para establecerse y seguir estudiando. Ahí cursó la preparatoria y se inscribió en la Universidad Autónoma de Sinaloa, donde estudió la carrera de Ciencias de la Comunicación. Según Emma a ella le habría gustado ser periodista.

Gracias a que el Chapo pagaba su estancia en Culiacán, poco a poco la familia de Emma se fue transfiriendo, cambiando su vida de ranchería a una de ciudad. Aunque la capital de Sinaloa no era una metrópoli, era un mundo más desarrollado que La Angostura. Dejaron atrás las montañas, los ríos, el cielo azul, al coyote y las luciérnagas. Lo único que había en común entre aquel paisaje y el de Culiacán eran los narcotraficantes y el sonido de las metralletas.

* * *

"Cuando empezó a salir en los medios que nos habíamos casado fue cuando empezó a caerme el veinte de las cosas, aunque en ese tiempo no le di tanta importancia, pues tenía 18 años."

Con el pretexto de que era el narcotraficante más buscado, el Chapo nunca vivió con Emma un matrimonio en forma. La pareja se veía en un inicio cada fin de semana, pero luego los encuentros se harían más esporádicos, hasta volverse casi inexistentes. Por cuestiones de seguridad, él se movía de un lugar a otro; cuando llegaba a algún punto estable la mandaba llamar. "Sí, escuchaba que había días en que no la pasaba tan bien, pero no yo. Yo iba cuando estaba tranquilo."

Según Emma, los primeros años de matrimonio fueron "muy normales". "Siempre nos hemos llevado muy bien. Es un hombre muy atento, muy cariñoso, muy respetuoso, muy alegre; casi que se terminan los problemas cuando lo ves a él. Sabes que tiene muchos problemas, pero está como si nada; todo muy normal", contó ella.

El Chapo matón, torturador e inmisericorde a sus ojos tampoco existía: "Es un hombre como cualquier otro. No es violento, no es grosero, nunca lo he escuchado decir una mala palabra, nunca lo he visto exaltarse o estar molesto con nadie", y aseguró que nunca lo vio armado. Al menos, dijo, que ella se hubiera dado cuenta.

Sobre los *hobbies* de su esposo criminal aseguró que lo que más le gustaba era pasar tiempo con sus hijos platicando, "como cualquier hombre, no tiene nada extravagante, los mejores momentos son los que pasas con tu familia", dijo Emma al describir a su esposo como si fuera un gerente de McDonald's y no el de una organización trasnacional de drogas.

Aunque el Chapo apenas terminó el tercer año de primaria, para ella era un hombre capaz, "pudo estudiar poco, ahora sí que su inteligencia es a base de las vueltas de la vida. Es un hombre muy inteligente, muy humano", dijo Emma ladeando la cabeza cuando alguna cosa de las que decía era más inverosímil que la anterior.

La realidad es que el Chapo se había mimetizado a tal grado con el crimen que era inmutable ante la presencia de Emma y de cualquier otro ser viviente. Cuando años después se le preguntó: "Si pudiera usted cambiar el mundo, ¿lo cambiaría?", él fue básico en su respuesta: "Yo para mí, a como estamos, soy feliz".[8]

* * *

Una de las primeras pruebas palpables de la inalterabilidad de la vida del Chapo, luego de casarse con Emma, ocurrió a fines de 2007, principios de 2008. Corría el sexenio del presidente Felipe Calderón.

A través de la red de corrupción que tenían los miembros de La Federación dentro del gobierno federal, Guzmán Loera pidió al narcotraficante Edgar Valdez Villarreal, *la Barbie*, uno de los principales colaboradores de su primo, Arturo Beltrán Leyva, que buscara a una autoridad dentro del penal de máxima seguridad de La Palma (Altiplano) para hacerle llegar ropa térmica a su hijo Iván Guzmán Salazar. Era temporada invernal y su hijo había mandado el mensaje a su padre de que hacía mucho frío adentro. Llevaba recluido casi tres años. El Chapo ya había pasado por ahí y sabía qué tan cruda era esa temporada.

El 13 de febrero de 2005, a los 22 años, Iván fue arrestado en la carretera a Tesistán, por la policía de Zapopan, Jalisco, a bordo de una camioneta BMW roja junto con otras tres personas. En un principio lo acusaron de ser autor intelectual de un doble homicidio perpetrado ese mismo día. Pero gracias a los abogados contratados por el Chapo solo fue acusado de lavado de dinero.

Entre todos los crímenes cometidos por el esposo de Emma, hacerle llegar ropa térmica a su hijo parecía una cosa casi inocente y no requería que el Chapo pidiera el favor a un alto funcionario, aunque tenía la forma de hacerlo. La Barbie se valió de un operador que en esa época tenía como escoltas a un teniente coronel y a un teniente del Ejército mexicano adscritos a la PGR y les consultó si conocían a alguien que pudiera cumplir con esa encomienda. Con una sola llamada, uno de los militares encontró a la persona indicada. Un guardia de la prisión que podía hacerle llegar la ropa al hijo del Chapo.

El custodio cobraba 100 mil dólares por el favor. Pero por ambición, los militares calcularon que el líder del Cártel de Sinaloa tenía suficiente dinero como para pagar mucho más y decidieron pedir medio millón de dólares para entregar la vestimenta. Al operador de la Barbie le pareció excesivo, los militares le ofrecieron compartir 100 mil dólares del negocio, pero como él sí entendía quién era Guzmán Loera dijo que él no participaría. Para quitarse el compromiso de encima lo que hizo fue poner en contacto a los oficiales del Ejército con la gente del Chapo para que entre ellos decidieran.

Cuando Guzmán Loera supo de la cifra que estaban pidiendo, incluso a él le sonó exagerada. Eran solo un par de camisetas y ropa interior térmica, pero como se trataba de su hijo aceptó y pagó el dinero. Después se puso a investigar realmente cuánto había costado el servicio. La Barbie preguntó preocupado a su lugarteniente qué había pasado, porque el Chapo estaba muy enojado, y este le contó lo que había sucedido.

Ese invierno Iván pasó menos frío con la ropa que le envió su padre, y a los pocos días los dos militares fueron levantados y torturados. Sus cuerpos los abandonaron en las inmediaciones del Aeropuerto Internacional de la Ciudad de México, descuartizados, como escarmiento a cualquier otro que quisiera pasarse de listo.

A inicios de 2008 ocurrió una fractura en La Federación, y comenzó una sangrienta guerra entre el Cártel de Sinaloa y el Cártel de los Beltrán Leyva.

En abril de ese año Iván Guzmán Salazar fue absuelto por un tribunal por falta de pruebas y lo liberaron de inmediato. Pero a la par que el Chapo recuperaba a un hijo perdía a otro. La noche del 8 de mayo de ese mismo año, a los 22 años Édgar Guzmán López fue ejecutado bajo una lluvia de más de 500 tiros en el estacionamiento de la plaza comercial City Club en Culiacán. Su cuerpo quedó tendido sobre el pavimento en un charco de sangre. El ejecutor intelectual fue su propio padre, por accidente.

A los sicarios del Cártel de Sinaloa les habían dado la orden de asesinar a cualquier sospechoso, porque el Chapo y el Mayo tenían información de que los Beltrán Leyva estaban preparando un atentado. Édgar fue confundido por alguien de los contras y fue acribillado por Gonzalo Inzunza, *el Macho Prieto*, sicario al servicio del Mayo.

Cuando le reportaron a Joaquín Guzmán Loera lo que había pasado dicen que respondió con un "ni modo"; reconoció que había sido un error. Perdonó a los sicarios y no hubo represalias. La ofensa de haberle cobrado 500 mil dólares por la ropa térmica era más grave que haberle asesinado a su hijo.

"Han sido pocas las ocasiones que me ha tocado verlos", dijo Emma sobre su relación con los hijos del Chapo procreados con otras mujeres, "pero muy bien, muy tranquilo, muy amables. Puedo decir que sus hijos son unos muchachos muy educados, muy amables, como él". No obstante, dentro del Cártel de Sinaloa era sabido que la relación de Emma con ellos era tensa. No la consideraban la esposa de su padre y no le daban ese lugar.

* * *

Emma quedó embarazada a finales de 2010, principios de 2011. Desde que se había casado y con sus documentos de ciudadana americana iba frecuentemente a Estados Unidos, por lo que no fue raro que decidiera viajar en julio de 2011 para parir en un hospital de Lancaster, California.

"Yo le dije que había ido al doctor y que íbamos a tener dos hijos. No sabíamos si nenas o nenes, pero estaba muy emocionado. Él dijo que quería que fueran niñas porque las niñas son más cariñosas con el papá. Desde que nacieron ya se encargaron de ganárselo."

El 15 de agosto de 2011, a los 22 años, Emma dio a luz a dos gemelas, con las que crecía la ya de por sí numerosa prole del capo —él mismo se adjudica ser padre de 18 hijos—. Una de las gemelas quedó registrada bajo el nombre de María Joaquina, en honor al padre, y la otra con el nombre de Emali Guadalupe. Emma había intentado mantenerse lejos de los reflectores y creyó que metiendo la cabeza en un agujero como avestruz pasaría desapercibido su parto en California. No fue así. El gobierno de Estados Unidos la monitoreó desde su entrada y tomó nota del nacimiento. Días después el diario *Los Angeles Times* publicó la noticia, con hincapié en que, aunque en el registro civil del condado de Los Ángeles el nombre del padre quedó en blanco, sí quedó el registro del de la madre: Emma Coronel.

Para bautizar a las gemelas el Chapo escogió como flamante padrino a Dámaso López Núñez, *el Licenciado*, el mismo que le había ayudado a corromper a todo y a todos en la cárcel de Puente Grande y quien se había convertido en su brazo derecho en el crimen.

"Cuando sí ya empecé a preocuparme más fue cuando nacieron mis hijas y salió en los medios", dijo Emma. "Me empecé a preocupar por ellas, cuando uno tiene hijos cambia la forma de pensar y la forma de ver la vida. Fue entonces cuando ya empecé a pensar en la situación."

Según Emma la maternidad la hizo madurar. Le preocupaba que sus hijas no pudieran crecer libremente, "que no pudieran estar siempre con su papá, verlo, y que no pudieran ser unas niñas normales como otras. Que no pudieran estudiar bien o que tuvieran problemas, como muchos de sus hijos, simplemente por ser sus hijos".

Decía que no quería que cuando crecieran pudieran ser juzgadas, "que las puedan señalar por cosas que ellas no tienen ni idea, que les hablen mal de su papá por cosas que ellas escuchan y que se puedan sentir mal. Pienso en cosas que a ellas les van a doler; es lo que en este momento me duele, porque como mamá quisiéramos que nunca les doliera nada, que todo fuera para uno y no para ellas".

Cuando Emma habló de sus hijas, fue otro de los pocos momentos en los que dejó asomar alguna emoción auténtica detrás de la máscara. Quizá por eso me sorprendió lo que dijo después.

Describió con absoluta naturalidad cómo sus hijas crecieron viendo que su papá salía en la televisión; cuando eso ocurría corrían y abrazaban la pantalla. Ciertamente lo que se decía de él no era positivo, pero cuando el Chapo estaba presente las alentaba. "Siempre fue de que cuando él mismo se miraba decía '¡Mira, ahí está tu papá en la televisión!'"

—Cuándo lo pasan en los noticiarios, ¿ellas corren a abrazar el televisor? —pregunté a Emma, yo misma estupefacta.

—Claro, las dejo que lo vean, porque no entienden todavía la magnitud de las cosas, ellas no saben, nada más lo ven y dicen: "Es mi papá". Afortunadamente no se dan cuenta de la gravedad de las cosas.

* * *

Como anticipaba líneas arriba, entre lo que más alteraba a Emma de lo que yo había revelado del Chapo en *Los señores del narco*, estaba que había ordenado la violación de una de las reclusas en Puente Grande porque se había negado a tener relaciones con él. Varias veces reclamó que esa era una de las cosas del libro que más había molestado a Joaquín Guzmán Loera y a sus hijos mayores.

"Él sería incapaz de tocar a una mujer por las malas, de obligarla a hacer algo que no quiera. Te lo digo y puedo jurar que es la verdad. No sé de dónde sacan este tipo de cosas tan fuertes, y muchas veces las personas las creen [...] Esa es una de las cosas que me lastiman mucho y que me ha tocado ver. No sé de dónde han sacado ese tipo de información, en qué se basan para decir que es un hombre sanguinario, incluso violador; cosas muy fuertes que no tienen un respaldo, ¿de dónde están sacando esa información? ¿De dónde sale que es responsable de todas las cosas que lo acusan? Se me hace muy injusto tratar de decir todas esas barbaridades."

Durante meses de conversaciones, Emma me insistió mucho sobre este punto que sin duda era muy sensible para ella. Incluso me pidió que borrara esa parte del libro publicado en 2010. Pero al igual que otras cosas era algo que ella no podía editar de la realidad solo porque no le gustaba. La violencia del Chapo contra las mujeres estaba escrita en el expediente judicial abierto tras su fuga en 2001, y había diversos testigos que narraron el cruento episodio.

Peor aún, a ese se añadirían otras víctimas como la empleada bancaria Blanca Estela Peña García, de Nayarit, cuyo hermano, Marcelo Peña, era empleado del capo y después se volvió testigo protegido que dio información importante sobre las operaciones criminales de su jefe. Antes de ser detenido en 1993, el Chapo quiso seducirla en cuanto la conoció. Intentó de todo, incluso le mandó cientos de rosas rojas arrojadas desde una avioneta. Al negarse, el narcotraficante la raptó, abusó de ella y bajo amenazas la tuvo como su pareja durante algunos años. Habrían tenido dos hijos producto de esa relación.[9]

"No juzguen a las personas nada más por lo que escuchan o por lo que dice el gobierno, a veces, injustamente. No todo lo que dicen de las personas es cierto. No se dejen engañar. No crean tantas cosas que dicen de él... que es un monstruo. Estaba escuchando un comentario en donde decían que era una bestia. No son ciertas todas estas cosas que dicen", dijo Emma.

"Cada quien tiene su punto de vista, cada cabeza es un mundo, cada persona puede opinar o pensar como quiera. Muchas personas podrán juzgarme: '¿Por qué la esposa de este hombre tan peligroso dice todas estas cosas de él?' Como cualquier ser humano, él para mí no es el Chapo Guzmán, es Joaquín Guzmán, mi esposo. Cualquier hombre que hubiera sido, lo hubiera defendido igual, es el papá de mis hijas."

—¿Usted sabía a qué se dedicaba? ¿Sabía que traficaba drogas? —le pregunté.

—No —respondió mientras instantáneamente ladeaba la cabeza mirándome a los ojos—. De hecho, a mí no me consta que él trafique drogas. Nunca he visto drogas ni con él ni con nadie, nunca lo he visto haciendo algún trabajo o cosas así. A mí no me consta.

La observé con detenimiento. En silencio. Al verla y escucharla daba la sensación de estar ante una de esas muñecas que habla y camina si se les aprieta un botón.

* * *

En abril de 2013 —ya durante el gobierno de Enrique Peña Nieto—, el padre de Emma Coronel, Inés Coronel, y su hermano mayor, Omar, fueron detenidos en Agua Prieta, Sonora, con armas largas y varios paquetes de mariguana. Las autoridades dijeron que el suegro del Chapo había confesado que se dedicaba al cultivo de mariguana en la sierra de Durango y la traficaba vía terrestre a Arizona, Estados Unidos.

Al padre de Emma y a Omar les imputaron delitos contra la salud en sus modalidades de producción, almacenamiento y trasiego de mariguana.

"Se encargan de poner a mi papá como un gran capo poderoso, que no es cierto, mi papá no tiene nada. Si fuera la persona que ellos dicen que es, ¿dónde está el dinero que ha hecho, las propiedades? Mi papá no tiene nada. Creo que ya se ha encargado el gobierno de buscar en todas partes, a cualquiera de mi familia, y creo que no han encontrado nada porque no existe", dijo Emma con vehemencia, como si en verdad se tratara de una grandísima injusticia.

Aseguró que le sembraron las armas y la mariguana y que incluso los habían detenido en otro lugar. Afirmó: "Están pagando por algo que no hicieron".

"Se siente mucha impotencia escuchar tanta cosa y pensar: '¿En verdad el gobierno lo va a acusar de todo esto que está diciendo, que está saliendo?', y no poder hacer nada. No poder evitar que estén detenidos. Es mucha impotencia, mucho coraje, mucho resentimiento." Aseguró que los abogados —pagados por el Chapo— se ocupaban del caso para lograr su libertad.

Las repercusiones de la vida para la que Emma había sido elegida cuando apenas tenía 17 años se harían mayores. Una mañana, como abonero, el destino tocó a su puerta para cobrarle un primer pagaré. Ella estaba en la cama con el Chapo en el departamento 401 de los condominios Miramar, en Mazatlán, Sinaloa.

* * *

"Él de repente me habló y pasaron por mí, nos encontramos ahí, pero no fue nada que planeara", recordó Emma sobre su llegada a la torre Miramar el 21 de febrero de 2014. No tenía autonomía, si el capo le llamaba ella debía estar siempre dispuesta.

"Yo llegué ahí un día antes. Él ya estaba ahí cuando llegué y nos fuimos a dormir normal." Dijo que lo vio con raspones, "pero nada grave".

Tres días antes había habido un operativo de la Marina con elementos de la DEA, quienes les habían dado el pitazo. "Me dijo que se había tenido que salir, que había habido problemas. Ya lo había visto en la televisión, pero estaba bien."

"Él en ningún momento demuestra que está preocupado por algo. Estaba muy tranquilo y quería ver a sus hijas", por lo que Emma había llevado consigo a las gemelas de entonces tres años, junto con una nana y una cocinera.

Dentro del departamento solo había un escolta del Chapo armado. La entrada del edificio de condominios estaba custodiada por dos patrullas de la policía local a su servicio, por lo que estaba tranquilo. Si veían algún movimiento raro le avisarían con tiempo para escapar.

A las 4 de la mañana del 22 de febrero la torre Miramar, ubicada sobre el malecón de Mazatlán con vista a la playa, comenzó a ser rodeada sigilosamente por la Marina y la DEA. Era un total de 25 personas las que formaban parte del operativo; quien lo dirigía por parte de la agencia de Estados Unidos era Victor J. Vazquez, aunque había sido mérito del trabajo de inteligencia de otros de sus colegas el haber sabido dónde se encontraría el narcotraficante.

Estaban alertas de las ventanas y todas las salidas esperando que nadie se diera a la fuga. Pero sobre todo rogaban por que no hubiera ningún túnel por el que pudiera escapar, como les había ocurrido días antes en Culiacán.

La Marina hizo que las patrullas de la seguridad local se retiraran, como si fuera una cosa de rutina. La DEA se quedó en la periferia mientras la Marina entró en el inmueble.

"A las 6 de la mañana empezamos a escuchar golpes de cómo estaban tumbando la puerta. Fue cuando nos sentamos en la cama y escuchamos las voces que se estaban identificando. Él se paró, se puso el pantalón y se metió al baño. Yo me quedé sentada en la cama; no nos dijimos nada, no hubo mucho tiempo. En ese momento no sentí miedo, sino hasta mucho después, pero sí fue un momento de mucha tensión, más que nada porque quería ver a mis hijas."

"Creo que detuvieron primero al muchacho", el escolta armado, "luego pasaron por el cuarto donde estaban las mujeres y las niñas y al final llegan a donde estábamos nosotros. Aventaron la puerta, pero se quedan parados en la puerta. No entran, solamente se quedan apuntándome con las armas y preguntando dónde estaba el Chapo. Al minuto él salió del baño y les dijo: 'Tranquilos, aquí estoy'. Lo esposaron, lo sometieron y nos bajaron. Bajaron a mis hijas, no las miré, pero ellos las bajaron y a nosotros nos trasladaron en otro carro."

Emma, la nana y la cocinera fueron arrestadas junto con el Chapo, las vendaron y las esposaron.

"Estaba un poco desesperada, más que nada por mis hijas. Que les fueran a hacer algo, no sabía qué iba a pasar. En ese momento mi esposo les dijo: 'Por favor, dejen que la niñera se quede con las niñas', pero le dijeron que no, que se callara. A él se lo llevaron por otro lado, y a nosotras en otro carro."

"Siete, siete, siete", escuchó Vazquez por el radio. Habían capturado al Chapo. Pero aún no lo podía creer. Él y el equipo entraron al garage que se localizaba en el basamento del edificio.

Los marinos tenían a un hombre sometido y de rodillas.

"¿Es él?", preguntaron a Vazquez.

"Los marinos en ese tiempo no tenían mucha experiencia trabajando contra el Cártel de Sinaloa. Estaban enfocados en los Zetas y el Cártel del Golfo", justificaría Vazquez años después sobre por qué los funcionarios mexicanos necesitaban confirmación sobre si era el Chapo.

Su explicación fue muy política. Eran los tiempos del sexenio del presidente Enrique Peña Nieto, y la protección del gobierno federal continuaba para el Cártel de Sinaloa y sus principales miembros. Todo gracias a los millonarios sobornos pagados por la organización desde los sexenios de Vicente Fox (2000-2006), Felipe Calderón (2006-2012) y al dinero que la organización criminal le dio al propio Peña Nieto para su campaña presidencial cuando era gobernador del Estado de México.

"Yo en este momento caminé hacia él... y en ese momento me congelé y dije: 'Dios santo... ¡eres tú, Chapo!'", dijo el agente de la DEA, afirmando que fue él quien se lo llevó en su vehículo, lo cual sobrepasaba los límites de operatividad de la agencia norteamericana en México.

Ahí estaban presentes Emma Coronel Aispuro y las dos pequeñas, María Joaquina y Emali Guadalupe, viendo al Chapo arrodillado.

"En ese momento pasaron tantas cosas por mi cabeza", recordó Emma, "una de ellas es que a lo mejor venían para llevárselo directamente a Estados Unidos, pero no me acuerdo haber estado pensando mucho en qué estaban haciendo ahí... nos volvimos a encontrar ya estando en el cuartel. Me toman los datos generales cuando escucho a un hombre que le dice: 'Aquí ya está tu mujer. ¿Qué es lo que querías?' Él le dice: 'Despedirme'. Me llevan vendada, tapada de los ojos. Le dicen: 'Aquí está tu esposa'. Él me dice que no me preocupe, que todo va a estar bien, y también pide que lo lleven a ver a las niñas, porque no querían, y creo que sí lo bajaron al cuarto donde estaban ellas. No lo volví a ver hasta que estuvo en México."

* * *

Emma se enteraría después de que en ese departamento de Miramar, en esa cama donde dormía cuando entró la Marina y la encañonó a ella y a sus hijas, días antes había estado otra mujer, la otra esposa del Chapo.

Ella estaba ahí, al filo del precipicio cuando me llamó aquella noche del 23 de septiembre de 2018. ¿Por cuánto tiempo Emma podía seguir aguantando la respiración? ¿Cuándo iba a explotar la caldera?

* * *

Cuando en 2016 la entrevista de Emma se transmitió en Telemundo y NBC, y le dio la vuelta al mundo, su apariencia artificial la hacía ver solo como una mujer vacía y poco inteligente, casi inofensiva. Su afición a las redes sociales, como Instagram, la convirtieron en la Kim Kardashian mexicana.

Pero Emma era mucho más compleja que eso, y aún más lo que ella representaba: era un ingrediente indispensable, esencial, en el mundo del crimen organizado, no solo un objeto decorativo.

Si el narcotráfico en México es el monstruo que estrangula a la nación, mujeres como Emma Coronel son su alimento, su premio y su coro.

¿Qué sentido tendría el botín que los reyes del narcotráfico acumulan envenenando con su droga, secuestrando, torturando, asesinando, corrompiendo y triturando todo a su paso si al final de cada una de sus funciones entre el público masacrado no hay nadie aplaudiendo? Entre más bella, más codiciada y más famosa sea la que aplaude, más lo alienta a recomenzar la tétrica función.

La historia de Emma no es una historia individual, se sitúa en una historia colectiva de mujeres de todas las clases sociales: novias, esposas, amantes y damas de compañía que antes, durante y después del reinado de Emma I han utilizado sus atributos naturales o artificiales para convertirse en rémoras del mundo del narcotráfico. Son corrompidas y corrompen. Son víctimas y victimarias. Son exprimidas y exprimen.

¿Quiénes son? ¿Cómo se llaman?

Ellas son: las señoras del narco.

NOTAS

[1] La entrevista que Emma Coronel dio a la autora fue transmitida en las cadenas de televisión americana Telemundo y NBC, publicada en *Los Angeles Times* y retomada por cientos de periódicos y televisoras de todas partes.

[2] *Idem.*

[3] La información proviene de fichas elaboradas por áreas de inteligencia del gobierno de México.

[4] La historia documentada del control de Puente Grande, la violencia del Chapo y la fuga fue publicada por primera vez por la autora en su libro *Los señores del narco* (Grijalbo, 2010).

[5] "La boda del Capo Mayor", en *Proceso*, 8 de noviembre de 2008, disponible en https://www.proceso.com.mx/nacional/2008/11/8/la-boda-del-capo-mayor-29307.html

[6] *Idem.*

[7] Información obtenida del reporte de evaluación psicológica en la cárcel de máxima seguridad del Altiplano, hecha a Omar Coronel Aispuro en 2013 como parte de los protocolos luego de ser arrestado.

[8] Entrevista del actor y productor Sean Penn y la actriz mexicana Kate del Castillo realizada indirectamente a Joaquín Guzmán Loera a fines de 2015. "El Chapo habla. Una visita secreta al hombre más buscado", en *Rolling Stone*, 11 de enero de 2016, disponible en https://www.rollingstone.com/politics/politics-news/el-chapo-habla-39588/.

[9] Información publicada en el libro *Los señores del narco* y en Univision.

2

Las mujeres de Don Neto

Caía la tarde nebulosa en Guadalajara, la llamada Perla Tapatía, cuando el hotel Aranzazú, ubicado en avenida Revolución 110 en la zona centro, fue tomado por varios hombres armados hasta los dientes, algunos vestidos con uniformes de la Policía Judicial del Estado.

De un vehículo descendió el huésped más distinguido de aquel alojamiento que era uno de los más lujosos de la ciudad a mediados de los ochenta. Era un hombre que estaba por cumplir 55 años, alto, delgado, vestido a la John Travolta, con pantalón ajustado, chaleco y saco en una yuxtaposición perfecta, mandados a hacer con las telas más finas de Europa. Portaba tantas joyas que parecía arbolito de Navidad, dicen quienes estaban ese día a su lado. Se trataba de Ernesto Fonseca Carrillo, *Don Neto*, nacido el 1 de agosto de 1930, originario de Santiago de los Caballeros, Badiraguato, Sinaloa, y uno de los líderes del todo poderoso Cártel de Guadalajara.

Guadalajara, "hija predilecta de la tempestad", como la habría descrito Ignacio Manuel Altamirano, era la sede de la organización de tráfico de drogas más importante de México en aquella época. Don Neto comandaba su negocio criminal con Rafael Caro Quintero, *el Príncipe*, y Miguel Angel Félix Gallardo, a quien le gustaba hacerse llamar *el Jefe de Jefes*.

El hotel Aranzazú, ubicado a unas cuadras del Palacio de Gobierno, era una de las madrigueras preferidas de Don Neto, ahí podía explayarse a sus anchas porque estaba bajo el control del Cártel de Guadalajara. Ese día tenía una fiesta muy especial y mandó preparar la mejor suite.

En la calle, los escoltas vieron llegar a dos mujeres bellísimas. Su color de piel y cabello contrastaban armoniosamente. Una era alta, delgada, de senos prominentes, piel blanquísima y cabello teñido de dorado que caía sobre sus hombros y espalda; perfectamente maquillada y ataviada sin vulgaridad, elegante. La otra era menos alta, igual delgada, con rostro de piel trigueña y cabello castaño; ataviada de un modo sencillo, pero con clase. Eran las actrices y cantantes Marcela Rubiales y Zoyla Flor. La primera, hija de dos figuras del espectáculo, Paco Malgesto y Flor Silvestre, ya tenía una carrera consolidada, en los setenta había sido conductora de diversos programas de concursos y revista, y se había insertado exitosamente en el mundo de la música vernácula siguiendo los pasos de su madre. La segunda era poseedora de una voz prodigiosa que le había ganado el sobrenombre de "la morenita de la voz de oro", enfocada también en la música ranchera.

Sicarios y policías que integraban la escolta de Don Neto fueron a recoger a las jóvenes al aeropuerto de Guadalajara para después llevarlas al hotel donde el capo ya las esperaba. Jorge Godoy, policía judicial de Jalisco y custodio de Fonseca, las vio entrar. "Bien vestidas, perfumadas, elegantes, guapas, pasaron según sin voltear a ver a nadie; nosotros tampoco de andarlas volteando a ver porque también te daban pa'bajo".[1] Ambas ingresaron en la habitación señalada. Cuando se volvió a abrir la puerta, dos horas después, las dos salieron muy contentas con la sonrisa plena y enjoyadas. Marcela Rubiales le encantaba al capo, pero Zoyla Flor era una de sus "consentidas".

Como muchos otros jefes del narcotráfico, Don Neto era adicto a las mujeres. Entre mayor número, mejor. Más si eran hermosas.

Mucho más si eran famosas. Eso alimenta su ego, los hace creer que tienen acceso a lo inaccesible. La presencia de ellas no solo confirma su virilidad ante sí mismos y los demás que miran y no pueden tocar, sino que alimenta su sed de poder y su convicción de que son invencibles, omnipotentes.

Que mujeres u hombres aplaudidos y admirados, que están en el cine, la televisión, el teatro, los palenques, los conciertos, las canchas de futbol o el ring de box, se metan en sus camas, se sienten en sus mesas, coman su comida o beban de su vaso, los hace sentir legítimos, aceptados, sin importar los horrores y crímenes que cometan. Son como carne de engorda para una hiena insaciable.

"Cuando terminas de comprar todo lo material, comienzas a comprar personas", explicó en una síntesis perfecta una persona que ha estado involucrada en el mundo del narcotráfico mexicano durante las últimas tres décadas. En aquella época, Don Neto ya era dueño de medio Guadalajara y sus linderos, así como de diversos políticos y funcionarios públicos.

* * *

Ernesto Fonseca estudió hasta el cuarto año de primaria. Incursionó en el narcotráfico en 1972, sembrando mariguana en El Dorado, Sinaloa, según contó él mismo.[2] En sus inicios, como cualquier otro campesino, le vendía su siembra a una entidad más grande que la recolectaba; en aquel tiempo era Pedro Avilés el narcotraficante que compraba la mercancía de diversos productores y la almacenaba en San Luis Río Colorado, Sinaloa. Cada año Don Neto cultivaba mariguana en la franja del Pacífico mexicano, "donde no se requiere riego, sino que se aprovechan las tierras naturalmente húmedas", explicaría él mismo.

Ernesto Fonseca conoció a Rafael Caro Quintero, 22 años más joven que él, desde que era un niño, pues eran originarios del mismo municipio: Badiraguato. Habrían comenzado a hacer negocios juntos desde 1975, con la siembra de mariguana. Ambos migraron a la Perla Tapatía a fines de los setenta, y ahí edificaron su imperio criminal. Su relación quedó sellada cuando Caro Quintero se convirtió en el padrino de bautizo de una de las hijas de Fonseca.

De la mariguana se expandieron al tráfico de heroína y cocaína. Esta última les llegaba gracias a la sociedad establecida con el entonces más poderoso cártel de drogas del mundo: el Cártel de Medellín, comandado por Pablo Escobar Gaviria; Gonzalo Rodríguez Gacha, *el Mexicano*; Favio Ochoa Vásquez y sus hermanos, Carlos Lehder, entre otros, quienes eran asiduos visitantes a las fincas y fiestas del Cártel de Guadalajara.

Con el poder económico de la droga, fueron comprando no solo propiedades en todo el estado de Jalisco, sino también la voluntad de autoridades de todos los niveles: municipal, estatal y federal. Hasta el presidente de la República.

En su bolsillo tenían al gobernador de Jalisco, Enrique Álvarez del Castillo, quien antes ya había sido ministro de la Suprema Corte de Justicia (1982), y cuando terminó su encargo como gobernador (1988) fue nombrado procurador general de la República en el sexenio de Carlos Salinas de Gortari. Si luego de comprar todo lo material se comienzan a comprar personas, tener al gobernador como adquisición no era poca cosa. Igual le pagaban cientos de miles de dólares empacados en maletines, que le surtían de cocaína para su consumo personal. Don Neto incluso llegó a regalarle a Álvarez del Castillo un rifle automático AK-47, mejor conocido como cuerno de chivo, bañado en oro.

En la nómina de Fonseca y Caro Quintero también estaba el comandante de la Policía Judicial del Estado, Gabriel González González, quien permitía que decenas de elementos protegieran a los capos, para garantizarles impunidad en el ejercicio de sus negocios de narcotráfico. Dos de esos escoltas eran Jorge Godoy y Ramón Lira, policía y comandante respectivamente, adscritos a la sección de investigación de homicidios.

Asimismo, eran frecuentes sus reuniones con el general Vinicio Santoyo, fundador y director del Colegio de Defensa Nacional a comienzos de los ochenta. Santoyo era el encargado de preparar a militares para el desempeño de funciones de alto nivel de decisión de la Sedena, es decir, a la élite que comandaría esa institución durante las siguientes décadas. En las fechas en que el reinado de Don Neto alcanzó su máximo poder en Guadalajara, Santoyo era comandante de la XV Zona Militar, con sede en esa misma ciudad, y se llevaba su tajada de sobornos. Cuando él no iba a recogerlos personalmente, enviaba al coronel Jorge Garma, a quien también le daban su parte.

Otra persona influyente muy cercana a Don Neto era Rubén Zuno Arce, hijo del gobernador de Jalisco José Guadalupe Zuno (1923-1926), y hermano de María Esther, la esposa del presidente Luis Echeverría Álvarez (1970-1976), también mezclado con el narcotráfico. Zuno hacía sus propios negocios de tráfico de drogas y facilitaba al Cártel de Guadalajara propiedades para que las usaran como negocios o casas de seguridad. En 1985 fue en una de esas casas donde el Cártel de Guadalajara retuvo al agente de la DEA Enrique Camarena y el piloto Alfredo Zavala para después torturarlos y asesinarlos salvajemente en complicidad con la CIA e incluso miembros de la propia DEA. Zuno Arce fue sentenciado en 1992 a cadena perpetua en una corte de Estados Unidos gracias al testimonio de Godoy y Lira. Murió en prisión en 2012.[3]

Otro amigo influyente de Don Neto era Javier García Paniagua, originario de Jalisco e hijo del poderoso general Marcelino García Barragán, gobernador de Jalisco (1943-1947) y secretario de la Defensa (1964-1970). García Paniagua ocupó diversos cargos públicos, entre ellos, comandante de la DFS y subsecretario de Gobernación en los tiempos del presidente López Portillo, también llegó a ser líder nacional del Partido Revolucionario Institucional. La DEA lo tenía identificado desde 1986 como uno de los cómplices del Cártel de Guadalajara.

Uno de los hijos de García Paniagua era Javier García Morales, a quien Ramón Lira recuerda muy bien: "Era uno de los principales narcos de Guadalajara, iba mucho con Fonseca", asegura el expolicía. "Lo conocí personalmente, pero una vez que Carlos [Ochoa] quería vender un arma, me dijo que fuera con Javiercillo a vendérsela. En una oficina en avenida Juárez, casi enfrente de la Universidad de Guadalajara, en el edificio principal, de ese lado tenía una oficina." José María Carlos Ochoa era el comandante de la sección de Homicidios, jefe de Lira.

El mismo testigo cuenta que *Javiercillo*, como todos llamaban al hijo de García Paniagua, se dedicaba a la compra, el transporte y la venta de droga cuando su padre aún estaba con vida —moriría en 1998 de un infarto—. Era igual de excéntrico que Don Neto y los demás. Para su diversión personal llegó a comprar a un enano en un circo: "Nada más lo tenía de diversión, lo ponía borracho y lo ponía a hacer el amor con mujeres para él estar viendo, un degenerado", relata Lira.

Años después, su propio medio hermano, Omar García Harfuch, diría en un examen de control de confianza en la Policía Federal que *Javiercillo*, asesinado en 2011, tuvo relaciones con el narcotráfico.[4] Cabe recordar que en 2019 García Harfuch fue nombrado secretario de Seguridad Ciudadana de la Ciudad de México por Claudia Sheinbaum, jefa de gobierno y la favorita de AMLO para que lo releve en la presidencia en 2024.

Pero la cadena de personas compradas por Don Neto iba aún más arriba. Llegaba al titular de la Policía Judicial Federal, Armando Pavón Reyes; y hasta uno de los principales mandos de la DFS, Sergio Espino Verdín. Ambos les proporcionaban decenas de escoltas a los jefes del Cártel de Guadalajara. El hilo de poder y dinero amarraba también al secretario de la Defensa Nacional, Juan Arévalo Gardoqui, quien brindaba protección y se reunía con Don Neto y sus socios. Y también alcanzaba al propio secretario de Gobernación, Manuel Bartlett Díaz, actual director de la Comisión Federal de Electricidad.

Las visitas de Bartlett a los integrantes del Cártel de Guadalajara eran relámpago. Y los testigos aseguran categóricamente que igual recibía millonarios sobornos. Imposible entender la protección de elementos de la DFS, que es cosa juzgada, que fueron sentenciados, sin el conocimiento de Bartlett.

Fonseca y Caro Quintero eran tan poderosos en aquella época que hasta el expresidente José López Portillo (1976-1982) y el entonces presidente Miguel de la Madrid (1982-1988) iban a visitarlos a sus casas de seguridad, donde se drogaban con *baserola*, un cigarro preparado de tabaco y cocaína, y siempre salían con un portafolio lleno de dinero.

* * *

Cuando fue detenido en 1985 por el homicidio de Camarena, Don Neto dijo que en 1952 contrajo matrimonio con María de la Luz Caro Rodríguez, quien aclaró que no tenía parentesco con Rafael Caro Quintero. Dijo que en su matrimonio procreó tres hijos: Irma, Armando, y Rosa Fonseca Caro, que ya para entonces tenían 31, 29 y 27 años. También tuvieron un hijo llamado Gilberto, asesinado en Tijuana en 1983.

Entre 1984 y 1985, Fonseca tuvo cuatro parejas oficiales, si esa es la palabra que pudiera utilizarse: Ofelia Núñez, Rosa Esther Valencia, Rocío Cabañas (cantante) y Guillermina (apellido desconocido). A todas les llevaba al "casamentero", todo en "regla", con sus papeles. Y a todas les hacía fiesta de casamiento. Su actual esposa es Rocío López.

El capo habría procreado al menos 15 hijos. Se conoce el nombre de algunos: los cuatro hijos de su primer matrimonio, Gilberto Fonseca Guerrero, Berenice Fonseca Pérez, Ofelia y Consuelo Fonseca Núñez, estas dos últimas hijas de Ofelia. Ernesto Rafael y Joana (o Yoanna) Esther Fonseca Valencia, y Ernesto Fonseca López, concebido cuando Don Neto ya estaba en prisión.

Afirman quienes fueron testigos que Ofelia era uno de sus vástagos preferidos. Ella era tan afín al padre que el 24 de enero de 1999 la detuvieron con un cargamento de cocaína cuando el avión en el que llevaba la carga aterrizó de emergencia en una carretera en Quintana Roo. Fue condenada a 15 años de prisión. Dicen las noticias que en el año 2000 intentó escapar del penal de Chetumal por un túnel de casi 200 metros que las autoridades detectaron antes de que terminara de construirse.[5] Pero fue Joana Esther Fonseca Valencia, hija de Rosa Esther, la que acabaría por convertirse en la vocera oficial de Don Neto.

Cada una de las mujeres del capo tenía su casa y su espacio. Cada una sabía de la existencia de la otra y aprendieron a convivir con esa realidad. Las tenía viviendo en la misma ciudad, iba y venía de una casa a otra, ellas iban y venían entre diversos puntos de la ciudad con escoltas asignados por el mismo Don Neto, pero nunca coincidían en un punto. Estaba prohibido. No podían decir: "Ah, ya supe dónde vives", para ir a reclamar. La que iba a reclamar perdía. Así eran las reglas no escritas, cada quien en su sitio, cada quien su dinero y ya. No podía haber reclamos o discusiones entre ellas.

A Fonseca le gustaba estar bien con el diablo y con dios, aunque para lograrlo tuviera que corromper también a sacerdotes. Todos sus vástagos eran puntualmente bautizados y hacían su primera comunión. En una de esas ceremonias, Jorge Godoy, a quien pusieron al lado de Don Neto, observó que cuando la misma terminó el capo fue detrás del altar, le dio al sacerdote un fajo de dinero por sus servicios, y luego se dieron un pase de cocaína.

* * *

Invariablemente, todos los envíos exitosos de drogas, los negocios con otros socios y cárteles, como el de Medellín, y los acuerdos con las autoridades terminaban en fiestas. Era una especie de ritual dionisiaco digno de las bacantes de Eurípides, donde se daba licencia de desahogar todos los instintos.

Don Neto podía estar de fiesta hasta cinco noches seguidas sin dormir. "Ya ondeado, drogado y ordenando muertes", describe Godoy. Tenía diversos hábitos muy suyos: nunca se sentaba de espaldas a la puerta. Siempre tenía entre las manos un cigarrillo Benson & Hedges convertido en baserola. También le gustaba que le hicieran esa misma baserola con cigarros Vantage sabor lechuga que mandaba traer de Estados Unidos.

Aunque entre los escoltas Godoy era uno de los más nuevos, más jóvenes y de menor nivel, siempre estaba al lado de Don Neto porque él hacía mejor que ningún otro los cigarrillos mezclando una base de cocaína con amoniaco, que luego combinaba con el tabaco. Le quedaban "bien doraditos y con olor a pan". Era una inmundicia que le estaba destruyendo las neuronas y la memoria a Don Neto, pero que en el momento le daba una inmensa sensación de placer, tan fugaz como la conciencia de sus crímenes, y lo ayudaba a mantenerse despierto día y noche.

Aun borracho y drogado, Don Neto nunca se separaba de sus dos mejores compañeras, más que la Rubiales o Zoyla Flor: una pistola 45 y una 25 que siempre llevaba en la bolsa. Era muy platicador, pero en las fiestas siempre traía una mano cerca de su 25, por si se ofrecía.

Para recuperarse pronto de la resaca y tener potencia sexual se hacía allegar del doctor Manuel Álvarez Machain vitaminas especiales provenientes de Alemania a las que les llamaban "bombitas". "Antes de meterse a hacer el amor se tomaban una. Antes no había Viagra y usaban eso para cumplirles a las mujeres. Eso lo hacen para demostrar entre ellos mismos, los demás les valen, entre ellos tienen que demostrarse", aseguró Lira.

En realidad, ni Don Neto ni su compadre Caro Quintero tenían ningún rasgo propio que fuera particularmente atractivo. "Bien vestidos, bien enjoyados, con dinero y poder cualquiera se ve bien", comentó alguien que los conocía muy bien.

* * *

Las fiestas de Don Neto y Caro Quintero eran tan famosas y fastuosas que llegaban narcos, socios de ellos, de otras partes de México y el mundo. Como Ismael *el Mayo* Zambada, quien entonces estaba colocando las piedras para construir su propio imperio de drogas que después sería conocido internacionalmente como el Cártel de Sinaloa. Godoy y Lira fueron testigos de que la presencia del Mayo era esporádica, pero cuando iba también agarraba la juerga.

A finales de 1981, principios de 1982, Don Neto convocó a un festejo en el restaurante-bar El Internacional de Guadalajara. "Fue un fiestononón bruto, y ahí fue donde conocí al Mayo Zambada", recordó Ramón Lira, quien estaba en su turno de escolta. En un momento, el custodio quiso entrar al baño, pero estaba lleno, con un grupo de hombres drogándose, metiéndose cocaína como si no hubiera mañana. Ahí se encontró con el ahora líder del Cártel de Sinaloa.

—¿No quieres? —le dijo el Mayo acercándose.

—No, discúlpeme, pero estoy trabajando.

—Entiendo.

El Mayo estaba de ánimo jovial y amable. Traía bigote, sombrero texano, botas, pantalón de mezclilla y camisa de manga larga. Él, como otros después de inhalar, se bajaba los efectos tomando coñac.

También el gobernador de Jalisco asistía a las fiestas, él si era visitante asiduo. "Iba a drogarse y a recibir su dinero, yo lo vi", describió Lira. "Ahí estaba Álvarez del Castillo fumando con su cuñado; a la salida ya tenían su dinero", describió Godoy.

A las fiestas también iban personajes como el general Santoyo y, al menos una vez, Manuel Bartlett, quien "entraba muy soberbio, no hablaba ni nada, traía a sus guaruras y el de la puerta ya sabía que ellos eran invitados. Nadie le preguntaba nada. Él no platicaba nada". Aun en los festejos, las formas siempre se cuidaban. Don

Neto, por ejemplo, le hablaba invariablemente de usted a la gente, desde el presidente hasta sus empleados.

El jaleo estaba amenizado con la presencia de las mejores bandas de la época: la Banda El Recodo cuando aún la dirigía su fundador Cruz Lizárraga, originario de Mazatlán, Sinaloa. También era frecuente la presencia del Mariachi de Tecatitlán y otros. Incluso Juan Gabriel.

* * *

Cuando el llamado Divo de Juárez estaba en uno de sus mejores momentos lo contrataron para una fiesta de Don Neto. Una muy especial. Eran los tiempos cuando en todas partes sonaba su canción "Querida", una de las más populares en su historia discográfica.

"Querida, cada momento de mi vida, yo pienso en ti más cada día, mira mi soledad..."

La fiesta fue en el rancho La Herradura ubicado por la carretera que conduce al Aeropuerto Internacional de Guadalajara, en el pueblo de Atequiza. El invitado de honor de Don Neto era el tristemente célebre colombiano Pablo Escobar.

Uno de los acompañantes de Escobar que tenía la confianza para jugarle bromas pesadas se acercó a Juan Gabriel y le ofreció un millón de dólares si le daba un beso al capo colombiano.

—No, me va a matar —respondió temeroso el Divo.

—No te mata.

—No me vas a dar el dinero.

—Sí te lo doy.

El cantante, seguramente más por intimidación que por dinero, fue y sorpresivamente le plantó un beso en los labios a Escobar. Lira vio la escena con los ojos abiertos como plato, estupefacto.

Instantáneamente Escobar sacó su pistola, Don Neto también. El compañero de Escobar se levantó de inmediato y le explicó que era una broma orquestada por él. Don Neto soltó la carcajada, a Escobar no le causó ninguna gracia, pero tuvo que aguantar y también rio para no sentirse más ridículo. Juan Gabriel ya no continuó el show y se esfumó antes de que Escobar cambiara de opinión.

Contadas veces las fiestas se trasladaban a la Ciudad de México. Guardias de Don Neto aseguran que lo acompañaron a la residencia oficial de Los Pinos, donde vivía el presidente Miguel de la Madrid. Habrían estado presentes Caro Quintero y Miguel Ángel Félix Gallardo.

* * *

"La señora Guillermina era la que más lo cuidaba de sus loqueras", refirió Godoy. "Hasta le daba el caldito de pollo en la boca para que se recuperara" luego de los días de farra. A Guillermina, una de las mujeres de Don Neto, la describen como una mujer chaparrita, un poco rellenita, de tez blanca y rostro simpático.

En una ocasión Lira confundió las instrucciones de Don Neto.

—Nos vamos a ver en el "restaurante 2" —ordenó el capo usando uno de los códigos que había dado al domicilio de una de sus parejas.

Sin embargo, Lira se dirigió al "restaurante 1".

Ahí estaba Guillermina, quien habitualmente vivía en Culiacán. Lira le dijo a la trabajadora doméstica:

—Discúlpeme, dígale a la señora que me equivoqué, que mi cita era en "restaurante 2".

Cuando llegó a donde estaba Don Neto le preguntó:

—¿Por qué se tardó? Ya tenía tiempo esperándolo.

—Discúlpeme, pero me equivoqué y fui al "restaurante 1", con su esposa Guillermina.

—No, no es mi esposa. Está feita, ¿verdad?

—No.

—Entonces, ¿le gusta?

"Para que vea los contrastes del Fonseca", explicó el escolta: "No era matón todo el tiempo, a veces contaba chistes". No obstante, él sabía mejor que nadie que la mayor parte del tiempo su jefe sí era un asesino.

Don Neto podía ir de una mujer a otra, y podía tener más afición por alguna de ellas, pero ninguna, absolutamente ninguna, podía pagarle con la misma moneda.

Un día en la casa donde estaba Guillermina los escoltas escucharon gritar a Fonseca y salieron corriendo con los rifles en mano dispuestos a disparar. El capo estaba discutiendo con un hombre de apellido Molina, que había sido su secretario particular y era comandante de la DFS, "muy drogadicto, muy matón", describen quienes lo conocieron. Estaban discutiendo por algo que Molina se había atrevido a decirle a Guillermina. Fonseca se dio cuenta y lo encaró:

—¿Qué? ¿La quieres? Ahí está, te la regalo.

—No.

Guillermina estaba llorando.

—No, Ernesto, es que mira…

—No me interesa.

—Órale, arráncate —dijo Don Neto, embistiéndolo con la mirada y sacando el arma.

Molina miró alrededor con nerviosismo. "Sabía que estábamos todos y además Fonseca era muy buen tirador, era rápido para sacar el arma como si fuera del viejo oeste", contó Lira.

Molina vio que iba a perder y se fue.

* * *

Rosa Esther, otra de las parejas de Don Neto, era una señora de Sinaloa muy alta y bonita, comentan quienes la conocieron. Y era de carácter fuerte, ella no se dejaba. Una vez Don Neto fue a visitarla en un Mustang plateado a un departamento que nadie conocía. Ahí estuvo una semana con su hijo Ernesto, muy consentido; su hermana Joana era aún muy pequeña. Tenían como nana a una mujer de Culiacán que le pidió a Lira un favor.

—Oiga, el señor no ha salido. ¿Me puede llevar al hijo a la escuela?

Fonseca tenía a su hijo en uno de los mejores colegios de Guadalajara.

—Es que no me dio orden ni nada, y si sale, ¿qué voy a hacer?

—No se preocupe, yo le digo que usted llevó a su hijo.

Lira seguía las órdenes al pie de la letra y se quedó como un jarrón en la sala. Don Neto se había olvidado por completo de él y no fue hasta una semana después cuando se percató de su presencia.

—Aquí está. ¿No se fue a su casa?

—No, señor. Es que no me dio orden.

—Ah, se hubiera ido…

—Es que no sabía.

—Está bien. Ahorita nos vamos a ir, vaya preparando el carro.

Antes de que se marcharan, se comenzaron a escuchar gritos.

—Ah, hija de tu chingada madre —vociferaba el capo y se oían golpes, mientras la mujer también le echaba bronca.

"Su perfil de psicópatas lo disfrazan con una sonrisa, se disfrazan con piel de oveja, son muy volubles, algo que no les parezca y con eso se ondean y 'denle piso'", dijo Godoy para describir que toda esa supuesta gentileza y galantería con sus mujeres es solo una apariencia. Debajo está siempre el hombre siniestro. Aunque el dinero y el poder muchas veces hacen que las mujeres a su alrededor se olviden de esto. Incluso mujeres de prestigio mundial.

* * *

Don Neto y Caro Quintero siempre cargaban maletas con joyas que les vendían en el mercado negro o les traían de Venezuela. Les llegaban esmeraldas grandiosas, collares, aretes, anillos y esclavas de las mismas piedras.

Un día, en 1984, Don Neto, Samuel Ramírez Razo, su temible jefe de escoltas, y Godoy se trasladaron en un auto blindado a la calle Plan de San Luis, cerca del lienzo charro. Llegaron a una residencia. El narcotraficante, siempre vestido a la John Travolta, subió al nivel superior y se metió en una de las habitaciones. Ramírez Razo se fue y regresó con una señora.

Era una mujer de edad madura, vestida elegantemente con una falda ampona, tableada, color verde menta, y una blusa bien abotonada en la que aun discreta se observaba un busto prominente. Con sus tacones blancos subió las escaleras como si nadie la observara.

Godoy, quien se quedó sentado a la orilla de la escalera, levantó la mirada y, más allá de lo permitido, observó que la mujer no llevaba fondo mientras contemplaba sus piernas torneadas.

—¿Sí sabes quién es? —le preguntó Samuel a Godoy.

—No.

—Es Lucha Villa.

En ese tiempo Lucha Villa era considerada una de las últimas grandes exponentes de la época de oro de la música ranchera de México. De fama mundial. Tenía un largo repertorio de películas, tanto en blanco y negro como a color. Era dueña de una voz ronca y una sensualidad nata que el tiempo nunca borraría. Cuando se encontró con Don Neto tendría unos 48 años.

Se quedó en la habitación con el capo cerca de dos horas. Samuel, aburrido por la espera, se fue y le dio una orden estricta a Godoy, como si su vida dependiera de cumplirla: "Yo me voy a ir y aquí te vas a quedar. Y nadie tiene que entrar, cabrón, a nadie le abras la puerta". "Ya no más ella salió, la vi bajando con una sonrisa y unas esmeraldas gigantes color verde, con anillos y esclavas a juego", rememora Godoy.

Don Neto no salió de la habitación. Ya había regresado Samuel, quien esperó a la cantante en el vehículo y después partió con ella.

"A las esposas las tenían bien, pero con las amantes eran muy generosos, ¡supergenerosos!", explicó Lira.

Don Neto era un coleccionista de personas. Y se acercaba a ellas con dinero que venía del crimen y la crueldad en dimensiones grotescas. Se sentía propietario de las mujeres que entraban y salían del infierno donde él mandaba. Desde ahí ordenaba comprar flores para sus mujeres, pero también la muerte de inocentes.

* * *

En una ocasión Fonseca ordenó a Lira ir al hotel Fiesta Americana de Guadalajara a recoger a Marcela Rubiales.

—Ahí está un Mercedes, agárrelo y váyase en él.

Se trataba de un Mercedes blindado color aluminio. Era la primera vez que el escolta lo veía.

—A tales horas tiene que ir. Seguramente la va a reconocer, es una mujer alta, güera.

—Sí, cómo no.

Por curiosidad, Lira se asomó a la guantera, tomó la tarjeta de circulación y vio que estaba a nombre del mismísimo expresidente José López Portillo. Cuando recogió a la cantante, abordó el vehículo con actitud altanera; Lira no se atrevió a cruzar palabra con ella porque estaba prohibido: "Era un pecado capital, inclusive que nosotros nos le quedáramos viendo a alguien", señaló Lira. Más tarde, Fonseca le ordenó ir a pagar la cuenta del Fiesta Americana, dinero que nunca le reembolsó a su escolta.

Tiempo después, sería Marcela Rubiales quien introduciría a Zoyla Flor con Don Neto para "relevarla". Muy pronto ella empezaría a hacer películas al lado del cantante y actor Antonio Aguilar, quien era compadre del capo.

Ernesto Fonseca tenía el poder y las conexiones para impulsar las carreras de cantantes y actrices. "Tenía contactos en México y mucho dinero. Antonio Aguilar fue el que le abrió las puertas, él era muy famoso." Lira afirma que entre 1981 y 1982, cuando comenzó su trabajo como escolta del narcotraficante, Don Neto y Antonio Aguilar ya eran compadres.

"Una vez que hubo un palenque en las fiestas de octubre en Guadalájara, fuimos a ver exclusivamente a Antonio Aguilar", contó Lira. Don Neto llegó con sus guardias armados, no entró por el ingreso general al público, sino por la puerta para artistas: "Ahí ya tenían despejado el lugar donde se iba a sentar; íbamos como unos 20 guardaespaldas".

Antonio Aguilar cantaba narcocorridos, como el de Lamberto Quintero, en homenaje al narcotraficante Lamberto Quintero Payán, hermano de otro poderoso capo, Ernesto Quintero Payán, Ambos eran originarios de Badiraguato y tíos de Rafael Caro Quintero. Don Neto le debía sus inicios en el narcotráfico a Pedro Avilés y al mismo Lamberto.

El 28 de enero de 1976 Lamberto sufrió un atentado en Sinaloa a manos de un grupo criminal rival. Lo trasladaron a la Clínica Santa María en Culiacán, donde murió. Se afirma que Don Neto estuvo presente en la balacera, pero sobrevivió.

Aguilar inmortalizó a Lamberto en un corrido en el que lo describía como "un hombre fuera de serie, alegre y enamorado". Incluso produjo y actuó en una película de igual nombre, *Lamberto Quintero*, personificando al propio narcotraficante, siendo coprotagonistas la actriz Angélica Aragón y Marcela Rubiales.

Oficialmente la película se estrenó en 1987. Sin embargo, escoltas de Don Neto aseguran que desde antes de su detención, en abril de 1985, lo ayudaron a llevar a un rancho en Moyahua, Zacatecas, propiedad de Aguilar, coches y armas que se utilizarían en la producción cinematográfica. Y aseguran que algunos de los mejores caballos de Don Neto se los habría vendido Antonio Aguilar.

* * *

Una vez en una fiesta Don Neto llevó a Mariana, una cantante, y a Zoyla Flor. Él ya estaba muy perdido cuando Samuel Ramírez Razo le advirtió que alguien estaba con una de sus invitadas. Era el medio hermano de Don Neto: Jorge Fonseca Uribe, el *Güerón*, quien se afirma nunca fue detenido.

—El Güerón quiere tener relaciones sexuales con la cantante.

—¿Por qué chingados es eso? Aquí el único gallo soy yo —se enfureció el capo y mandó llamar a Lira.

—Busqué al Güerón, lo amarra y me le da piso.

—Oiga, señor, pero es su hermano.

—Me vale madre, aquí yo soy el único gallo. Haga lo que le digo.

—Está bien, señor.

Lira se resistió a obedecer la orden porque sabía que su jefe estaba muy drogado y luego se iba a arrepentir. Entonces fue a hablar con un yerno de Don Neto que se encontraba ahí.

—Oiga, me mandó amarrar y matar al Güerón. ¿Por qué no vamos a hablar con él a ver si usted lo convence?

Se aproximaron a él y Fonseca preguntó:

—¿Qué? ¿Ya lo hizo?

El yerno intervino, pero Don Neto no escuchó razones y reiteró la orden.

—A mí no me venga con chingaderas, vaya a hacer lo que le digo.

—¿Sabes qué? Pélate porque me mandaron a matarte. Si te mato, al día siguiente va a pasar algo grave y me van a matar a mí —le dijo Lira al Güerón cuando lo encontró.

El yerno lo sacó del lugar y el medio hermano de Don Neto se saltó la barda y huyó.

—Oiga, señor, no lo encuentro —dijo Lira para justificar el incumplimiento de la orden.

—No se haga pendejo. Acompáñelo y usted lo amarra —le ordenó a otro, pero ya no encontraron al Güerón.

La cantante Mariana ya nunca regresó, Zoyla Flor sí, muchas veces. Ya después sería más famosa y comenzaría a hacer películas. Entre tanto, se volvió una de las preferidas de Don Neto.

En una ocasión, Zoyla iba a cantar a Guadalajara en una fiesta del capo y luego tenía que presentarse en San Julián El Alto.

—La va a llevar, pero allá se espera hasta que ella se vaya —le dijo Fonseca a Lira.

Ahí estaba escuchando su compadre Caro Quintero, quien dijo:

—Espera, déjame hablar a la Federal con el comandante para que no los vayan a molestar —tomó el teléfono y dijo—: Oye, hijo de tu puta madre, va a salir Lira, trae un Mercedes Benz sin placas, no lo vayas a parar porque te parto tu madre, cabrón. Cuento contigo.

Y así la cantante llegó a tiempo a su otro compromiso.

"Era muy bonita y muy agradable. La cosa es que en ese tiempo era famosa", puntualizó Lira. Y esto para los narcotraficantes "es muy importante": "Para presumirlas a todos". Coleccionan mujeres famosas por ego. "Todos los demás tienen que verlas."

* * *

Los festejos del Cártel de Guadalajara no paraban ni en las horas más negras. De hecho, las fiestas corrían a la par, antes y después de los horrores más atroces.

Las mujeres de Don Neto y todos a su alrededor se jugaban la vida estando cerca de él. Tenía un carácter tan peligroso y volátil como un barril de pólvora con un fósforo al lado.

Un día Don Neto iba manejando por la ciudad de Guadalajara con sus escoltas y uno de sus cuñados. El copiloto era Samuel Ramírez y en el asiento trasero iba otro custodio y el pariente.

El cuñado venía discutiendo en tono impertinente porque tenía la confianza de hacerlo, pero de pronto comenzó a hablar aún más rudo. Y agarró de malas a Don Neto, quien frenó de golpe: "Te dije que te callaras, hijo de la chingada", y le descargó la pistola en la cabeza. Ordenó al escolta abrir la puerta y aventar el cuerpo a la calle. Ahí quedó.

No era solo él, algunos de sus socios y subalternos eran incluso más peligrosos.

Rafael Caro Quintero era inmaduro, impulsivo, desquiciado. Cuando de sus labios salía la orden "la cucaracha" significaba atacar en bola precisamente a "la cucaracha", la víctima a la que iban a asesinar. Todos tenían que golpearla tumultuariamente. Un desbordamiento de violencia. Y uno de los hombres más violentos en esa época al servicio del Cártel de Guadalajara era nada más y nada menos que el Chapo Guzmán.

Cierto día, antes de que comenzaran a trabajar para el cártel, Lira y Godoy recibieron una llamada de emergencia para acudir al hotel Las Américas Motors, propiedad de Miguel Ángel Félix Gallardo. Cuando llegaron, la escena era dantesca. Una pestilencia atroz. Hallaron un cuerpo con los intestinos y las entrañas de fuera. No se podía siquiera reconocer si era hombre o mujer. Sin brazos, ni piernas, ni cabeza. Ahí estaba el Chapo, aún enloquecido bajo la influencia de las drogas, con la ropa y el cabello aún embarrado de la sangre de su víctima. Los policías recibieron la orden de no hacer ninguna detención y dejar libre a Guzmán Loera. En esa época era el encargado del grupo de sicarios llamado los Dormidos.

Esa no sería la última vez que se lo encontrarían cara a cara.

A finales de 1984 los integrantes del Cártel de Guadalajara estaban tensos porque les habían dado el pitazo de que había un agente de la DEA que los estaba investigando, y que había sido responsable de un operativo en Chihuahua, en el rancho El Búfalo, que le había costado mucho dinero a la organización. Aunque tenían la protección del gobierno de México al más alto nivel, cuando había alguna presión desde Washington para destruir un plantío, llegaba un punto en que no se podían seguir haciendo tontos.

En noviembre de 1984 detuvieron a dos parejas de americanos:

Benjamín Mascarenas, Dennis Carlson y sus respectivas esposas. Llegaron al azar a una de las casas de seguridad de Don Neto, tocaron el timbre, dijeron que eran testigos de Jehová y que llevaban la palabra de Dios. No los atendieron y se fueron.

Alguien informó a Don Neto que habían llegado unos americanos y que podían ser de la DEA. Así que de inmediato ordenó secuestrarlos. Un grupo los interceptó en la calle y los llevaron a la casa donde los interrogaron y torturaron. Las mujeres fueron abusadas sexualmente. Esa propiedad era de Rubén Zuno Arce.

Los trasladaron luego a una finca fuera de la ciudad donde el Güerón y Samuel Razo —el mismo que había sido chofer de Lucha Villa— torturaron a las mujeres ante sus esposos de forma inenarrable. Sin piedad. Y volvieron a violentarlas, para luego rematarlas junto a sus parejas y arrojarlas a una fosa clandestina. El Chapo también participó en esa masacre.

Don Neto, Caro Quintero y sus matones estaban convencidos de que podían destazar a agentes de la DEA a voluntad, sin consecuencias. Fue así que en enero de 1985, mientras estaban en una fiesta privada en el restaurante La Langosta, que controlaba la organización, los interrumpió la visita inesperada de dos clientes que querían ingresar en el local. Eran John Clay Walker y Albert G. Radelat. El primero era un periodista, pero no estaba ahí por motivos de trabajo, se encontraba de vacaciones.

Godoy abrió la puerta ante la insistencia de los americanos y les dijo que se fueran, que el restaurante estaba cerrado por una fiesta privada. Los dos ya estaban dándose la media vuelta cuando el Chapo gritó: "Esos hablan inglés, son de la DEA", y Caro Quintero dijo: "¿Esos gabachos qué?" Los aprehendieron y los llevaron atrás de la cocina. Caro Quintero gritó "la cucaracha" y según varios de los que se encontraban ahí se abalanzaron sobre ellos. Además de Caro Quintero y el Chapo, también estaban el Juárez, Amadito y Francisco Tejeda, un expolicía de Tijuana. La mayor furia vino de Caro Quintero y Guzmán Loera, quienes terminaron atacando a los visitantes con un picahielo. Walker, mal herido, hizo un último esfuerzo por escapar, pero el Chapo lo decapitó.

El 7 de febrero de 1985, cuando el grupo criminal secuestró al agente de la DEA Enrique Camarena y al piloto mexicano Alfredo Zavala, la crueldad fue peor que inhumana. Y la acción tenía el visto bueno de los más altos funcionarios de los gobiernos estadounidense y mexicano, incluyendo a los secretarios Manuel Bartlett y Juan Arévalo Gardoqui.

* * *

Don Neto fue capturado en Puerto Vallarta el 7 de abril de 1985. Los primeros años estuvo preso en el Reclusorio Varonil Norte, donde siguió la fiesta. Incluso las artistas seguían visitándolo ahí, pese a la difusión pública de los horrores cometidos. Y ellas siguieron siendo generosamente recompensadas.

Luego lo enviaron a un penal de máxima seguridad y lo sentenciaron a 40 años de prisión. En 2016, durante el gobierno de Enrique Peña Nieto, por órdenes de un juez le concedieron prisión domiciliaria por razones "humanitarias". A sus 91 años ahora vive en una residencia en la lujosa zona residencial de Valle Escondido, Atizapán, Estado de México, con su esposa Rocío López.

* * *

Veintidós años después el sanguinario y cruel jefe de los Dormidos, el Chapo, con la ausencia de Don Neto y Caro Quintero, fue escalando posiciones en el crimen y se convirtió en miembro de la cúpula del Cártel de Sinaloa, a un costado del Mayo Zambada.

Y así, bañado de esa sangre que nunca se quita, en 2006 conoció a Emma Coronel, de tan solo 17 años.

NOTAS

[1] La historia de este capítulo se basa en entrevistas realizadas directamente por la autora a dos testigos directos de los hechos: Jorge Godoy y Ramón Lira, policía y comandante respectivamente adscritos a la sección de investigación de homicidios de la Policía Judicial de Jalisco, quienes fueron escoltas personales de Ernesto Fonseca Carrillo y actualmente se encuentran en el esquema de testigos protegidos del Departamento de Justicia de Estados Unidos. Sus testimonios fueron veraces y clave en el encarcelamiento y condena de diversos cómplices del Cártel de Guadalajara. Asimismo, otros pasajes se basan en las declaraciones ministeriales que Ernesto Fonseca Carrillo rindió entre abril y junio de 1985 tras ser detenido en Puerto Vallarta, las cuales obran en el expediente AP 2567/85, del cual la autora tiene copia.

[2] Declaración ministerial de Ernesto Fonseca Carrillo, AP 2567/85.

[3] La historia fue documentada por la autora en 2010 en *Los señores del narco*; más tarde por el periodista Jesús Esquivel en el libro *La CIA, Camarena y Caro Quintero* (2014); también se reconfirmó en el documental *The Last Narc*, del productor y director Tiller Russell, estrenado en Amazon en julio de 2020.

[4] La autora tiene copia del examen de control de confianza de Omar García Harfuch. Expediente UAI/DGII/5518/12 de la Secretaría de Seguridad Publica. Reporte Integral de Evaluación de García Harfuch cuando era suboficial de la Policía Federal Preventiva, 18 de mayo de 2011.

[5] Redacción, "Sentencian a 15 años de prisión a la hija del narco 'Don Neto'", en *Reforma*, 28 de julio de 2000.

3

Doña Blanca,
historia trágica de una *vendetta*

Era el final de 2011, y en el Reclusorio Preventivo de Guadalajara, en el Complejo Penitenciario de Puente Grande, Jalisco, se hacían los preparativos para un magno evento. Como si fuera un salón de fiestas, y no una cárcel, comenzaron a llegar grupos musicales, botellas del mejor licor y comida de los mejores restaurantes de Guadalajara.

Era la boda de Manuel Garibay Félix, *el Gordo*, hijo de Blanca Félix Ochoa y Manuel Garibay Espinoza; don Manuel, un importante operador del Mayo Zambada. Juntos, hijo, padre y madre dirigían la organización de tráfico de drogas conocida como los Garibay, que para aquel año ya había dejado una estela de terror y muerte en Mexicali, Baja California, su centro de operaciones. A sus escasos 27 años, Manuel Garibay Félix ya se había vuelto famoso por ser infame y sanguinario como su padre.

El Gordo se había ganado el apodo a pulso. Su figura era la de un tonel, pero eso no lo acomplejaba, pues lo que tenía de sobrepeso lo tenía de poderoso y rico. Llevaba más de un año detenido en Puente Grande, pero ya tenía todo bajo su control con la complicidad de los directivos de la cárcel y las máximas autoridades del gobierno de Jalisco. En ese tiempo el gobernador era el panista Emilio González Márquez.

Una parte del área destinada a la visita conyugal la había transformado en sus aposentos privados, e incluso había mandado a instalar un gimnasio, que evidentemente no usaba. Desde la cárcel seguía manejando sus negocios de narcotráfico y ordenaba masacres a voluntad.

Manuel Garibay Félix era el amo en la prisión estatal, sus deseos eran ley. Y si bien el hecho de que ahí se celebrara una boda era suficiente para despertar la curiosidad y el morbo de los más de 5 mil internos, había otras dos razones de más peso: la ausencia de su madre doña Blanca, quien siempre iba a visitarlo y lo amaba sobre todas las cosas, y la inconmensurable belleza y altivez de la que se convertiría en su esposa.

Los festejos del matrimonio duraron días y el Gordo era feliz. Había cumplido el sueño que tenía desde los 16 años: casarse con la mujer que amaba por sobre todas las cosas, aunque le era absolutamente prohibida. Él no lo sabía, pero el día de su boda firmó no solo su acta de matrimonio, sino también la de defunción.

* * *

Blanca Félix Ochoa es originaria de Culiacán, Sinaloa, y quienes la conocieron de joven afirman que lo que le faltaba de estatura, no pasa del 1.55, lo tenía de belleza. Manuel Garibay Espinoza es originario de Michoacán, de un pequeño pueblo colindante con el Estado de México. Es poco agraciado y no es mucho más alto que Blanca. La leyenda negra que ha escrito a través de su carrera criminal de narcotraficante lo pinta como un hombre de maldad inconmensurable.

La unión de sus vidas desató una tragedia que ni Sófocles, autor de *Edipo rey*, hubiera podido escribir en la Antigua Grecia.

Se conocieron en Estados Unidos, en la década de los ochenta, trabajando en la pizca en los campos de California. Los dos estaban como indocumentados. Blanca quedó embarazada muy joven y en 1982 dio a luz a una niña aún más hermosa que ella a quien bautizó con el nombre de Brenda. El novio que la embarazó fue asesinado en Culiacán antes de que naciera su hija, por lo cual Blanca quedó desprotegida. Decidió registrar a la niña con sus apellidos: Brenda Félix Ochoa.

Cuando Blanca se fue a Estados Unidos dejó a su pequeña, con poco más de un año, al cuidado de su madre y sus tías. Ella se fue a buscar trabajo y fortuna al otro lado de la frontera para mantener a su hija. Al menos ese era el objetivo inicial.

Bajo el sol candente, el arduo trabajo, el cansancio y el sudor, Blanca se enamoró instantánea y perdidamente de Manuel y dejó todo atrás para iniciar una nueva vida. Todo, incluyendo a Brenda.

En 1984 nació el primer hijo procreado por la pareja y lo registraron como Manuel Garibay Félix. Era una calca del padre. Con el tiempo su robusta complexión le dio el mote del *Manuelón* o *el Gordo*. Dos años después nació Eloísa, mucho menos agraciada que Brenda, su hermana mayor.

Blanca era familiar lejana de los hermanos Arellano Félix, quienes controlaban el tráfico de drogas en Tijuana, Baja California. En aquella época el Mayo Zambada hacía negocios con ellos. A principios de los noventa la alianza se rompió y los hermanos fundaron el Cártel de Tijuana; el Mayo, el de Sinaloa, y las dos organizaciones comenzaron una sangrienta guerra que continúa hasta nuestros días.

Quienes conocen a la pareja afirman que fue Blanca quien introdujo a Manuel en el mundo del crimen, y no es que él no mostrara esa tendencia, pero no tenía la inteligencia ni la audacia de ella. Ni los contactos. Juntos comenzaron en el crimen organizado con una flota de autos destartalados con compartimentos secretos, con los cuales daban el servicio de tráfico de droga a Estados Unidos. La misma Blanca manejaba algunos de los vehículos y pasaba los cargamentos al otro lado con papeles falsos.

En un inicio Blanca y Manuel trabajaban para los Arellano Félix, años más tarde lo hicieron para el Mayo, con quien hicieron una alianza que prevalece hasta ahora.

Blanca era de carácter fuerte y fácilmente podía desbordar en lo violento: no permitía que nadie a su alrededor se pasara de la raya. Como mujer en un sistema patriarcal debía hacerse respetar; lograba hacerlo, excepto con su propia familia. Ese era su talón de Aquiles y la fuente de sus desgracias.

Pronto doña Blanca quedó cubierta de oro, plata y tragedia.

* * *

En poco tiempo la pareja comenzó a tener renombre en el mundo del narcotráfico; su clan criminal era conocido como los Garibay, al que se sumaron a los hermanos de don Manuel: José Luis y Gerardo Garibay Espinoza Todos eran terriblemente violentos, crueles y mezquinos.

Con el dinero ilegal de las drogas acumulado, Blanca se compró una amplia residencia en Yuma, Arizona. Y con el tiempo incluso obtuvo un permiso de residencia legal, la llamada *green card*.

Hay quienes aseguran que en realidad fue doña Blanca la que armó la organización de los Garibay. Que todo el mérito fue suyo.

Cuando Blanca y su esposo Manuel comenzaron a escalar en el negocio criminal del tráfico de drogas, ella atraía la atención de todos no solo por su belleza, su gusto refinado al vestir y su maquillaje impecable, sino por la energía con la que comandaba en el imperio criminal que estaba construyendo con su marido.

Pero con el pasar de los años, la belleza de Blanca fue alejándose, mientras aumentaba su riqueza y poder. Comenzaron a surgir problemas con don Manuel, quien era infiel y cruel con ella. Desagradecido. Aun así, ella siempre le perdonaba todo, hasta las peores bajezas. Dicen que estaba "enviciada" con él. Cuando se enteraba de todos los secuestros, homicidios y demás actos ruines que cometían don Manuel y sus hermanos, doña Blanca siempre le cubría las espaldas y lo justificaba ante los demás.

Quien entra en el narcotráfico no puede esperar que sea como un paseo en Disney World, pero en el caso de los Garibay su violencia sobrepasaba la brutalidad habitual de ese mundo. Ellos eran malos por placer.

* * *

Aunque doña Blanca dejó a Brenda en Culiacán, siempre se hizo cargo de ella. Le mandaba dinero a través de su madre, la abuela de Brenda. No había deseo o capricho que Blanca no cumpliera a su hija.

Aparentemente, al menos en lo material, Blanca no hizo a un lado a su primogénita y siempre estuvo presente. Mandaba carretadas de dinero para su manutención, la de su madre y la de sus tías. Mantenía como reyes a toda la familia en Culiacán a cambio de que cuidaran de su hija.

El abandono de la niña lo llevaba en la conciencia. Cuando quiso integrarla a la familia que había conformado con Garibay y unirla a sus hermanos Manuel y Eloísa, la madre de Blanca la persuadió de no hacerlo. La convenció de que la niña estaba mejor ahí, en Sinaloa.

La abuela de Brenda había encontrado en la distancia entre Blanca y su hija un cofre del tesoro. Era un buen negocio para ella hacerse cargo de la menor porque la mayor parte del dinero era para ella y sus parientes, no se lo daba a Brenda. Si Blanca se llevaba a la niña, seguramente ya no se haría cargo de ella y no tendría forma de seguirla exprimiendo.

Mientras la mamá de Blanca la aconsejaba de no llevarse a su hija, la envenenaba con todo tipo de historias. Le hacía hincapié en que su madre no se ocupaba de ella, su abandono y la preferencia de Blanca por el Gordo y Eloísa. El rencor de la niña se convirtió en un profundo odio. Cuando Blanca lo descubrió ya era demasiado tarde. Ella siempre sufría y lloraba por los rincones porque sabía que su mamá le había jugado chueco.

* * *

Bien dicen que afortunado en el juego, desafortunado en el amor. Aunque las cosas personales entre doña Blanca y don Manuel andaban mal, su negocio criminal crecía. Trabajando para los Arellano Félix, usaban la frontera de Tijuana e inundaban California con toneladas de cocaína y mariguana. Particularmente la ciudad de Los Ángeles. Ahí acumulaban la droga en bodegas y la distribuían, obteniendo millones de dólares en ganancias que llevaban de regreso a México, y otra parte se quedaba allá en Estados Unidos. Muy atrás habían quedado los años de la pizca en los campos agrícolas, vivían con todo lujo y excesos. Los billetes verdes les caían como agua del cielo.

Don Manuel trabajaba con Arturo Martínez Rodríguez, alias *el Mudo*, Filiberto Acosta, Luis Munguía Félix y Jorge Guerra Fonseca. Con ellos cruzaba, distribuía y vendía la droga en California. El gobierno de Estados Unidos comenzó a investigar a la prolífica célula criminal y logró interceptar las llamadas telefónicas del grupo.

En 1995 la buena fortuna de los Garibay tuvo un revés. El primero en caer fue Manuel Garibay Espinoza, acusado en la Corte de Distrito Sur de California de traficar cocaína y mariguana. Fue arrestado en octubre y presentado ante el juez Napoleon A. Jones, quien ordenó su encarcelamiento sin derecho a fianza en una prisión de San Diego.[1]

El resto del grupo quedó libre y continuó operando. El Mudo se quedó en lugar de don Manuel dirigiendo las operaciones para los Arellano Félix.

Tras dos años como canario tras las rejas, el 24 de marzo de 1997 don Manuel firmó un acuerdo de culpabilidad. Así obtuvo excelentes beneficios a cambio de prestarse a poner trampas a sus empleados y asociados aun desde la prisión.

El duro don Manuel se volvió un fiel sirviente del Departamento de Justicia. Colaboró y dio información sobre el Mudo y los otros, gracias a la cual las autoridades pudieron meter a un infiltrado a la célula.

Con la ayuda de este, el Mudo entró a la cárcel donde estaba recluido don Manuel para pedirle información sobre la red de compradores de droga en California para que él pudiera continuar eficazmente el trabajo. Don Manuel sabía que se trataba de una trampa contra el Mudo, así que le dio la información que necesitaba para que el gobierno americano pudiera capturarlo con las manos en la masa junto con los otros que habían quedado libres. Martínez Rodríguez fue arrestado en 1997 y condenado a los 17 años de prisión. Igual fueron detenidos los otros tres compinches. Para el gobierno de Estados Unidos fue un importante golpe a los Arellano Félix.[2]

Gracias a su cooperación, don Manuel obtuvo grandes beneficios. Primero lo condenaron a 14 años de prisión, tras la detención de sus cómplices la condena fue reducida a cuatro y medio, más cinco años de libertad supervisada. Salió libre en el año 2000. En contraparte, su empleado Jorge Fonseca Guerra, quien estaba bajo sus órdenes y también se declaró culpable, recibió una implacable sentencia de 22 años por el mismo delito. Pese a todas las mociones y juicios de apelación que presentó argumentando la disparidad, no le redujeron la sentencia ni un año.

Mientras don Manuel estaba en prisión, sus hermanos José Luis y Gerardo Garibay Espinoza, *el Gera*, asolaban el valle de Mexicali. Asesinaban sin razón ni piedad. Según medios de comunicación de esa región, organizaron una gavilla uniformada con trajes negros y armas de alto poder que comenzó a secuestrar a empresarios y profesionistas de la zona. Uno de ellos fue Gregorio Kodama, secuestrado en 1998, por quien cobraron un rescate de 700 mil dólares; le siguió Pablo Melgoza, por él exigieron 2 millones de dólares, pero como su familia se negaba a pagar, le mutilaron un dedo, logrando así un pago de 800 mil dólares. Hicieron lo mismo con el empresario René Bejarano, secuestrado en 1999, por su liberación obtuvieron un millón de dólares. Ese mismo año ocurrió uno de sus actos más sanguinarios: capturaron, torturaron y ejecutaron a siete jóvenes de Sinaloa en el Ejido de Chiapas, Mexicali.

* * *

En 1997, Brenda cumplió 15 años. Una edad emblemática para las adolescentes en México. Se considera la presentación en sociedad y por tradición se celebra con una fiesta de salón al que son invitados familiares y amigos de la festejada. La quinceañera usa vestidos de princesa, baila un vals con chambelanes y recibe numerosos regalos.

En el caso de Brenda, doña Blanca le organizó a su hija una celebración fastuosa en Culiacán. La señora aún no llegaba a la cúspide de su poder y dinero, pero afirman que la celebración fue de leyenda.

Fue después del festejo, cuando Brenda, adolescente y rebelde, llena de resentimiento, se la cantó clara a su madre: "¡Te odio! Te odio porque preferiste a tu familia". Y le dijo que para ella su única madre era su abuela. Con todo y la dureza que la caracterizaba, ese fue un fuerte golpe para doña Blanca. Pasando los 15 años se propuso a toda costa llevarse a su hija para tratar de resarcirla y compensar el tiempo perdido. Finalmente logró convencerla y se la llevó a vivir a la residencia en Yuma.

Con su esposo en prisión, parecía que doña Blanca podría unir los dos pedazos de su historia. Cuando la familia se unió, Brenda tenía 15 años, su hermano Manuel 13, y Eloísa apenas cumplía los 10 años.

Gracias a su colaboración con el Departamento de Justicia, para el año 2000 don Manuel obtuvo su libertad condicionada, pero él lo que quería era regresar al tráfico de drogas. En abril de 2001 abandonó el domicilio que había registrado para estar bajo libertad condicionada y no dejó información sobre su nueva residencia.

Según los documentos consultados en los archivos de la Corte de Los Ángeles, don Manuel dejó de firmar los reportes en mayo, junio y julio. Y el 22 de agosto de ese año se declaró formalmente que había violado las condiciones de su libertad y le giraron una nueva orden de arresto. Desde entonces los estadounidenses no han podido volver a capturarlo.

Para su desgracia, doña Blanca había dejado su residencia en Yuma como aval de la libertad condicional de su esposo, y cuando él se esfumó terminó perdiendo la casa ante el gobierno de Estados Unidos.

Cuando don Manuel quedó libre, volvió a liderar a los Garibay. Se sentía intocable. Años después, la vida le daría un revés que ningún juez terrenal hubiera podido propinarle.

* * *

Fue justamente en aquel tiempo, en el año 2000, cuando la semilla del odio plantada dentro de la familia de los Garibay germinó en un modo perverso.

El Gordo tenía unos 16 años y su hermana Brenda 18. Ella se había convertido en una mujer de belleza impactante, señalan quienes la conocieron. Era alta, mucho más que su hermano, de buen cuerpo y carácter desafiante. El rencor hacía su madre y su familia había crecido a tal punto que viviendo bajo el mismo techo, en la residencia de Yuma, antes de que doña Blanca perdiera la casa, sedujo a su propio hermano por venganza. Comenzaron a tener una relación sentimental y carnal. Incestuosa y tortuosa.

Brenda se convirtió en el primer y único amor de su hermano y en un dolor de cabeza para la familia. En junio de 2001, poco antes de que su padrastro se diera a la fuga, fue arrestada en el condado de Yuma, seguramente con posesión de drogas porque fue deportada instantáneamente a México por la garita de San Luis, en Arizona.[3]

Su deportación generó en El Gordo una gran frustración. Pero era menor de edad y no podía hacer nada para seguirla.

Doña Blanca no se daba cuenta de lo que sucedía. En 2001, luego de la fuga de su esposo, había comenzado los trámites del divorcio y estaba lidiando con la repartición de bienes y la pérdida de la casa.

Los hermanos encontraron la manera de seguirse viendo y durante mucho tiempo mantuvieron oculta su indebida relación. La escondieron como un secreto de Estado. Mientras su amor prohibido crecía, el Gordo escalaba posiciones en la organización de los Garibay y se ganaba un lugar en la cima a punta de pistola. A sus 18 años ya era tristemente célebre en Mexicali, Baja California, y en San Luis Río Colorado, Sonora, por emular a su padre y sus tíos.

Dicen que el Gordo tenía al diablo en los ojos y la maldad de su padre tatuada en el alma, incluso afirman que era peor. Porque al menos su padre aprendió a ser diplomático, mientras que su hijo era déspota y prepotente. Quienes lo conocieron afirman que era un hombre que inspiraba miedo. Hasta la propia doña Blanca, aunque adoraba a su hijo, reconocía que había heredado los malos genes de su padre y su maldad.

En 2002, Luis Antonio Pineda, jefe de la policía en San Luis Río Colorado, fue asesinado en su casa. Dos semanas antes había detenido y arrestado a don Manuel, quien portaba una pistola tipo escuadra con incrustaciones de oro y un escorpión grabado. Pineda se había negado a recibir un soborno, y aunque al final don Manuel obtuvo por otros medios su libertad, se piensa que ordenó la muerte del jefe policiaco. Se afirma que durante un largo periodo no se supo más de él, no estaba dispuesto a volver a la cárcel. En su ausencia, el Gordo tomó las riendas de los negocios criminales de la familia. Bajo su reinado, aumentó aún más la violencia.

En las inmediaciones del rancho de los Garibay, en valle de Mexicali, el policía ministerial Federico Alvídrez fue brutalmente asesinado. Y aunque las autoridades locales y estatales estaban coludidas con el grupo de narcotraficantes, la Procuraduría General de Justicia del estado no quería dejar impune el homicidio de su compañero y realizó un operativo en el rancho con la asistencia del FBI. En la búsqueda se utilizaron trascabos y perros. Ahí encontraron el cadáver del policía Alvídrez y del empresario secuestrado Gustavo Castro Larios, así como una docena de armas de alto poder, granadas y hasta una bazuca antiblindaje.[4]

La propiedad quedó bajo custodia de la procuraduría y ni el Gordo ni sus tíos se volvieron a parar por ahí.

* * *

Como producto del incesto, Brenda quedó embarazada de su hermano, pero para enmascarar la paternidad se relacionó con un muchacho con quien se casó. Cuando nació la hija de Brenda, fue inevitable la suspicacia, era una calca de su padre biológico. El matrimonio era solo una fachada y la relación entre los hermanos continuó. Para 2008 y principios de 2009 los rumores ya eran demasiado constantes para que doña Blanca no les prestara atención.

Adolorida, comentaba que le había llegado el chisme de que la hija de Brenda era del Gordo. Ella vivía atormentada con la idea, no lo quería creer. Se convencía a sí misma que eran comentarios malintencionados de su madre, sus hermanas y hermanos, quienes la envidiaban a pesar de que ella los mantenía económicamente y les daba todo lo que querían. Doña Blanca era consciente de que sus parientes la explotaban.

En febrero de 2009, Brenda tuvo un nuevo problema con la justicia en Estados Unidos. El día 23 intentó cruzar a pie por la garita de San Luis, Arizona, presentando un pasaporte y una visa de turista falsos. El agente migratorio detectó la anomalía porque el pasaporte era nuevo: le pareció sospechoso y la envió a una segunda revisión en la oficina migratoria. Ahí detectaron que los documentos eran falsos y su sistema de datos arrojó que Brenda ya había sido deportada en 2001. Cuando le leyeron sus derechos y quisieron interrogarla, exigió la presencia de su abogado.[5] Al final se declaró culpable y la condenaron a 25 días de prisión, después la deportaron de nuevo a México.

81

La relación incestuosa de los hermanos quedó al descubierto en 2009, cuando el Gordo estaba por cumplir 25 años y lo detuvieron en Estados Unidos.

* * *

El Gordo era un residente legal en Estados Unidos y no tenía cargos criminales en ese país, entraba y salía cuando le daba la gana. Visitaba constantemente Mexicali y San Luis Río Colorado. Junto con su madre llegaban a rentar pisos completos en los mejores hoteles que utilizaban como oficinas alternas. Sin disimulo, sicarios armados hasta los dientes los custodiaban, y en las habitaciones tenían sin empacho montañas de dinero, droga y armas sobre las camas.

En aquella época, el Gordo tenía oficialmente su domicilio en el condado de Riverside, California. En junio de 2009 le pareció fácil acudir como si nada a la Oficina del Departamento de Vehículos Motorizados para renovar su licencia de conducir. Fue ahí cuando los oficiales identificaron que tenía una orden de aprehensión girada por la Procuraduría General de la Republica de México. El FBI lo detuvo y lo presentó ante una corte federal de Los Ángeles y se ordenó su encarcelamiento en el Centro Correccional Metropolitano con fines de extradición.

En México la PGR lo acusaba de formar parte del grupo criminal los Garibay, junto con su padre y sus tíos José Luis y Gerardo Garibay Espinoza, quienes operaban en Baja California, particularmente en el valle de Mexicali.

El Gordo tenía cargos en México por delincuencia organizada, delitos contra la salud, acopio de armas, homicidio calificado, secuestro y robo con violencia. El Departamento de Justicia de Estados Unidos lo extraditó en agosto de 2009 y lo entregó a la PGR en el aeropuerto internacional de Los Ángeles.

"Extradita EU a lugarteniente del Mayo Zambada", fue el titular de varios medios de comunicación ese día, y lo acompañaban las fotos del Gordo, quien lucía un corte de pelo a rape, barba de candado, el rostro redondo y robusto, una playera roja tipo polo y pantalón azul marino, con un chaleco antibalas y las manos amarradas.

Iban a recluirlo en la cárcel federal de máxima seguridad Cefereso 2, en Puente Grande, Jalisco, pero para su buena suerte le dijeron a la procuraduría que no había cupo y lo ingresaron en el penal estatal ubicado justo a un lado. Gracias a las gestiones del eficaz grupo de abogados contratado por doña Blanca, ganó una serie de amparos y ya nunca lo movieron de ahí.

Todos los rumores que su madre había escuchado de Brenda y él se despejaron. La primera visita que el Gordo recibió en prisión fue la de su hermana, su mujer. Ahí se destapó todo. Doña Blanca estaba escandalizada. "No te metas", le advirtió su hijo en tono amenazante, "Brenda es Brenda y aquí mucho cuidado". A partir de ese momento, Brenda era la pareja oficial del Gordo y a ninguno de los dos le importaba lo que dijeran los demás.

Pero Brenda no amaba a su hermano, solo quería venganza.

* * *

Sus años de prisión en Puente Grande representaron para el Gordo la oportunidad de hacer su maestría en el crimen. Pronto se hizo del control de la cárcel, como en los mejores tiempos del Chapo Guzmán cuando estuvo preso al lado, en la cárcel de máxima seguridad.

El Gordo era amo y señor. Mandaba por encima del director y los guardias. Recibía en la cárcel a Brenda, a su madre y demás personas cuando quería. Sus visitas eran admitidas en el estacionamiento con gran deferencia y entraban sin pasar por filtros de control ni registros.

Se apropió del área de visita conyugal y la remodeló a su gusto. No usaba siquiera el uniforme de reo. Mandó instalar máquinas de juegos de apuestas, como esas que hay en los casinos de Las Vegas. Controlaba la venta de droga y hasta las tienditas donde los otros internos compraban lo básico para subsistir. Todo con la complicidad de las autoridades de la Secretaría de Seguridad Pública y Gobernación del estado de Jalisco.

Se daba el lujo de ordenar comida a los mejores restaurantes y hacer fiestas que duraban días, amenizadas por grupos musicales como la Banda Cuisillos y la MS. Brenda y demás invitados se quedaban a dormir en la prisión como huéspedes en un hotel resort.

Cuando caía, por accidente, alguna inspección del ejército, al Gordo lo escondían para que nadie lo incomodara. Tenía comprados a todos.

Las juntas de Seguridad Pública de Jalisco se realizaban en la cárcel estatal de Puente Grande para que el Gordo estuviera presente y pudiera expresar sus deseos y opiniones. Las presidía el propio secretario de Seguridad.

Quien dio testimonio de la historia no fue una persona que haya sabido esto de oídas, sino que fue directamente testigo de los hechos. La reunión se llevaba en una sala de juntas. Alrededor estaban el secretario, los comandantes, enviados de la Secretaría de Gobierno y el Gordo.[6]

En ese contexto de exceso e impunidad, el Gordo, para quien todo lo prohibido era posible, se casó con su hermana Brenda en Puente Grande a fines de 2011. Doña Blanca no cabía de la indignación y no fue al matrimonio. "Lo que tú más quieres yo me lo voy a quedar", le advirtió Brenda a su madre. "¿Y lo vas a recuperar? Sí, te lo voy a regresar, pero te lo voy a regresar muerto."

* * *

En junio de 2010, a los 55 años de edad, don Manuel fue detenido de nuevo por agentes de la Policía Estatal Preventiva de Baja California, en el valle de Mexicali.

"Contacto de alto nivel entre el Cártel de Sinaloa y narcotraficantes colombianos, actualmente traficaba toneladas de cocaína de

Colombia a México para la organización criminal encabezada por el Chapo Guzmán y el Mayo Zambada, según sus primeras declaraciones", dijo la autoridad cuando dio a conocer el arresto de don Manuel en conferencia de prensa. Ahí estaba de pie don Manuel, quien respondió con voz suave algunas preguntas de la prensa.

Se le imputaban los cargos de tráfico de drogas, delincuencia organizada, asociación delictuosa y el homicidio del policía Antonio Pineda Rodríguez, ocurrido en 2002. A don Manuel lo encarcelaron en el penal de máxima seguridad en Tamaulipas. Y pese a que él mismo había confesado las tareas que realizaba para el Cártel de Sinaloa, gracias a que el ministerio público armó mal la carpeta de investigación en su contra, milagrosamente lo absolvieron de los delitos federales. Entonces lo enviaron al penal de El Hongo, en Tecate, Baja California, para ser juzgado por homicidio y asociación delictuosa, cargos de los cuales también fue absuelto, y finalmente lo trasladaron a una cárcel en San Luis Río Colorado.

* * *

En 2012, gracias a los abogados que contrató Doña Blanca, el Gordo estaba por ganar un amparo que lo pondría en libertad de inmediato. Aunque él se cuestionaba si en realidad le convenía salir, pues estaba muy cómodo y seguro, y desde ahí podía seguir traficando droga para los Garibay dentro y fuera de la prisión.

Fue Brenda quien lo convenció de dejar la cárcel, y en junio de 2012 quedó en libertad. Aun así, desde afuera, seguía controlando el penal, con puño de hierro mandaba imponer castigos a los reos para dejar sentir que él seguía siendo la autoridad. Los mandaba golpear incluso solo por decir groserías. Además, entraba y salía a voluntad para hacerse cargo de los negocios que había dejado ahí adentro. Otros grupos intentaron aprovechar su ausencia y tomar el timón, pero tras una guerra que se libró en las calles de Guadalajara, el Gordo se impuso.[7]

Sin embargo, la sentencia de Brenda a su madre no dejaría de cumplirse. El 19 de febrero de 2013, encontraron el cuerpo del Gordo en un paraje de una carretera en Zapopan.

"Personal del Servicio Médico Forense de Jalisco levantó el cuerpo del secuestrador vecino del valle de Mexicali, en la curva conocida como Del Millón, a 3.5 kilómetros de la carretera a Saltillo, en Zapopan. Presentaba golpes, huellas de tortura y un impacto de bala en la región occipital, y otro en la pierna derecha", narró en un largo reporte el *Semanario Zeta* el 8 de marzo de 2013.

El cuerpo del hijo de doña Blanca llegó como desconocido a la morgue, su familia lo identificó gracias a sus inconfundibles tatuajes: la figura de un jaguar en la espalda, una mujer con una calavera en el dorso del brazo izquierdo, unas letras en árabe en el brazo derecho y la figura de la Santa Muerte en la pierna derecha.

Fue su hermana Eloísa, de 27 años en ese entonces, quien fue a reclamar el cuerpo del Gordo y lo trasladó a San Luis Río Colorado para velarlo. Ahí se encontraron de nuevo cara a cara doña Blanca y Brenda. La madre se acercó al féretro para despedirse de su hijo, mientras Brenda permaneció con una actitud de piedra, inmutable.

Para Blanca Félix Ochoa la muerte de su hijo fue una pérdida irreparable que le dejaría una profunda herida. Al final logró saber lo que había pasado. Brenda no había ordenado la muerte de su esposo-hermano, pero sí fue la causante. Le puso la trampa.

Semanas atrás, tras una acalorada discusión, Brenda abandonó al Gordo y se fue a San Luis Río Colorado con la intención de que él la siguiera. La alcanzó en una fiesta que se celebraba en la casa del líder de un grupo enemigo del Cártel de Sinaloa, para el que los Garibay seguían trabajando.

Después de la fiesta, el Gordo regresó a Guadalajara, pero mandos superiores del Cártel de Sinaloa se enteraron de que había estado en la fiesta con los enemigos, así que pensaron que se había volteado contra la organización y por eso lo asesinaron. Todo indica que en realidad el Gordo no había traicionado al Mayo, solo había corrido tras las faldas de su esposa.

"Hasta el último momento Brenda fue la ruina de Manuel", se quejó amargamente Doña Blanca.

* * *

La muerte del Gordo provocó una gran sacudida en la organización de los Garibay, que se quedó acéfala. Don Manuel seguía prisionero en San Luis Río Colorado, mientras que sus terribles hermanos también estaban encarcelados, José Luis en Baja California y Gerardo en Sinaloa. No había quien tomara las riendas, así que entró por *default* Luis Alfredo Garibay Félix, sobrino de don Manuel, igual de violento que toda la familia, junto con un sujeto llamado Francisco Javier Campos, alias *el Cachetes*.

Al frente de los Garibay, Luis Alfredo se enfocó en el tráfico de drogas y de migrantes, y comenzó a tener disputas con otras organizaciones afines al Cártel de Sinaloa, lo que generó una ola de muertes en distintas zonas de Baja California.

Don Manuel fue liberado en diciembre de 2014 y él mismo anunció su supuesto retiro del crimen organizado, pese a esto su sobrino continuó operando en la plaza conviviendo con otra célula conocida como los Salazar, fundada por los hermanos Adán y Crispín Salazar Zamorano.

A principios de 2021 se desató una nueva guerra por el control de Mexicali. Según el reporte de diversos medios de comunicación, llegó un grupo encabezado por Jesús Alexánder Sánchez Félix, *el Ruso*, y Felipe Eduardo Barajas Lozano, *el Omega*, para pelear por el control del estado. Los Garibay unidos con los Salazar defendieron la plaza a sangre y fuego, provocando homicidios y desapariciones de miembros de uno y de otro bando.

En medio de la disputa por el estratégico territorio para el tráfico de drogas, se dio una ruptura dentro de los Garibay porque don

Manuel no quiso apoyar a su sobrino en la guerra contra el Ruso y el Omega, quienes, se dijo, eran enviados del Mayo para hacer una renovación en sus operaciones.

Los Garibay y Salazar se habrían unido a los hijos del Chapo: Iván, Alfredo, Joaquín y Ovidio, para defender el territorio retando al Mayo.

En medio de esa guerra fue que el destino saldó cuentas entre el Gordo y Brenda, hermanos y esposos.

* * *

"Una mujer identificada como Brenda Félix Ochoa, de 40 años, fue asesinada a balazos cuando se encontraba a bordo de un vehículo en la Calle 12 y avenida Oaxaca, en San Luis Río Colorado, Sonora", se lee en las escuetas noticias publicadas sobre el homicidio el 29 de mayo de 2021 en los diarios locales.

Se trataba de Brenda, la hija de doña Blanca, la esposa prohibida del Gordo. La acribillaron a plena luz del día el viernes 28, cuando se encontraba, por ironías del destino, en una colonia llamada Jalisco, nombre del estado donde el Gordo había sido torturado y asesinado ocho años atrás.

Las notas rojas sobre el homicidio señalan que Brenda salió de un local especializado en manicure. Al abordar su auto, unos sujetos le dispararon a quemarropa con un AK-47 y se dieron a la fuga, e incendiaron cuadras más adelante el vehículo que habían usado en el crimen para no dejar rastro.

"En el lugar se encontró una vagoneta Peugeot, color azul, donde al revisarla se percataron de que presentaba impactos de arma de fuego, asimismo, al interior se encontraba una mujer lesionada, motivo por el que se solicitó a paramédicos de la Cruz Roja, quienes declararon a la mujer sin vida", puntualizaron los reportes periodísticos.

Los policías municipales acordonaron la zona y solicitaron la presencia de la Fiscalía General de Justicia de Sonora. Más tarde, elementos de la Agencia Ministerial de Investigación Criminal enviaron el cuerpo de Brenda a la fría morgue.

De acuerdo con las escasas fotografías tomadas en la escena del crimen, los disparos sobre el vehículo de Brenda se concentraron en el vidrio lateral del asiento del piloto, por donde ella acababa de abordar. Ahí se ven al menos cinco impactos de arma de fuego dirigidos a la altura de la cabeza y el cuello. Los disparos diseñaron en la ventana un círculo casi perfecto. Por el tamaño del orificio, se percibe que los disparos se hicieron a corta distancia, y su precisión revela que no fueron asesinos improvisados.

NOTAS

[1] Información del expediente judicial 3:95-cr-01874-J-1 de la Corte de Distrito Sur de California.

[2] Información del expediente judicial 3:97-cr-00843-JAH de la Corte de Distrito Sur de California.

[3] Información del expediente judicial 2:09-po-01490-JRI de la Corte de Distrito en Arizona.

[4] Redacción, "Manuel Garibay, la cruenta historia", en *Semanario Zeta*, 30 de diciembre de 2014.

[5] Información del expediente judicial 2:09-po-01490-JRI, *loc. cit.*

[6] La autora tuvo acceso a un testigo directo de los hechos a quien hizo diversas entrevistas, cuyo contenido forma parte de este capítulo.

[7] Investigaciones Zeta, "'El Gordo' era rey en Puente Grande, Jalisco", en *Semanario Zeta*, 8 de marzo de 2013.

4

Diana, la Diva

"Conocí a una chica perfecta para ti", le dijo en 2010 Eli Castro, la famosa conductora de Televisa Guadalajara, al temido narcotraficante Rafael Caro Quintero, también conocido como el Príncipe. En la década de los ochenta había sido uno de los líderes del Cártel de Guadalajara y estaba preso desde hacía más de 25 años acusado de narcotráfico y de los homicidios del agente de la DEA Enrique Camarena y del piloto Alfredo Zavala.

Caro Quintero, de 58 años en aquel entonces, y sentenciado a estar cuatro décadas tras las rejas, buscaba novia. Él la quería jovencita, entre 18 y 30 años máximo, sin hijos y, de ser posible, virgen. Ya había comenzado el casting. Le habían llevado algunas muchachas de rancherías de Badiraguato, Sinaloa, su propia tierra, pero aún no había hecho una elección.

Eli, conductora del legendario programa de música grupera Qué quiere la banda, tenía la suficiente confianza con él para meterse en sus asuntos del corazón, y tenía en mente otro tipo de mujer para él: una más sofisticada y menos inexperta. Le propuso presentarlo con Diana Altagracia Espinoza Aguilar, una interna de la cárcel femenil ubicada en el mismo complejo penitenciario, que acababa de ganar dentro de la prisión el certamen de belleza de las Fiestas de Octubre de Guadalajara y Miss Fotogenia. Aunque no era ni la más joven, y probablemente tampoco la más bella, tenía una personalidad, figura y aplomo que la hacían destacar de las demás.

Las internas la apodaban *la Diva* por ser distinta y mantenerse distante. Diana, de 40 años, no era la joven virginal que Caro Quintero hubiera esperado, pero estaba dotada de inteligencia, sensualidad y un escultural cuerpo que la naturaleza había delineado curvilíneo: 1.70 de estatura, piel blanquísima, ojos grandes y redondos color marrón, labios carnosos y modales refinados no muy frecuentes en esos círculos.

Además, Diana ya tenía experiencia con hombres como Caro Quintero. Había sido pareja del poderoso narcotraficante colombiano Ever Villafañe, conocido como uno de los "siete magníficos", asociados de Pablo Escobar en el Cártel de Medellín, razón por la cual ella estaba en prisión desde 2008.

"Él estaba solo, yo igual, y empezó nuestro amor", así explicó Diana la razón por la cual se involucró con Caro Quintero. "Esos lugares son tan duros, tan solitarios y tan fríos, que hablar con alguien es bueno. Comencé a hablar con él y me di cuenta de que no es el monstruo que ponen en los medios de comunicación, que no es ese perro rabioso que describen, que es una persona común y corriente con sentimientos".[1]

Pero no es de sabios tropezar con la misma piedra.

* * *

Diana nació en Matachi, Chihuahua, el 17 de julio de 1970, en el seno de una familia conservadora. Es la menor de 13 hermanos. Ella y todas sus hermanas heredaron la belleza de su madre.

Proviene de una familia de clase media promedio, cristianos por religión y formación. Sin lujos y sin hambre, con educación de nivel superior para el que quisiera. Sin ningún tipo de vínculo con el crimen organizado. "Fuimos educados en un hogar cristiano donde se educa con principios y moral para alabar a Dios sobre todas las cosas", diría Diana años después, sin que ella misma entendiera por qué su vida había tomado otro rumbo.

Su padre murió cuando era niña y su mamá continuó con el negocio de maderería que él había dejado para mantener a la familia, pero el hueco de la orfandad quedó plasmado para siempre. Casi toda su familia vive en Estados Unidos. Tiene un hermano que es pastor en una iglesia. Otra de sus hermanas fue actriz en películas mexicanas de los años ochenta, y los demás son profesionistas o se dedican al hogar.

Diana siempre siguió su propio camino. A corta edad quedó embarazada. El padre era un jovencito de su misma edad y no se casaron. Decidió tener al bebé. Trabajaba en una estética e iba a iniciar la universidad cuando a los 18 años conoció al colombiano Ever Villafañe, 15 años mayor que ella.

En aquel entonces, 1988, Ever era un prolífico operador de los narcotraficantes Fabio Ochoa Vásquez y Alejandro Bernal, *el Juvenal*, fundadores del Cártel de Medellín junto con Pablo Escobar. Durante la década de los ochenta y a principios de los noventa esta organización criminal era hegemónica en el tráfico de cocaína a Estados Unidos. Se habían asociado en México con el Cártel de Guadalajara y usaban al país como trampolín para el envío de la droga. Ambos grupos delincuenciales vivían su época dorada; eran legendarias sus fiestas en hoteles y ranchos en Jalisco donde acudían las mujeres y los hombres más famosos del espectáculo y la política. Era el tiempo en que Caro Quintero, *el Príncipe*, ordenaba torturar, violar y descuartizar solo por capricho.

El Juvenal era muy amigo de Amado Carrillo Fuentes, quien era sobrino de Don Neto y operaba en Chihuahua, un estado clave en el tráfico de drogas a Estados Unidos; sería quizá por eso que Ever viajó a aquel estado fronterizo y los destinos de Diana y él se entrelazaron. De inmediato quedó prendado de ella y se dedicó a comprarle enormes ramos de flores, fastuosos regalos y viajes, lujos provenientes del crimen, la corrupción y la violencia.

Seguramente Villafañe jamás imaginó que la bella joven de Matachi de la que se había enamorado, y quien sería su compañera durante casi 20 años, terminaría siendo la esposa de su exsocio Caro Quintero.

* * *

Al poco tiempo, contra la voluntad de su madre y su familia, Diana se fue a vivir con Villafañe a Colombia. Todos los esfuerzos por persuadirla de no hacerlo fueron en vano. Formaron una familia. Él adoptó y cuidó al hijo mayor de Diana, y procrearon un hijo.

Villafañe, como muchos hombres en el mundo criminal, usaba la belleza de su esposa como una llave mágica. No permitía que nadie le faltara al respeto o que se atreviera a ponerle una mano encima. Su compañía en las reuniones con sus socios en Colombia le daba estatus. Su sonrisa ayudaba a conciliar en momentos difíciles e incluso a evitar conflictos. Ese es parte del rol de las esposas, ese es parte del rol de su belleza, más allá del amor, la pasión o el interés que estos hombres puedan sentir por ellas.

Él la mantenía como una princesa, debía ser siempre bella, perfecta, y vivir dentro de una jaula de oro a través de la cual los otros pudieran admirarla. En aquella época en Colombia, los grados de excentricidad y opulencia de los "patrones del mal" sobrepasaban los límites del surrealismo. Lo mismo su violencia. Era la época de los carros bomba a plena luz del día en diversas ciudades de Colombia, secuestro de políticos y gobernantes, asesinatos de jueces y militares. Tan solo entre agosto y diciembre de 1989 estallaron más de 100 bombas en Medellín, Bogotá, Cali, Cartagena, Barranquilla y otras ciudades.

Oficialmente Villafañe estaba casado con la hermana del poderoso narcotraficante Diego León Montoya, mejor conocido como *Don Diego*. En 1993, tras el operativo militar en el que asesinaron a Pablo Escobar y el consecuente derrumbe del Cártel de Medellín,

Don Diego fundó el Cártel del Norte del Valle, responsable de meter en Estados Unidos cientos de toneladas de cocaína. Villafañe se alió con él y con Fabio Ochoa Vásquez.

Diana asegura haber sido en todo momento solo un ama de casa. "No sé hacerlo", ha dicho Diana en repetidas ocasiones cuando se le pregunta si ella ha traficado drogas. "Soy una mujer que soy de quedarme en mi casa, con mis hijos, de estarme poniendo rímel y estar viendo qué se necesita, pero no soy una mujer para traficar y andar negociando con señores." No obstante, sí conocía y frecuentaba a las familias de varios capos.

Los vínculos de Villafañe con los cárteles mexicanos se hicieron más fuertes y clave para los traficantes colombianos. En 1997, cuando Amado Carrillo Fuentes, líder del Cártel de Juárez, murió en un quirófano, Villafañe y sus socios siguieron trabajando con su hermano y heredero Vicente Carrillo Fuentes; también con el Cártel de Sinaloa, comandado por el Mayo, y más tarde, en el año 2000, con el llamado Cártel del Milenio, cuyo jefe era Armando Valencia, originario de Michoacán, y que en ese tiempo operaba en Jalisco, Colima y Nayarit.

* * *

En la Corte de Distrito Sur de Florida, en Palm Beach, se abrió un expediente criminal contra Villafañe y 39 asociados. Se les responsabilizaba de traficar al menos 30 toneladas de cocaína al mes a Estados Unidos y de lavar en ese mismo lapso hasta 5 mil millones de dólares en Colombia, Bahamas y México. Entre sus coacusados estaban Alejandro Bernal Madrigal, Armando Valencia y Fabio Ochoa Vásquez. Le esperaba una condena de cadena perpetua.[2]

En 1999, Villafañe y varios de sus cómplices fueron detenidos por la policía de Colombia durante un complejo operativo coordinado con la CIA llamado Operación Milenio. La finalidad era extraditarlos a Estados Unidos.

"Ever Villafañe Martínez, *Juancho* o *Granito*. Las autoridades de Colombia y Estados Unidos lo consideran el tentáculo entre la organización de Juvenal y los cárteles del narcotráfico del valle del Cauca. Lo señalan de ser el socio de Don Diego, un capo del Cártel del Norte del Valle que vende cargamentos de droga al mejor postor. Juancho, nacido en Quimbaya (Quindío) hace 44 años, también se desempeñaba como socio capitalista de Juvenal y se encarga de contactar a diferentes distribuidores", señaló sobre el compañero de Diana el periódico *El Tiempo* el 28 de octubre de 1999 en un texto cuyo titular lo decía todo: "Prontuario de los 30 extraditables".

Lo que sucedió con Diana y sus hijos en aquel periodo, luego del arresto, es un hoyo negro. Lo cierto es que ella y Villafañe no estarían separados por unas rejas durante mucho tiempo.

Antes de que se concretara su extradición, Villafañe se fugó del penal de máxima seguridad de Itaguí, el 2 de mayo de 2001, traspasando 10 puertas de control. Su escape ocurrió cinco meses después a la fuga del Chapo de Puente Grande, Jalisco. El paralelismo de los hechos es más que asombroso.

Según las crónicas publicadas en los medios de comunicación, la pareja de Diana se fugó "oculto en un mueble construido por él mismo como parte de los programas de trabajo para reducción de penas" en los que podían participar los presos para su rehabilitación.[3] La versión oficial del gobierno de México sobre la fuga del Chapo en enero de 2001 es que supuestamente salió de la cárcel de máxima seguridad escondido en un carrito de lavandería, y aunque hay pruebas documentales de que el escape no ocurrió de ese modo, quizá esa noticia que circuló mundialmente le dio la idea a Villafañe.

El narcotraficante colombiano se refugió en México y se estableció en la colonia Fuentes del Pedregal, al sur de la Ciudad de México, donde compró para Diana una impresionante residencia en la calle de Farallón 304. Se trata de una espectacular propiedad construida en un terreno de más de 2 mil metros cuadrados. Es un complejo de tres niveles con chimenea, jacuzzi, cinco recámaras, siete baños, ocho lugares de estacionamiento y todas las amenidades imaginables. La parte más impresionante es el jardín bardeado con muros de piedra volcánica, en cuyo centro hay una piscina con forma de ocho, y a un costado hay una escalinata de vidrio que da entrada a las habitaciones del nivel superior.

La lujosa propiedad era rentada por casas productoras como set de telenovelas y películas, por ejemplo, el culebrón *Rubí*, producido por Televisa en 2004, cuya protagonista fue la actriz Bárbara Mori. En la mansión también se grabó una parte de la famosa serie de televisión *La Reina del Sur*, en la versión americana, producida por USA Network en 2016, cuya protagonista fue la actriz brasileña Alice Braga. Por la renta Diana obtenía buenos ingresos.

La residencia se identifica claramente en la cortinilla de entrada de *La Reina del Sur*, cuando la protagonista Teresa Mendoza baja de un helicóptero, entra en una propiedad con enorme jardín y piscina, y luego sube en cámara lenta unas escalinatas de cristal acompañada de su séquito de ayudantes. Las mismas por las que Diana en la vida real caminaba todos los días.

Con la fachada de un hombre de negocios y el seudónimo de Marco Antonio Espinoza Tovalí, Villafañe siguió traficando droga y lavando recursos de procedencia ilícita, aliado con la llamada Federación, en la que estaban juntos el Cártel de Sinaloa y los Beltrán Leyva. Aunque Villafañe estaba asociado con todos, hizo más amistad y relaciones con los Beltrán Leyva.

Mientras los gobiernos de Vicente Fox (2000-2006) y Felipe Calderón (2006-2012) protegían al Cártel de Sinaloa por medio del secretario de Seguridad Genaro García Luna y los principales mandos de la Policía Federal, todos los socios vivían en paz e impunes. Sin embargo, a comienzos de 2008, cuando la alianza entre el Cártel de Sinaloa y los Beltrán Leyva reventó, el mundo se le vino encima a Villafañe, y junto con él a Diana.

* * *

El 29 de julio de 2008, pocos días después de que Diana cumpliera 38 años, la Policía Federal la detuvo junto con Villafañe en la Ciudad de México. El arresto ocurrió en Tlalpan, cerca de la salida a Cuernavaca. "Yo iba por la salida de Cuernavaca, ahí se me atraviesan dos autos y me secuestran, sin una orden ni nada", narraría Diana años después.

Fue el comienzo de un infierno. No se trataba de un simple operativo del gobierno para detener a un narcotraficante. La Policía Federal funcionaba como brazo armado y operativo del Cártel de Sinaloa. En la ruptura con los Beltrán Leyva, el Mayo Zambada utilizaba esa corporación para arrestar o asesinar a sus nuevos enemigos. Uno de ellos era Villafañe, pues el colombiano habría tomado partido por Arturo Beltrán Leyva y sus hermanos.

Los muchachos de García Luna no presentaron de inmediato al capo y a Diana ante el ministerio público, como debían hacerlo según la ley, sino que los llevaron a otro lugar donde los torturaron durante toda la noche. El Mayo conocía bien a Villafañe, y sabía que sería una pieza estratégica para Arturo Beltrán Leyva en la guerra que estaba comenzando; además que el propio Arturo tenía un afecto por él y por Diana.

"Me tuvieron toda una noche torturándome, por supuesto", recordó Diana mientras sus ojos perdían brillo. Su rostro era el de quien revive una pesadilla. "Mi expareja tenía una orden de extradición y una orden de aprehensión, iban por él, creo que me llevaron a mí para lastimarlo a él de alguna forma y obtener información, supongo".

A Villafañe también lo maltrataron. Su rostro lucía visiblemente golpeado cuando lo presentaron ante los medios de comunicación, lo cual no ocurrió hasta el 31 de julio.

Diana fue víctima de tortura y otro tipo de abusos a manos de los policías. Fuentes del gobierno directamente involucradas revelaron que en la operación habría estado presente Vicente Zambada Niebla, *el Vicentillo*, el hijo del Mayo. También señalaron que Arturo Beltrán Leyva montó en cólera cuando supo lo que le había ocurrido a Diana.

Villafañe fue oficialmente detenido con fines de extradición a Estados Unidos por los cargos que tenía en Florida. A Diana la acusaron de delincuencia organizada, portación de arma de uso exclusivo del ejército y operaciones con recursos de procedencia ilícita.

La violencia que se ejerció contra Diana fue denunciada ante el juez, y varios medios de comunicación dieron cuenta de ello. A Diana la hicieron firmar una confesión "con la amenaza de que le iban a cortar la cabeza a mis hijos".

Después de la tortura, la trasladaron a la Subprocuraduría de Investigación Especializada en Delincuencia Organizada (SIEDO), donde pasó tres días en los separos. "Me sacaron de ahí y me llevaron a un lugar a que me cambiara de ropa, lo cual es ilegal. Me regresaron a la SIEDO y me llevaron a una casa de arraigo. De ahí me trasladaron a un centro de arraigo federal y de ahí me trasladaron a Puente Grande."

Era la primera vez que Diana tenía un problema con la justicia. Milagrosamente hasta ese momento se había salvado de las consecuencias de ser la pareja de Villafañe. "Fue una situación muy dura y confusa, pero finalmente pudimos ganar y aclarar que soy inocente de esos hechos", explicó sobre su complicado juicio, que lo llevaba el Juzgado Sexto de Distrito en Materia Penal en Jalisco.

A Villafañe lo encarcelaron en la prisión de máxima seguridad del Altiplano. Más tarde, en abril de 2009, lo extraditaron a Estados Unidos, donde enfrentaría un proceso en la Corte Federal de Distrito Sur de Florida. Era uno de los últimos de los acusados en ser detenidos. Mientras los otros habían obtenido sentencias condenatorias bajas por su colaboración con el Departamento de Justicia, y a pesar de que Villafañe firmó un acuerdo de culpabilidad, en septiembre de ese año le dictaron una sentencia implacable: cadena perpetua. Significaba el fin de su relación con Diana. En las prisiones de máxima seguridad en Estados Unidos impiden las visitas familiares y las conyugales.

Fue justo en esa circunstancia que Eli Castro presentó a Diana con Rafael Caro Quintero.

* * *

Rafael Caro Quintero fue arrestado en abril de 1985 a la edad de 33 años, luego de que lo acusaran del secuestro, tortura y homicidio del agente de la DEA Enrique Camarena y su piloto.[4] Originario de La Noria en Badiraguato, Sinaloa, apenas estudió hasta el tercero de primaria. Estaba casado con María Elizabeth Elenes, con quien procreó cuatro hijos.

Testimonios de elementos de la Policía Judicial del Estado de Jalisco que fueron sus escoltas en aquella época lo describen como un hombre salvaje, sin escrúpulos, torturador y asesino. Narran que él ordenó y participó en actos que sobrepasan el grado de lo inhumano contra personas inocentes, como aquellos testigos de Jehová estadounidenses que terminaron descuartizados porque Don Neto y él los confundieron con agentes de la DEA a fines de 1984.[5]

Aun así, con su violencia, Caro Quintero tenía fama pública de mujeriego y enamorado; aunque sus escoltas afirman que Don Neto lo era más. Entre sus mujeres, además de su esposa, la más conocida era Sara Cosío, hija del secretario de Educación de Jalisco, Octavio César Cosío. La llamaban Sarita. Su familia tenía una importante influencia política en Jalisco. Su tío, Guillermo Cosío Vidaurri, había sido presidente municipal de Guadalajara (1971-1973), diputado federal, y en la época en que Caro Quintero conoció a Sarita se desempeñaba como secretario general en el gobierno de la Ciudad de México.

Caro Quintero conoció a Sara cuando ella era menor de edad, en establecimientos de moda propiedad del grupo criminal en Guadalajara. La cortejó enviándole vehículos y regalos costosos que su familia recibía gustosa.[6]

Una tarde se llevó a cabo una fiesta en un lugar identificado por el grupo criminal con la contraseña de "Acueducto". Habían pasado ya algunas semanas del asesinato de Camarena, en febrero de 1985. Aunque se supone que el gobierno de Miguel de la Madrid buscaba afanosamente a los responsables, los integrantes del Cártel de Guadalajara se sentían tan impunes que igual seguían haciendo sus grandes celebraciones.

"Sara era invitada; ya un guardia nos había comentado que andaba con Caro Quintero. Nosotros estábamos en el segundo piso y Caro Quintero subió a saludar a Fonseca", narró Ramón Lira.

—Compadre, aquí estoy. Estoy allá abajo porque traigo a Sarita.

—Ah, sí, está bien —respondió Fonseca bajo la influencia de la baserola, a la que era adicto.

Al rato, subió un licenciado del ministerio público federal, ahijado de Fonseca.

—Oiga, padrino —le dijo a Don Neto—, llegó el novio de Sarita y Caro Quintero lo quiere matar.

—Ah, no le va a hacer nada, lo va a correr.

Don Neto tenía razón: en un dos por tres el Príncipe echó del lugar al novio de la muchacha. Sin embargo, el agente subió de nuevo preocupado. Ya bastantes problemas tenían encima con el tema de Camarena como para que hubiera otra persona desaparecida.

—¿Qué pasó? —preguntó Don Neto con fastidio.

—Caro se la quiere robar, padrino.

—¿Por qué se la quiere robar? Dígale que no se la robe… Bueno, ¿qué tiene? Es mujer.

—¡No! Pero dígale, ordénele —pidió el agente a Fonseca y este solo reía.

Sarita estaba feliz de la vida bailando y bebiendo con Caro Quintero. Y después él se la llevó.

Cuando el caso de Camarena comenzó a salirse de control, el capo se fugó con la joven a Costa Rica. No obstante, su idilio terminó cuando arrestaron al narcotraficante. De hecho, fue gracias a una llamada que ella le hizo a su familia en Guadalajara que las autoridades de Estados Unidos dieron con ellos. Tenían los teléfonos intervenidos.

Cuando explotó el escándalo, la familia de la joven dijo que la habían secuestrado, aunque Caro Quintero le corroboró a Diana que la muchacha se había ido con él por voluntad propia. La misma voluntad con la que sus padres habían aceptado gustosos todos los regalos que recibían, incluyendo lujosos vehículos que enviaban de la agencia Ford Motors de Guadalajara, que gestionaba una familia de españoles.

* * *

Como se sabe, el Cártel de Guadalajara tenía en el bolsillo al presidente Miguel de la Madrid y a varios miembros de su gabinete, como el general Juan Arévalo Gardoqui y Manuel Bartlett.[7] Sin embargo, para cuidar las formas y evitar un conflicto diplomático con Estados Unidos, Don Neto y Caro Quintero fueron encarcelados en 1985. Bueno, es solo un decir, porque al meterlos juntos al Reclusorio Norte de la Ciudad de México, en poco tiempo convirtieron la cárcel en otra de sus oficinas. Desde ahí controlaban sus negocios de narcotráfico, daban órdenes a sus familias y operadores de cómo invertir el dinero sucio, hacían fiestas, tenían visitas de familiares, amigos y prostitutas. Caro Quintero recibía habitualmente a su esposa e hijos, el más grande tenía apenas siete años.

En 1989, Caro Quintero fue sentenciado a 40 años de prisión por los homicidios de Enrique Camarena, John Clay Walker y Albert G. Radelat. Un par de años después lo transfirieron al penal de máxima seguridad de Almoloya, inaugurado en 1991 como el primero en su tipo en México. Durante varios años fue y regresó a otros penales de máxima seguridad federales, como el de Tamaulipas y Puente Grande. En 2010, por orden judicial, gracias a un intenso litigio de sus abogados, logró ser transferido al Reclusorio Varonil Preventivo de Jalisco, en el complejo penitenciario de Puente Grande. Para su buena fortuna, en aquella época estaba ahí como mandamás Manuel Garibay Félix, *el Gordo*, cuyos padres habían tenido una relación de negocios con el Cártel de Guadalajara. A un costado, en el reclusorio femenil, ya estaba Diana.

A partir de ahí, la prisión dura para Caro Quintero terminó y gozó de varios privilegios. "En las cárceles de hombres pueden entrar prostitutas, puede entrar alcohol, pueden entrar teléfonos, pueden entrar drogas, en el femenil no podían entrar teléfonos, ni siquiera podían entrar fresas, no nos dejaban comer chocolates ni piña", comentó Diana sobre las condiciones diferentes que se vivían en prisión.

Caro Quintero dormía solo en una estancia. Ella compartía la celda con varias reclusas, pero únicamente había tres camas, por lo que algunas dormían en el suelo, otras en el baño, pegadas a la reja, "donde hubiera lugar". Diana había logrado hacer una especie de litera sobre una de las camas y ahí dormía.

* * *

En 2010, durante las celebraciones de las Fiestas de Octubre en Guadalajara, en el reclusorio femenil se organizó un concurso de belleza. Participaron Diana y otras 14 mujeres. Ella, acostumbrada a los lujos y la elegancia, usó un strapless verde esmeralda con detalles en lentejuela. Su larga melena negra la sujetó en una cascada que le caía sobre el hombro derecho. Sus ojos marrones los maquilló con una sombra que hacía juego con el vestido.

Las internas que disputaban la corona hicieron coreografías referentes al Bicentenario de la Independencia de México. "En la pasarela, Diana sobresalía. Al formarse todas las participantes en abanico, ella siempre quedaba al centro con su número 15 en la papeleta", se describió el concurso en los medios. "Al final, entrevistada por la prensa, Espinoza Aguilar se mostraba efusiva y aseguraba que haber ido a la prisión la había hecho crecer como persona. Estaba inscrita en el taller de escritura de la maestra María Luisa Burillo y ahora escribía poesías y cuentos. Nadie le cuestionó los motivos de su ingreso a la expareja del narcotraficante colombiano Ever Villafañe".[8]

En diversas cadenas de televisión, como Televisa y Telemundo, se trasmitieron varios segundos de la coronación de Diana. Fue ahí cuando Caro Quintero la vio y quiso que se la presentaran. "Yo no quería a un hombre mayor y no quería a un hombre que estuviera vinculado con esto [narcotráfico], por obvias razones", explicó Diana sobre su renuencia a establecer alguna relación con él.

Cuando el cupido Eli los puso en contacto comenzaron a conocerse vía telefónica. Diana llamaba al celular que tenía Caro Quintero. "Hablábamos diario y empezó a crecer la relación. Con ese sentimiento de estar solos, empezó nuestro amor", explicó Diana. Así habrían estado tres meses sin verse.

A Diana le dictaron una sentencia condenatoria en abril de 2011, pero presentó una apelación en el Tercer Tribunal Unitario del Tercer Circuito con sede en Jalisco, y en agosto de ese mismo año se determinó que no era "penalmente responsable" por ninguno de los delitos de los que había sido acusada. Se ordenó su liberación inmediata y la devolución de las propiedades, joyas y dinero que le habían incautado, entre ellos la propiedad de Farallón 304. Podía comenzar una nueva vida. Dejar la cárcel y dar vuelta a la página. Pero Diana regresó por el Príncipe.

*　*　*

"Salgo de prisión y voy a visitarlo; así fue que decidimos tener un hijo. Nació nuestro hijo producto del amor, teníamos planes de formar una familia y, cuando él cumpliera su tiempo en la cárcel, estar juntos y ver crecer a nuestro hijo", dijo Diana, convencida de que en realidad eso podía funcionar. El hijo procreado por ambos ahora tiene cerca de nueve años.

Después de casi 28 años de estar en prisión, a Diana le parecía que Caro Quintero era un hombre reformado. Los años de su violencia y crueldad atroz, dijo ella, habían quedado atrás.

"Para mí, Rafael Caro Quintero es un caballero, es un señor educado, ha trabajado mucho en ello, ha trabajado para educarse, para ser un ser humano con principios, para formarse mejor, para encontrarse con su familia de un modo diferente. Yo no conocí al Rafael anterior, solamente al señor actual que es un señor educado", aseguró Diana con vehemencia. "¿Nunca ha sentido temor de él? ¿Nunca se ha sentido amenazada al estar con él?", le pregunté. "No, yo no conocí a aquel monstruo de la historia negra, yo conocí al señor, al caballero, al hombre formal."

En agosto de 2013, por orden de un juez, Caro Quintero fue puesto en libertad por fallas en su proceso judicial. Cuando salió de Puente Grande, de inmediato fue a visitar a Diana, quien entonces vivía en Guadalajara. Al otro día asistió a una comida a la casa de su madre. Después se fue a su tierra, en La Noria, Badiraguato, con Diana y su hijo.

A los pocos días, la Procuraduría General de la República giró dos órdenes de arresto en su contra. Una con fines de extradición para ser juzgado en Estados Unidos por el homicidio de Camarena y Zavala, por el que ya había sido sentenciado. Y otra para regresarlo a prisión y cumplir con los 12 años que le faltaban de confinamiento, con lo cual completaría la sentencia de 40 años.

En junio de 2013, antes de que liberaran al capo, la Oficina de Control de Bienes Extranjeros (OFAC) boletinó a su exesposa María Elizabeth Elenes, y a sus hijos Héctor Rafael Caro Elenes, Henoch Emilio Caro Elenes, Mario Yibrán Caro Elenes y Roxana Elizabeth Caro, como parte del grupo que manejaba los recursos económicos de Caro Quintero provenientes de sus actividades de narcotráfico en la época dorada del Cártel de Guadalajara. Se enlistaron empresas del sector inmobiliario, restaurantero y distribución de combustibles. Asimismo, se les atribuyeron propiedades adquiridas con los mismos recursos en México y Nueva York. El propio Caro Quintero había admitido que en el divorcio con su primera esposa ella se había quedado con una parte de sus bienes.

Mientras tanto, Diana no podía seguir viviendo en el mundo que había construido en su mente. En mayo de 2016, la OFAC la señaló como operadora financiera de Caro Quintero. Y muy pronto comenzó a sufrir extorsiones por parte de policías corruptos. Tenía miedo de que la maltrataran y la secuestraran una vez más, como le había sucedido en 2008 por ser pareja de Villafañe.

Autoridades del gobierno de Chihuahua y el ejército responsabilizaron a Caro Quintero de iniciar una guerra en ese estado para conquistar un territorio. El gobierno de Estados Unidos lo acusó de haber regresado al tráfico de drogas. De nuevo, sus hijos se habían quedado sin padre, y ella, sola. Lo podía ver furtivamente y a veces también le mandaba a su hijo.

"¿No está arrepentida de haberse involucrado con Rafael Caro Quintero?", se le preguntó a Diana en 2016. "No estoy arrepentida, porque he tenido muy buenas cosas con él, como mi hijo. Materiales, ninguna, no he tenido ningún beneficio económico, nada, absolutamente nada, ni siquiera un carro; el único regalo que he recibido de él fue el anillo de compromiso." Diana aseguró que solo recibía 30 mil pesos al mes por parte de su suegra para la manutención del hijo que tuvo con Caro Quintero.

Al preguntarle cómo se vive una relación de pareja con una persona que está en esta circunstancia, admitió que "es una situación triste, pues mis hijos han crecido solos y ahora otra vez no quisiera que mi hijo creciera sin padre", y rompió en llanto.

* * *

"Creo que merezco que me dejen en paz, le pido perdón al gobierno de Estados Unidos, a la familia Camarena también, a la DEA le pido perdón si algún delito cometí con el señor Camarena, pido perdón, pero que no tengan la menor duda de que ya dejé de ser narcotraficante, no soy un peligro ni para la sociedad de México, ni para el gobierno, ni para la sociedad de Estados Unidos, no quiero saber nada de narcotráfico, quiero vivir en paz y estar en paz, que me dejen en paz, es lo que les pido", dijo Caro Quintero en defensa propia desde la clandestinidad en 2016. Lo hizo a petición de Diana, pues ella quería que él "aclarara" todo y regresara con ella.[9]

"Nunca había hablado de este caso, es la primera vez, se lo estoy diciendo con la voz completa, que no lo secuestré, no lo torturé y no lo maté. Sí estuve en ese lugar, es mi participación, nada más", aseguró Caro Quintero. "¿Entonces cuál fue su papel?", se le cuestionó. "Estuve en el lugar equivocado", dijo aclarando la garganta. "Estoy muy arrepentido, y si cometí algún error, pido perdón. Yo ya pagué mi delito…"

Sin embargo, otros testigos presenciales de los hechos han afirmado de manera categórica lo contrario: que Caro Quintero participó activamente en la planeación del secuestro del agente de la DEA, en el interrogatorio en el que lo martirizaron, y luego en las acciones que se llevaron a cabo para desaparecer su cuerpo. Todo con brutalidad y sangre fría.

"¿No resulta difícil pensar que un hombre como él pueda cambiar", se le preguntó a Diana.

"¡No, no es difícil! Después de estar 28 años en la cárcel no es difícil cambiar, tuvo todo el tiempo para recapacitar, para arrepentirse de sus errores", respondió. "¿Y usted le cree?", se le insistió. "Sí, por supuesto que le creo."

Diana le creía, pero no la DEA ni el FBI en Estados Unidos. En abril de 2018, el FBI colocó a Rafael Caro Quintero en su lista de los 10 más buscados y anunció una recompensa de 20 millones de dólares por información que conduzca a su arresto. Así, el marido de

Diana se volvió el criminal por el que el gobierno estadounidense ha fijado la recompensa más alta de los últimos tiempos, solo por debajo de Osama Bin Laden, acusado de perpetrar el ataque terrorista que derrumbó las torres gemelas de Nueva York en 2001, por quien llegaron a ofrecer 50 millones de dólares antes de su ejecución en 2011.

A Caro Quintero lo acusan de haber regresado al tráfico de drogas y liderar su propia estructura criminal, la "Organización de Narcotráfico Caro Quintero", desde Badiraguato.

Para 2020, los problemas de Diana empeoraron. Su hijo mayor, Bryan Espinoza Aguilar, fue acusado en la Corte de Distrito Este de Nueva York de ser supuestamente prestanombres de Caro Quintero, con el fin de ocultar ganancias del narco. Las operaciones financieras que le atribuyen giran alrededor de la propiedad de Farallón 304, que en realidad se compró con dinero de Ever Villafañe hace más de una década, no con dinero de Caro Quintero. El caso contra Bryan no parece sólido, pero ha causado mucha angustia a su familia.

En esta circunstancia, Diana le ha pedido a su marido que se entregue a la justicia para que termine el acoso contra ella y sus tres hijos. Hasta el momento, mientras se escriben estas líneas, esto no ha ocurrido. En 2020, ella, la Diva, comenzó los trámites del divorcio.

Notas

1 La historia de Diana Espinoza Aguilar y lo que ella dice provienen de una entrevista exclusiva concedida a la autora en julio de 2016, y en la investigación realizada por la propia autora.

2 Información del expediente judicial 0:99-cr-06153-KMM de la Corte de Distrito Sur de Florida.

3 Jorge Luis Velásquez, "En un mueble se fugó extraditable", en Radio Caracol, 3 de mayo de 2001.

[4] Ver Capítulo 2.

[5] Testimonios directos obtenidos por la autora de Jorge Antonio Godoy y Ramón Lira, exagentes de la Policía Judicial de Jalisco.

[6] *Idem.*

[7] Ver capítulo 2.

[8] Redacción, "La pareja del narcotraficante Rafael Caro Quintero ganó certamen de belleza en 2010", en *Semanario Zeta*, 1 de agosto 2016.

[9] Entrevista realizada por la autora a Rafael Caro Quintero, ya prófugo de la justicia, en 2016 y 2018.

5

Priscilla Montemayor, la Niña

Era mayo de 2004 y corrían los preparativos de una boda que prometía ser la más espectacular de los últimos años en la bahía de Acapulco. El novio ya había gastado una fortuna, dicen que más de medio millón de pesos, para agasajar a su próxima esposa con una fiesta inolvidable en Barra Vieja, a la orilla de la playa, donde los atardeceres son enmarcados por un sol omnipotente que tiñe el cielo de colores que van del fuego, al morado y el rosa.

La crema y nata de aquel círculo social iba a darse cita en la celebración. Estaba confirmada la presencia de los jefes más importantes del negocio al que se dedicaban el novio y su suegro, quienes eran socios y amigos desde 2002.

Todo iba viento en popa. La familia de ella ya se encontraba instalada en una lujosa residencia de Las Brisas y estaban ajustando los últimos detalles. De pronto, tres días antes de la boda, el novio recibió una llamada inesperada.

—Mijo, le voy a dar una mala noticia y usted tome la decisión, lo que usted decida yo lo apoyo —dijo en tono serio del otro lado del teléfono Arturo Beltrán Leyva, *el Barbas*, quien era en ese tiempo líder del clan de los Beltrán Leyva y conformaba, junto al Cártel de Sinaloa, parte del conglomerado criminal más grande de México conocido como La Federación.

111

—Dígame —respondió con formalidad Edgar Valdez Villa-rreal, *la Barbie*, uno de los traficantes de drogas más sanguinarios de aquella época, brazo derecho del Barbas.

—El gobierno sabe santo y seña de la boda, qué día, a qué horas y quiénes vamos a estar, y nos van a caer por cielo mar y tierra. Pero si usted quiere que se lleve a cabo, vamos a la boda y se casa, pero eso sí, se va a hacer un cochinero, y va a haber muchos muertos —dijo el Barbas, no menos violento que la Barbie, y con mucho más poder.

El rostro del joven narcotraficante, habitualmente duro, cruel o burlón, se desencajó. Él mismo, casi ajeno a ese tipo de sentimientos, tenía ilusión por desposar a Priscilla Montemayor, hija de Carlos Montemayor, mejor conocido en el mundo criminal como *el Charro* o *el Compadre*, socio de la organización. Su propia madre había viajado de Laredo para estar presente en su matrimonio. Hacía apenas unos días le había llevado mariachis para festejar el 10 de mayo.

—No, señor, pues no, cómo cree, vamos a cancelar la boda.

—Ya está, pero si cambia de opinión me avisa —dijo el Barbas, solidario.

En aquellos días, Arturo Beltrán y Edgar Valdez eran como padre e hijo.

—No, mejor así, y muchas gracias.

La Barbie colgó, miró al amigo que lo acompañaba y a quien había dejado escuchar la llamada en altavoz:

—Valió madre, güey.

—Chingada madre, ahora a ver qué va a decir tu vieja —dijo el amigo, también preocupado por la reacción del Charro, el padre de Priscilla.

—Se va agüitar, güey.

Cuando la Barbie le dio la noticia a Pris, coma solía decirle, ella se puso a llorar desconsolada, como cualquier otra novia a la que le cancelan su boda de último momento. Y aunque ella estaba acostumbrada a tenerlo todo a costa de los negocios criminales de su padre, la situación era tan complicada y arriesgada que ni todo el dinero del Charro y su prometido podrían darle la boda que había soñado y que estaba convencida de que merecía.

Al menos esa mínima incomodidad debía sufrir la hija predilecta de Montemayor, a quien su padre había mantenido en una caja de cristal como el más preciado tesoro, y que ahora estaba empeñada en casarse con otro narcotraficante.

La Barbie mandó traer un juez que los casó al día siguiente por lo civil en una sencilla ceremonia en Las Brisas. El joven capo usó un pantalón oscuro de Hugo Boss, zapatos y cinturón de Louis Vuitton, y camisa blanca. Priscilla, un vestido blanco sencillo. No hubo viaje de bodas. Los negocios criminales eran más importantes.

Años después la pareja padecería muchos otros entuertos. La malograda fiesta sería una especie de premonición de lo único cierto que podía ocurrir en aquella historia. Las cosas iban a terminar mal. Muy mal.[1]

* * *

Priscilla Montemayor cuenta que cuando conoció a Edgar Valdez fue "amor a primera vista". Sucedió entre 2002 y 2003. En aquella época, la Barbie era joven, delgado y musculoso. Alto y de ojos claros, tenía una sonrisa infantil que contrastaba perversamente con su crueldad. Tenía poco tiempo de haberse asociado con Carlos Montemayor.

Priscilla era una adolescente, tenía apenas 17 años, como cuando Emma Coronel conoció al Chapo, solo que a diferencia de ella, Priscilla había nacido en una cuna de oro de narcos. De un 1.70 de estatura, piel blanquísima, melena dorada, ojos almendrados color miel y nariz recta, aún muy joven tenía un cuerpo escultural de cintura breve y caderas amplias. Era la mayor de los dos hijos procreados por Carlos Montemayor y Laura Cadena o Cárdenas. Quienes la conocen la describen como una mujer alegre, que amaba estar de fiesta en los mejores bares y discotecas de México. Podía seguir tomando y bailando con su esposo y amigos hasta la mañana siguiente.

Era una muchacha educada, refinada, no era escandalosa y ni exagerada al vestir o hablar. Pero era demasiado joven cuando se casó con quien ya tenía muchos años de experiencia en el crimen. Era inmadura y superficial. En su familia la llaman *la Niña*, era la preferida de su padre. El sobrenombre le venía bien porque era muy consentida. "Hasta para hablar era muy sosa, estaba muy chiqueada por los papás, era muy pazguata y dejada", refirió una persona cercana a los Montemayor que estuvo con Priscilla en aquellos años.[2]

Vestía siempre con las mejores marcas de la cabeza a los pies, con buen gusto. Cualquiera que la hubiera visto en una boutique o centro comercial hubiera pensado que era solo otra "niña bien", como diría Guadalupe Loaeza.

Estudió hasta la preparatoria y probablemente hubiera ido a la universidad si no se hubiera encaprichado y casado con la Barbie. En un inicio, sus padres no estaban de acuerdo con el matrimonio, pero prefirieron complacerla.

Priscilla estaba acostumbrada a tener materialmente todo lo que deseaba. No importaba que fuera comprado con dinero proveniente del crimen. Ella sabía muy bien en qué consistían los negocios de su padre y su esposo. No obstante, durante muchos años vivió en un mundo de fantasía, gracias a la impunidad de la que gozaban el Charro y la Barbie. Aunque eran de los criminales más buscados por el gobierno de Estados Unidos, gracias a la protección de autoridades municipales, estatales y del gobierno de Vicente Fox y Felipe Calderón, durante mucho tiempo Priscilla tuvo una vida "muy tranquila y casi normal", refieren quienes la conocieron. "Ella no se casó por dinero, no lo necesitaba, tenía todo, pero Priscilla lo quería muchísimo, Edgar era su ídolo", comentó un testigo cercano a la familia.

Cuando iba de compras a los negocios comerciales de las marcas de ropa y joyas más exclusivas de la Ciudad de México, ella y su madre siempre pagaban con dinero en efectivo, ya sea en dólares o pesos. Dinero de sangre. No importaba el monto de la compra, su dinero siempre era bien recibido. Quienes la acompañaban afirman que nunca le vieron usar una tarjeta o chequera.

Su destino pudo haber sido distinto. Habría podido ser la hija de un respetable hombre de negocios si su padre, quien había alcanzado el éxito con una boyante empresa legal en Estados Unidos, no hubiera torcido el camino. La belleza y el porte de Priscilla venían principalmente de él, también sus desgracias.

* * *

Carlos Montemayor no estaba predestinado para una vida delictiva. Nació en 1972 y creció en una familia financieramente estable, en Nuevo Laredo, Tamaulipas. Es el menor de cinco hermanos. Su padre era ranchero y restaurador, mientras su madre era un ama de casa encargada del cuidado de sus hijos.[3]

Prácticamente todos sus hermanos, tíos de Priscilla, sentaron cabeza, a excepción de Juan, a quien también arrastró la vida criminal. Actualmente se dedican a trabajos legales: uno es arquitecto y otros venden alimentos y artesanías.

Cuando era adolescente, Carlos trabajaba en una granja criando caballos de exhibición y montaba toros en rodeos. De ahí le viene el apodo del Charro. Muy joven, apenas de 18 años, contrajo matrimonio con Laura, la madre de Priscilla, y se fueron a Estados Unidos, donde obtuvieron la *green card* como residentes.

El Charro consiguió un trabajo en una empresa de camiones, donde aprendió a conducir un tractor-remolque y conoció el negocio relacionado con la logística de carga y descarga de mercancías. "En 1992, a los 20 años, Montemayor era la encarnación del sueño americano", se afirma en el expediente criminal abierto contra el padre de Priscilla en Atlanta, Georgia.

Creó su propia compañía de transporte, CMG Trucking, con la cual obtuvo ingresos brutos de 4 a 5 millones de dólares entre

1992 y 2002. Pero al Charro no le bastó. "Insatisfecho con sus logros y el éxito financiero que le brindó Estados Unidos, decidió aprovechar su experiencia en transporte y logística, así como la red de camiones y conductores que había establecido en ambos lados de la frontera, en una nueva dirección: transportar cantidades masivas de cocaína hacia y a lo largo de Estados Unidos."[4]

Fue justo en 2002, dos años antes de la fallida boda de Priscilla, cuando Carlos Montemayor conoció a Edgar Valdez, quien ya tenía fama de ser un sangriento asesino y un desequilibrado. "La reputación violenta de Valdez era bien conocida; pero en lugar de mantenerse alejado de ese mundo peligroso, Montemayor vio una oportunidad que podía explotar. Valdez tenía proveedores de cocaína en Colombia, y una red de transporte para mover la cocaína a través de México hasta la frontera de Nuevo Laredo con la ayuda de cómplices violentos y oficiales corruptos que protegían sus cargamentos."[5]

Valdez no tenía la capacidad de mover de forma rápida y eficiente grandes cantidades de droga a través de la frontera y a los centros de distribución en Estados Unidos. Solo podía mover envíos de 20 kilogramos cada tres o cuatro semanas a sus clientes en Memphis. Necesitaba un socio. De modo que encontró la combinación perfecta con Montemayor y sus camiones, que recorrían ambos lados de la frontera: de Nuevo Laredo, Tamaulipas, a Laredo, Texas.

En poco tiempo, gracias a la eficiencia de su red de transporte, el Charro logró transportar hasta 180 kilos de cocaína por viaje. Así se convirtió en un socio importante para La Federación. El crimen lo absorbió, igual que su vicio por la cocaína.

* * *

Edgar Valdez Villareal se ganó el mote de *la Barbie* y *la Muñeca* por su tez blanca y su apariencia. Aunque así se le conocía a escala internacional y en los expedientes judiciales, en su círculo más cercano, de familia, amigos, y hasta el propio Arturo Beltrán Leyva, le decían *el Güero*. Vino al mundo el 11 de agosto de 1973 en Nuevo Laredo, Texas. Nació en una numerosa familia integrada por sus padres y ocho hermanos. Desde muy joven destacó por dos cosas: ser un jugador estrella de futbol americano y un muchacho problema. Su padre era un hombre sencillo, trabajador, conservador, rígido, estricto y devoto creyente, pero en poco tiempo Edgar se convirtió en todo lo contrario.[6]

A los 18 años lo acusaron en Estados Unidos de homicidio no intencional tras haber estado involucrado en un accidente automovilístico, pero ni siquiera pisó la cárcel. A los 20 años lo arrestaron por posesión de mariguana y fue sentenciado a siete años de prisión, pero una vez más la fortuna estuvo de su lado y lo dejaron en libertad bajo prueba.

De nuevo tuvo problemas con la ley. En 1995 lo arrestaron por manejar a exceso de velocidad y bajo la influencia de drogas. Tampoco lo sancionaron. Cuando tenía 24 años, una vez más, lo acusaron por posesión de mariguana y se le giró orden de arresto, pero nunca pasó nada. La Barbie escapó y se fue a vivir a pocos kilómetros de su casa, pero del otro lado de la frontera, en Nuevo Laredo, Tamaulipas. Ahí encontró la tierra propicia para desarrollar su carrera criminal y en poco tiempo se convirtió en un prolífico traficante de cocaína.

Pronto comenzó a tener conflictos con el Cártel del Golfo, que controlaba todo el estado de Tamaulipas. Cuando en 2001 comenzó una guerra entre La Federación y el Cártel del Golfo por la frontera entre ese estado y Texas, la Barbie se alió con La Federación, particularmente con los Beltrán Leyva. Desplazado por el Cártel del Golfo, se estableció en Monterrey, Nuevo León, pero el negocio no era igual de próspero. Sin embargo, al poco tiempo, gracias a un jefe policiaco corrupto, conoció a Arturo Beltrán y pronto se ganó su confianza.

Fue así como la Barbie, respaldado por La Federación, emprendió una furiosa guerra contra el Cártel del Golfo y su brazo armado, los Zetas, integrado por exmilitares de élite. La Barbie y sus aliados enviaron a casi a 300 hombres para expulsar a los Zetas de Nuevo Laredo. El que sería esposo de Priscilla proporcionó a sus hombres uniformes oficiales y sobornó a funcionarios de diversos niveles de gobierno para mezclarse con sus fuerzas y atacar a sus rivales. "El propio Valdez a veces vestía con uniforme. La violencia aumentó, los Zetas comenzaron a ser robados o desaparecidos. Se estima que aproximadamente mil personas murieron en México entre marzo de 2003 y diciembre de 2005 en esta sangrienta guerra territorial."[7]

Para armar su ofensiva contra los Zetas, la Barbie y La Federación utilizaron ejércitos adiestrados por integrantes de la Mara Salvatrucha, la pandilla criminal de El Salvador conocida por su violencia y tácticas macabras. Así entramos en una de las épocas más violentas en la historia de México. Desde 2003, comenzaron a verse con más frecuencia escenas dantescas con cuerpos decapitados y desmembrados colgando de las plazas públicas.

En represalia por sus bajas, el grupo armado del Cártel del Golfo filtró a medios locales de Tamaulipas el nombre y varias fotografías de Edgar Valdez Villarreal, quien personalmente secuestraba, torturada y asesinaba zetas. "Conocido por su buena apariencia, su estilo de vida llamativo y su crueldad, Valdez prosperó en el centro de atención cuando su carrera se disparó hasta convertirse en el principal ejecutor para el Cártel de Sinaloa, mientras que al mismo tiempo ganaba millones de dólares vendiendo toneladas de cocaína."[8]

Por su parte, contento de permanecer en las sombras, el Charro utilizó su perspicacia comercial y su talento en la logística para consolidar su negocio legítimo de camiones como una red para la distribución de drogas. En una perfecta relación simbiótica, Valdez supervisaba la transferencia de los cargamentos de cocaína a través de México hasta la frontera, y luego Montemayor tomaba el control de la operación para entregar la mercancía a los clientes en Estados Unidos. Esta sociedad criminal "dejó un rastro de destrucción a su paso"[9], y muy pronto pasó de los negocios a convertirse en una relación familiar. El Charro y la Barbie, quienes se llevaban tan solo tres años, se volvieron suegro y yerno. Y Priscilla no ignoraba la fama de su flamante esposo.

* * *

De 2001 a 2010 Edgar Valdez Villarreal dividía su vida personal y sus negocios de narcotráfico entre el aún paradisiaco puerto de Acapulco, la Ciudad de México, el Estado de México, Morelos, Querétaro y Quintana Roo. A su corta edad y con la enorme capacidad económica que le daban los millones provenientes de la droga, vivía en la fiesta continua.

En aquellos años, cuando conoció a Priscilla, vestía como un *yuppie* y se cuidaba como un metrosexual. Contrataba masajistas, compraba cremas costosas, usaba una cámara hiperbárica y se inyectaba un menjurje de placenta que le daba juventud y vitalidad a su rostro. Compraba trajes, camisas de vestir, zapatos y relojes de las mejores marcas. Quienes lo conocieron lo describen como un hombre "muy guapo" y al mismo tiempo unególatra. Hablaba con acento norteño y en el mundo cotidiano se hacía pasar por ingeniero o como el señor Rogelio.

Con todo, ni la buena apariencia ni el falso título profesional podían borrar su vulgaridad. Malhablado e irónico con sus más cercanos, hacía exhibición de sus flatulencias, como si el tener un arma, dinero y poder obligara a los otros a soportar sus malos olores. Lo hacía incluso ante Priscilla, quien se avergonzaba cuando otras personas estaban presentes.

Con sus empleados era grosero y abusivo. Les pegaba con un bat estampado con figuras del hombre araña. Le gustaba sobajar a su gente y humillarla. No era un hombre que supiera ofrecer disculpas. Pero también conocía sus límites, pues en los negocios no era así de salvaje, tenía un comportamiento civilizado. Y con Arturo Beltrán Leyva y sus superiores mostraba una actitud de respeto.

Antes de Priscilla, la Barbie tuvo una primera esposa de nombre Victoria, le decían Vicky. Con ella procreó al menos dos hijos: Victoria y Edgar, quienes vivían en Estados Unidos. Algunas fuentes afirman que Vicky era una mujer problemática, adicta a las drogas, aunque sus hijos habrían tomado otro camino e incluso fueron a la universidad. Se dice que su hija mayor se hizo abogada.

Durante un tiempo la Barbie tuvo a Vicky secuestrada en Acapulco, porque no confiaba en ella. Cuando finalmente la liberó, la envió con sus escoltas armados con granadas y armas de alto poder hasta Toluca, donde abordó un avión privado que la llevó a Estados Unidos.

La pareja había procreado un tercer hijo, pero la Barbie estaba furioso porque pensaba que no era suyo, sino de un amante de Vicky. Ninguna mujer podría atreverse a ponerlo en ridículo de esa forma, aunque él mismo no conocía la palabra lealtad o fidelidad con ninguna mujer. "En ese tipo de personajes no existe una sola mujer, no existe la fidelidad, usted sabe, 'soy un narco poderoso, tengo esto y tengo las mujeres que yo quiera', lo que más les pesa es el ego y el orgullo", comentó una persona que conoció muy de cerca a la Barbie y su entorno.

* * *

Priscilla Montemayor pensó que siendo joven, bella, de figura voluptuosa, millonaria, obediente y complaciente sería suficiente para mantener a su esposo enamorado. Pero había algo con lo que ni ella, ni el dinero, ni el poder de su padre podían competir: la avidez del coleccionista. La tradición que en los años ochenta afianzó Don Neto, uno de los líderes del Cártel de Guadalajara, parece que quedaría plasmada en el ADN de los narcos mexicanos: coleccionar hombres y mujeres. Entre más famosos, mejor, si salen en películas o en la televisión, si son aclamados o reconocidos por la sociedad.

"Las mujeres juegan un papel muy importante en la vida de estos hombres por su ego y su machismo", explicó quien fuera uno de los principales operadores de la Barbie. Durante al menos seis años (2001-2007), fue miembro del Cártel de los Beltrán Leyva y fue testigo de la relación de la organización con políticos, funcionarios públicos, gente del mundo del espectáculo y "famosos": dos vertientes paralelas de la corrupción del crimen organizado.

En una serie de entrevistas realizadas para esta investigación este testigo respondió más de 200 preguntas con lujo de detalle acerca de esa parte del mundo del narcotráfico hasta ahora poco explorada.[10] Su testimonio ayuda a descorrer el telón de otra faceta del modo de vida de estos criminales que son impunes no solo por la protección gubernamental, sino porque logran ser aceptados en círculos sociales selectos. Ahí los legitiman y les abren puertas para integrarse desde el crimen en la convivencia cotidiana con personas de renombre. Si no se entienden las motivaciones que impulsan a los líderes de estos grupos criminales y cómo satisfacen esas motivaciones, el rompecabezas queda inconcluso.

Para estos hombres tener muchas mujeres, mucho sexo, es parte de las recompensas que reciben del narcotráfico. No tiene que ver solo con el impulso sexual o la capacidad económica de comprar algo o a alguien, sino que va más allá, es la prueba de su poder "sobrehumano".

Para alcanzar ese poder y conservarlo necesitan dinero, el dinero que obtienen traficando droga, tráfico que sostienen defendiendo sus territorios o invadiendo los de otros cárteles a partir de corrupción, violencia y muerte. Todo para volver ahí, a ese círculo infame donde las mujeres se vuelven el medio y el fin.

"El sexo no era más importante que el dinero, pero sí va combinado, porque para tener sexo con una actriz, cantante, o alguien de la tele se necesita mucho dinero", explicó quien fue testigo y partícipe de esos encuentros. "Según el éxito en el negocio, viene la fortuna, el dinero y el poder. Después de un buen trato de negocios, después de un arreglo, mandas traer a las mujeres para que te den placer es como cerrar con broche de oro." Y si eran actrices, conductoras o modelos de televisión, el broche era aún más reluciente.

La parafernalia en torno a la gente del espectáculo y su sobredimensionamiento hacen que ese mundo sea codiciado por los jefes del narcotráfico. Como si el manto de fama, reconocimiento y aplausos de las personas de la farándula se derramara también sobre ellos. "El ego de un narco es alto y quieren lo mejor, si salen en la tele, para ellos eso es lo mejor", añadió.

Las fiestas que la Barbie, su suegro y sus socios organizaban no conocían límites: "Había droga, sexo, intercambios de mujeres y orgías". El Charro en particular consumía mucha cocaína. La Barbie, como otros narcotraficantes, consumía Viagra. Era parte del show ante sí mismo, las mujeres y su círculo de narcos.

"Lo tomaban para demostrar más su hombría, lo digo porque yo también tomé la pastillita en algún momento, y obviamente tardas más, tienes más duración en el sexo. Yo tenía mucha confianza con el Güero y me decía eso, que no era porque no podía, sino para tardar más", aclaró el testigo. Había ocasiones en que antes de un encuentro sexual con alguna de sus amantes o prostitutas, cuando el Viagra ya surtía efecto, la Barbie exhibía su miembro erecto a sus allegados: "¡Mira cómo le va a ir a…"

* * *

"El Güero era antrero de corazón", afirmó el testigo.

Como la mayor parte del tiempo la pasaba en Acapulco, la Barbie se hizo cliente VIP de los lugares de moda, la legendaria discoteca Baby'O, Paladium y Classico en Las Brisas-Guitarrón. Entre la gente de la Barbie decían que el Classico era del padre de Priscilla, y su publicidad lo describía como "El mejor Deck & Disco

Boutique de Acapulco. La mejor música, el mejor ambiente y la mejor vista de Acapulco". Ya no existe, en su lugar hay un establecimiento que se llama Love.

Además, la Barbie abrió su propio negocio llamado Bar XXXóticas, ubicado en Aguas Blancas número 6, en la colonia Miguel Alemán, y se promocionaba en anuncios espectaculares como el "centro nocturno más exclusivo del puerto". Era un club para hombres donde el show principal era de strippers; siempre operó felizmente y sin contratiempos.

La Barbie también compró diversas propiedades a través de prestanombres; como una fastuosa residencia en el Club de Golf Tres Vidas, en Acapulco Diamante, donde le gustaba jugar.

Un día, como sus enemigos sabían que a la Barbie le gustaba la fiesta, intentaron matarlo en el Baby'O. Los Zetas, sus acérrimos rivales, enviaron a dos mujeres a asesinarlo. Arturo Beltrán Leyva ya le había advertido que no saliera esa noche, pero no le importó, fue al lugar. Dice el informante que la Barbie sedujo a las dos mujeres y se las llevó. Ellas cargaban una granada y una pistola en la bolsa de mano. El plan no funcionó y fueron descubiertas.

"Las llevamos a una casa, donde estuvieron como una semana, les sacamos información, no las torturaron ni nada. De hecho, un sicario quiso violar a una y le metieron una paliza y lo amarraron una semana. Nosotros no hacíamos eso", narró. Al final la Barbie las dejó ir. "Cuando las mujeres regresaron a Tamaulipas sin haber cumplido su objetivo supuestamente, yo le pregunté a él si las íbamos a matar, dijo que no, que para qué, pues llegando a Tamaulipas las matarían allá por no cumplir el jale, y sí, las mataron llegando a Tamaulipas."

La Barbie combinaba la fiesta con sus actividades criminales. Estaba a cargo no solo del transporte y tráfico de droga, sino que había organizado grupos de sicarios terribles que combatían al Cártel del Golfo y a los Zetas, o a cualquier otro enemigo de La Federación: los sicarios más sangrientos eran los Negros y los Pelones.

* * *

Cuando Priscilla y la Barbie se casaron, la pareja se cambiaba constantemente entre varias de las mejores zonas residenciales. Principalmente vivieron en Bosque de Bugambilias, en Bosques de las Lomas, un conjunto residencial ubicado frente al edificio Torre Arcos Bosques; esta residencia la remodeló un arquitecto que le ayudó a contactar su amigo el Indio.

Ocuparon también una residencia en el Club de Golf Interlomas, en Huixquilucan. En donde quiera que hubiera un *green* la Barbie quería estar porque ya se sabe que le encantaba el golf. "La casa la vendieron a un brasileño", comentó un segundo testigo, a quien le constaron muchos hechos sobre Edgar Valdez y sus socios. Era una casa ubicada cerca del hoyo 7 del campo de golf, muy lujosa, bardeada de puro vidrio para que nada obstruyera la vista al verdísimo prado. En 2009, la Barbie vendió la propiedad en 3 millones 100 mil dólares; el dinero que no podía justificar lo movió a través de paraísos fiscales y llegó hasta Suiza. En ese mismo fraccionamiento Arturo Beltrán Leyva también llegó a tener una casa.

De igual forma vivieron varias veces en Bosque Real, y en un edificio de departamentos en Interlomas, pero la dueña les pidió que se fueran cuando cayó en la cuenta de que a la Barbie lo acompañaban hombres armados. En realidad, se sabe que el narcotraficante compró pocas propiedades en México, y las que adquirió no las puso a nombre de Priscilla, sino de prestanombres.

Quien le ayudaba a Priscilla a buscar casa —detalló ese testigo— era la Güera, una amiga de Laura Cadena, su mamá. Ella era pareja de Sergio Sánchez Limón, quien a su vez se encargaba de buscar propiedades para Carlos Montemayor. Una de estas fue el rancho Los Tres García en las inmediaciones del Bosque de los Remedios, en Naucalpan, Estado de México, la cual quedó a nombre de Sánchez Limón.[11]

124

La Barbie también compró un lujoso departamento en la Torre Altus, en Bosque de las Lomas. Aunque no estaba a su nombre, Priscilla logró que el prestanombres lo vendiera y le entregara el dinero, con el cual ella adquirió una casa en Texas.

En Acapulco Diamante, en el Club de Golf Tres Vidas, les gustaba alquilar Villa Barak, una imponente residencia de estilo mediterráneo, de siete recámaras, nueve baños, alberca, jardín y 96 metros frente al mar.

En el Guitarrón y Las Brisas rentaban Villa Sábalo; una residencia de cuatro habitaciones para huéspedes y cinco recámaras para personal de servicio. También se quedaban en Villa del Sha, que cuenta con una vista espectacular a la bahía de Acapulco, tiene muelle, playa privada y al menos tres albercas.

* * *

En los primeros años de matrimonio, Priscilla gastaba a manos llenas, podía tirar por la borda hasta 200 mil pesos en un solo shopping. Se maquillaba mucho, se peinaba y arreglaba sola, pocas veces iba al salón de belleza. Y cuando lo hacía iba a uno que estaba en avenida Palmas. Todos los días iba un entrenador de pilates a su casa, se lo llevaba un chofer de 9 a 11 de la mañana. Pero Priscilla era perezosa. El entrenador dejó de ir, dijo que no tenía caso si la señora ni siquiera tomaba la clase.

La Barbie era más disciplinado, al menos hacía caminadora todos los días. "Decía que debía estar listo por si le tocaba correr cuando hiciera falta", explicó este segundo testigo. Cuando llegaba a un nuevo domicilio siempre llevaba cuerdas, no para ejercitarse, sino para salir por la ventana si hacía falta. Siempre estaba buscando la mejor ruta de escape.

Priscilla tenía un carácter tan débil que ni siquiera podía poner en orden a su propio hijo, quien tenía poco menos de cuatro años. Cuando el niño se ponía insoportable, pedía a los escoltas o choferes que se lo llevaran. Al poco tiempo nació su segundo hijo. Una niña. Los dos menores frecuentaban el kínder de la escuela Lomas Hill, en la zona de Santa Fe, pero faltaban mucho. No iban porque estaban en Acapulco o de plano les daba flojera llevarlos.

Los pequeños en realidad no tenían una vida familiar. La Barbie era afectuoso con ellos, pero casi no los veía. Los paseos más frecuentes de Arturito eran a la juguetería con los escoltas. Solo. Era tanto su trato con ellos que era más afectuoso con los empleados y los obedecía más que a sus propios padres.

Priscilla, la Niña, no tenía ni voz ni voto en su casa en nada. Ni con sus hijos, ni con su esposo y ni siquiera con el cocinero. Era la Barbie quien había contratado a un chef y él decía lo que quería comer. Le gustaban en particular las carnes y los mariscos, siempre pedía que le sirvieran más para después dejar en el plato casi la mitad de la comida que terminaba en la basura. Desperdiciar la comida le daba un absurdo aire de superioridad.

* * *

La Barbie tenía un hobby secreto que le apasionaba más que el golf. En uno de sus departamentos en Bosque Real, en la Ciudad de México, mandó montar una oficina con pantallas gigantes, imitando el piso de una bolsa de valores. Anticipándose a *El lobo de Wall Street*, protagonizada por Leonardo Di Caprio, impecablemente vestido, la Barbie actuaba como un gran experto en la especulación del mercado bursátil mundial. Pero a diferencia de las películas, él sí perdía dinero real.

Eso no lo descorazonaba, e insistía e insistía. Sus juegos en la bolsa los pagaba con una cuenta bancaria que tenía en Suiza, la cual logró abrir con la ayuda del Grupo Corporativo de Consultoría S. A.[12] De acuerdo con la información oficial de esta empresa, tiene dos oficinas, una en Ejército Nacional, número 373, colonia Granada, en lo que se conoce como Nuevo Polanco, en la Ciudad de México, y la otra en Calle 52 y Elvira Méndez, en el penthouse del edificio Vallarino, en Panamá. Según los registros de Panamá, la empresa la dio de alta el agente Durling & Durling en diciembre de 2003. Aparece como presidenta y directora Elizabeth Morais Marques, y como secretaria Mara Morais Marques. La empresa sigue abierta en ambos países.

A su vez, Elizabeth aparece como "socia administradora" de la empresa brasileña BCM Empreendimentos Imobiliarios LTDA, y en AL Comercio Varejista de Materiais de Construcoes LTD, también brasileña.

Grupo Corporativo de Consultoría se promociona como "una empresa multinacional facilitadora de negocios en el área de construcción en México, América Central y Caribe", y dice contar con un equipo de especialistas en diferentes disciplinas que da asesorías en "identificación y evaluación de proyectos, consultoría financiera, acompañamiento en ejecución de contratos, formación de precios y preparación de concursos".

Los envíos monetarios los hacía José Carlos Marques, cuyo nombre también aparece como "socio administrador" de BCM Empreendimentos Imobiliarios LTDA. En todo el movimiento del dinero, fraccionado en diversas partes, estuvo involucrada la empresa Axys Trading LTD, una corporación con sede en Londres. Y circuló por los bancos Barclays Bank PLC y Standard Chartered Bank Limited, ambos con sede en Nueva York; así como por Barclays Bank PLC y National Westminster Bank PLC, ambos con sede en Londres.

Y de acuerdo con el código Swift, la clave de identificación bancaria que aparece en los documentos de la transacción, el dinero se depositó en el banco UBS Switzerland AG.

Con esa cuenta, la Barbie pagaba las acciones que compraba en diversas bolsas de valores. Pocas veces ganaba. En el momento no le importaba porque tenía una fuente de ingresos inagotable con el tráfico de drogas, por lo que no tenía problemas de liquidez.

Así mismo, una transacción de 653 mil 535 dólares, el equivalente a 8 millones 646 mil 268 pesos, se llevó a cabo en Intercam Casa de Bolsa S. A. de C. V., de acuerdo con los documentos del movimiento fechados el 8 de agosto de 2009.

Intercam Casa de Bolsa se creó en 2006 y forma parte del grupo Intercam que nació en 1995 como Intercam Casa de Cambio.[13] En aquel tiempo el director general de Intercam Casa de Cambio era José Pacheco Meyer.[14]

Con los años, las operaciones financieras de Intercam se han multiplicado. Ahora son Intercam Grupo Financiero S. A. de C. V., Intercam Banco S. A., Intercam Casa de Bolsa S. A. de C. V., Intercam Fondos S. A. de C. V., Sociedad Operadora de Fondos de Inversión, Intercam Grupo Financiero y Quanta Shares S. A. de C. V. Adicionalmente, Intercam Banco International Inc. (Puerto Rico) e Intercam Securities Inc. (Miami, Florida).

* * *

Edgar Valdez Villarreal contaba con la protección y complicidad de presidentes municipales, síndicos, jefes policiacos, capitanes, coroneles y generales del ejército, gobernadores, diputados, altos funcionarios de las procuradurías estatales y la nacional, así como de secretarios de estado como Genaro García Luna. Todos ellos y sus subordinados prestaban servicios a la Barbie, a sus jefes y socios de La Federación.

La Barbie era ostentoso y presumido en Acapulco. Era su reino. "Todos andaban en Acapulco como si nada, más el Güero, le valía puritita madre, aunque lo regañara don Arturo [...] En [Ciudad de] México eran más cuidadosos, todos los escoltas andaban de corbata y traje. Pero en Morelos, Guerrero, Quintana Roo, ahí sí valía verga porque teníamos todo arreglado", afirmó uno de los testigos, quien dijo haber visto desfilar en las oficinas o casas de seguridad de la Barbie a diversas autoridades de Guerrero.

Félix Salgado Macedonio era uno de los funcionarios que visitaban a la Barbie en Acapulco. Una de las personas que estuvo presente en los encuentros afirmó que mensualmente le entregaban al entonces alcalde de Acapulco (2005-2008) entre 200 y 300 mil pesos: "Más que nada era para tenerlo controlado [...] Yo lo miré una vez en una casa de Las Brisas, se lo presentaron a mi jefe. El Chuy y el Salomón eran los encargados de pagarle [...] Todos reciben, si no por gusto, por temor a que los fueran a acribillar".

Félix Salgado Macedonio, entonces miembro del PRD, ha sido un hombre muy cercano al presidente Andrés Manuel López Obrador desde la década de los noventa. En la elección para gobernador de Guerrero de 2021 AMLO se obstinó en que su amigo Salgado Macedonio fuera el candidato de Morena, pese a las varias denuncias de acoso y abuso sexual, incluso de militantes del partido. Sin embargo, no fue ni el presidente ni Morena quienes bajaron a Salgado Macedonio de la contienda, sino el Instituto Nacional Electoral. Con todo, era tal el compromiso del presidente y su partido con él, que acabaron dándole la candidatura a su hija Evelyn Salgado, de 39 años, quien carece de experiencia política. El suegro de Evelyn, por cierto, es Joaquín Alonso Piedra, *el Abulón*, a quien detuvieron en Acapulco en 2016, acusado de ser operador de los Beltrán Leyva.

Los sobornos también llegaban a gobernadores, jefes de la policía estatal y municipal, funcionarios de las oficinas de la PGR en el estado y de la Procuraduría de Guerrero; así como a los generales responsables del puerto. El testigo no recordó el nombre en específico, pero en aquella época los mandos de la IX Región Militar con sede en Acapulco eran Mario López Gutiérrez (2000-2004), Felipe Bonilla Espinobarros (2004-2005) y Salvador Cienfuegos (2005-2006).

"Edgar estaba protegido, él mandaba ahí", señala un tercer testigo directo que entre 2002 y 2010 vio de primera mano diversas actividades y reuniones de la Barbie y otros integrantes del Cártel de los Beltrán Leyva.[15]

A la par de la fiesta, la Barbie controlaba tiendas de narcomenudeo en Acapulco, una ciudad a la que convirtió en narcobodega. Ahí almacenaba los cargamentos de cocaína que llegaban al puerto. Estableció incluso laboratorios de drogas sintéticas y casas del terror donde torturaban y asesinaban bajo sus órdenes.

"Era increíble cómo no le hacían nada. Cuando llegábamos al Palladium dejaban las camionetas a la mitad de la calle, deteniendo todo el tránsito, y la policía municipal ahí viendo sin decir nada", añadió este testigo. La Barbie y su gente solían circular en la ciudad portando armas largas y cortas de forma ostentosa. Cuando se trasladaba de la Ciudad de México a Acapulco entraba en el puerto en una caravana de al menos seis vehículos, incluyendo el BMW, Audi o Maserati que él conducía personalmente.

Este otro informante narró que una vez la Barbie y su comitiva se encontraban en el centro comercial La Isla, cuando llegó Miguel Ángel Mancera acompañado de otras personas. Por las fechas, entre 2008 y 2010, debió de ser cuando era procurador del Distrito Federal. "¿Ya vio quién está ahí", le advirtió uno de sus escoltas al capo. "¡Me vale madre!", dijo sin inmutarse y no quiso moverse. Probablemente la gente de Mancera haya detectado algo irregular en el ambiente y el procurador se retiró de inmediato.

"Ni la policía del estado ni la policía municipal lo molestaban, tenía todo comprado", reiteró. Eran los tiempos de Torreblanca y Salgado Macedonio. Y si la Barbie era tratado por las autoridades como una *celebrity*, ¿por qué no comenzar a integrarse a ellas?

Notas

1 Este capítulo se basa en entrevistas que hizo la autora a diversas fuentes de información relacionadas con Priscilla Montemayor y Edgar Valdez Villarreal. Dos de las principales fuentes fueron colaboradores directos de Valdez Villarreal, cuyos nombres se mantendrán bajo reserva para proteger su integridad física. Sin embargo, ambos pudieron acreditar fehacientemente

los años que trabajaron para el capo y la cercanía que les permitió ser testigos directos. Sus testimonios se contrastaron y corroboraron con más fuentes de información, incluyendo documentos judiciales.

[2] La autora estableció contacto y entrevistó a varias personas que estaban en el círculo más cercano de la familia Montemayor, quienes aceptaron hablar a condición de mantener su nombre bajo reserva.

[3] Información del expediente judicial 1:09-cr-00551 abierto contra Carlos Montemayor González en la Corte de Distrito Norte en Georgia del cual la autora tiene copia.

[4] *Idem.*

[5] *Idem.*

[6] Información del expediente judicial 1:2009cr0051 abierto contra Edgar Valdez Villarreal en la Corte de Distrito Norte en Georgia.

[7] *Idem.*

[8] *Idem.*

[9] *Idem.*

[10] La autora pudo acreditar fehacientemente la cercanía del testigo con el capo y la organización criminal. Su testimonio se contrastó con otras fuentes de información como abogados, documentos judiciales, noticias publicadas en los medios de comunicación y con otros miembros de la organización que confirmaron sus afirmaciones. Su testimonio fue consistente a lo largo de varios meses.

[11] El Poder Judicial de la Federación publicó en 2012 un edicto relacionado con el proceso de extinción de dominio promovido por la PGR, en el que se afirma que el titular de Los Tres García es el señor Sánchez Limón. Disponible en https://www.gob.mx/cms/uploads/attachment/file/344120/edicto4-2012.pdf. A Sánchez Limón también lo habría enviado el Charro a Europa a explorar oportunidades de negocios.

[12] La autora tiene en su poder copia de documentos relacionados con las transferencias del dinero a Suiza.

[13] Información oficial de la institución bancaria.

[14] Interbanco, Anuario financiero de la banca en México, ejercicio 2012, disponible en https://www.abm.org.mx/anuario/anuario2012/pdf/interbanco.pdf; Intercam, Información financiera al 31 de marzo de 2009, disponible en https://www.yumpu.com/es/document/read/24705816/microsoft-powerpoint-informaci363n-internet-intercam.

[15] La autora entrevistó al testigo que pudo acreditar su cercanía a los hechos por medio de material documental y fotográfico inédito. El testigo aceptó dar su testimonio a condición de que su identidad quede bajo reserva.

6

La Barbie y otras muñecas

Eran cerca de las 6 de la mañana cuando la música pulsante como latido del corazón comenzó a menguar en el Dady'O, un club nocturno cuya fachada simula una caverna y destaca en el bulevar Kukulcán, arteria principal de la zona hotelera del salvaje Cancún. Era el anuncio de que la fiesta había terminado.

El actor Sergio Mayer Bretón y su bella esposa Erika Ellice Sotres Starr, mejor conocida en el mundo del espectáculo como Issabela Camil, eran de los últimos en salir acompañados por un peculiar grupo que presidía un hombre alto, fornido, de cabello rubio, ojos claros, bien vestido y armado, junto con su jovencísima esposa: eran el narcotraficante Edgar Valdez Villarreal, *la Barbie*, y Priscilla Montemayor, *Pris*.

Como parte de la larga amistad que la Barbie y Sergio Mayer tenían desde hacía años, aquel 2007 era la segunda vez que las dos parejas se reunían en Cancún; antes ya se habían encontrado para festejar el cumpleaños de Priscilla. Aquella vez la Barbie iba acompañado por sus colaboradores más cercanos, todos armados, como siempre. Uno de ellos contó los detalles de aquella mañana de resaca.

—¡Hey, güey! Llévate al Sergio y a su vieja para Playa del Carmen, a su hotel —ordenó la Barbie a uno de los suyos.

La pareja viajaba en una camioneta Toyota tipo familiar.

—¡Vámonos, yo los voy a llevar! —dijo el encargado.

Sergio Mayer e Issabela Camil se acomodaron en los asientos traseros. Cuando ya estaban tomando camino, se detuvieron en una estación de gasolina en el bulevar Kukulcán, ubicada en el kilómetro 14.9, casi en frente del hotel Gran Meliá, que ahora tiene el nombre de Paradisus Cancún.

—No, güey, si quieres quédate aquí, para que no vayas hasta allá, para que no tengas que regresarte en taxi... —dijo Mayer en tono amigable.

La camioneta se la iba a quedar el actor, era de Victoria, la hija mayor de la Barbie, pero el capo se la había prestado con la confianza de la estrecha amistad.

—Yo me voy con mi vieja, güey.

—¿Neta?

—Sí, no hay pedo.

—Pero es que aquel bato me pidió que te llevara con tu esposa —dijo precavido el responsable de cumplir la orden.

—No, no hay pedo, si me pregunta, yo le digo que sí me llevaste.

—¡Ah, bueno! —dijo el colaborador de la Barbie, ya con la confianza que tenía de tanto tiempo de conocer a Mayer.

Se despidieron de abrazo y el actor se fue en el vehículo.

* * *

Sergio Mayer Bretón —mejor conocido como Sergio Mayer en el mundo artístico— fue uno de los amigos de la Barbie durante su vida de narcotraficante. El actor es siete años mayor que Edgar, pero la diferencia de edad no fue problema para entenderse, tenían muchas cosas en común, sobre todo en el tema de mujeres, fiesta y dinero.

Mayer comenzó su carrera artística en el grupo Chévere Internacional, pero en realidad conoció el éxito en la década de los ochenta como uno de los cantantes fundadores del grupo Garibaldi de música pop en español, creado en 1986. Posteriormente participó en películas como *Dónde quedó la bolita* (1993), protagonizada por los integrantes del grupo, e hizo varias telenovelas como *Confidente de secundaria* (1993), *Como en el cine* (2001), *La madrastra* (2005), *La fea más bella* (2006), *Fuego en la sangre* (2008) y *Hasta que el dinero nos separe* (2009-2010).

En su currículum oficial afirma haber sido actor, bailarín, modelo, director artístico, productor de Televisión Azteca y conductor de programas de espectáculos. Se le vinculó sentimentalmente con la actriz Bárbara Mori, con quien tuvo una relación cuando ella apenas tenía 17 años y él 29. Aunque tuvieron un hijo, la relación duró poco; ella ha declarado en público que Mayer no era una persona positiva, que "vivía bajo sus órdenes" e incluso controlaba el dinero que ganaba como actriz. Luego a Mayer se le vinculó con la actriz conocida como Martha Julia, y más tarde con Issabela Camil, hijastra del polémico empresario Jaime Camil, modelo, actriz y una figura recurrente en las portadas de moda y socialité.

Otro amigo de la farándula de la Barbie era Carlos Eduardo López Ortega, conocido como *Charly*, también fundador del grupo Garibaldi y a su vez muy amigo de Mayer. "La primera vez que los vi fue en México, en el Bar Bar y El Congo, así se llamaba el antro que tenía el Charly, bueno, era de su mamá, no era de él", dijo uno de los testigos al recordar cómo conoció a los dos artistas.

Desde finales de los ochenta hasta 2010, el Bar Bar, ubicado en Insurgentes Sur, en la Ciudad de México, era uno de los *hot spots* de la vida nocturna de la élite. "Fueron pocos los famosos que no estuvieron ahí", describió la revista de sociales *Quién*: David Copperfield, Bon Jovi, Diego Armando Maradona, Madonna, entre algunas estrellas internacionales, y lo más selecto de la socialité y los artistas mexicanos.

Según las reseñas de las guías de vida nocturna de aquella época, se decía que "si algo caracteriza al Bar Bar es lo difícil que resulta entrar para cualquier persona común y corriente". Para ingresar era necesario pasar al menos dos controles: "Al entrar por la A del gran letrero de BAR, te toparás a un cadenero que verá cómo (y más importante) con quién vienes", describía la revista *Chilango*. Desde luego, para los integrantes y socios del Cártel de los Beltrán Leyva, como la Barbie y el Charro, las puertas estaban abiertas de par en par. Para la Barbie, estar ahí en medio de todos, con Mayer y sus amigos, era un sueño y una legitimación pública. Cualquier cosa resultaba posible gracias a sus contactos, incluso estar ahí en la discoteca.

En 2010, el Bar Bar se volvió tristemente célebre cuando el futbolista Salvador Cabañas fue agredido con un disparo en la cabeza por José Jorge Balderas Garza, a quien en las noticias se identificó como *el JJ*, lugarteniente de la Barbie, aunque dentro de la organización criminal todos le decían *Batman* por su altura y aspecto.

El Congo era un lugar menos exclusivo, pero como estaba relacionado con Charly, ahí también llegaban para estar más a sus anchas. En mayo de 2009, el antro acabaría clausurado y asegurado. "Autoridades de la PGJDF señalaron que el inmueble permanecería así mientras se integran las averiguaciones previas por los presuntos delitos de despojo y rompimiento de sellos de clausura. Además, la policía judicial investiga algunos señalamientos de testigos que afirman que en esta discoteca presuntamente se reunían de manera regular personas originarias de Tepito, entre ellas, Eduardo Trejo Ponce, *el Lalito*",[1] un sicario que operaba en el llamado Barrio Bravo, una zona controlada por la Barbie en aquella época.

El New York Club era otro antro que administraba Charly y donde la Barbie llegó a invertir, según le dijo a sus más cercanos. Era un centro nocturno por la zona de San Ángel, en la Ciudad de México. En su momento, la revista *Chilango* describió así el club que la Barbie se atribuía: "El New York, nuevo lugar que promete convertirse en la onda sureña, parece buscar un antreo que no duerma. Desde que entras, a través de un túnel con *red carpet* y espejos, te sientes en otro mundo. La decoración en tonos chocolate y blanco, y el piso de madera con arena, crean una atmósfera estilo *beach club*. La iluminación es circular y muy tenue de piso a techo, con música *lounge* a cargo de una chica DJ. Adentro hay una gran variedad de ambientes: 10 palcos con entradas independientes, cada uno con pantalla y barandales. Las salas de pista invitan a dar de brincos con el audio que rebota en todo el cuerpo". Actualmente el establecimiento está cerrado. "A mí me tocó ir ahí cuando actuó el Platanito [comediante] en el festejo del cumpleaños de Carlos Montemayor", en enero de 2009, narró quien estuvo en el sitio al lado del Charro.[2] En algunas de esas parrandas, "el Güero y el Compadre le daban de zapes al Charly, lo dejaban como un pendejo", recordó otro de los más allegados a la Barbie.

* * *

Durante varios años, la Barbie y Sergio Mayer se frecuentaron periódicamente, al menos dos veces al mes. Entre los dos había absoluta confianza, "de superamigos, de ¡órale, güey!, cuando andaba pedo aquel [La Barbie], se empezaban a agarrar curva". Era tal la intimidad y confianza entre ellos, que cuando se saludaban, "el Güero le daba un 'piquete de culo'", recordó explícitamente otro testigo.

Issabela Camil y Priscilla también se entendían muy bien. Aunque la Barbie quería que Priscilla hiciera amistad con las esposas de otros socios del narcotráfico, ella no quería, se aburría. Apenas tenía 19 o 20 años. "Decía que no tenían nada que ver con ellas, que 'qué hueva'; las señoras la invitaban, querían que estuviera con ellas, pero Priscilla hacía cara de fuchi."[3] En cambio, con Isabella, "cada vez que se topaban se ponían muy pedas, se volvieron amigas, de borrachera y de beso", recordaron quienes estuvieron ahí. Issabela no se escandalizaba de que los amigos de Mayer fueran narcos, "se portaba muy bien, muy buen rollo".[4]

137

La esposa de Mayer disfrutó también departir con Priscilla un cumpleaños en el restaurante Chocolate, propiedad de la cantante Ana Bárbara, en el Dady'O, y en muchas reuniones que se organizaban en un rancho cercano a Cuernavaca.[5] "Issabela Camil salía en las revistas de sociales y de moda, y al mismo tiempo estaba ahí", comentó una de las esposas de uno de los asistentes a las fiestas. La relación con el narcotraficante no era un secreto.

Muchas veces la gente de la Barbie estuvo presente en sus encuentros con Sergio Mayer: "En Acapulco, en Cancún, en México, en Cuernavaca; se miraban en algún buen restaurante, en los antros, en el rancho de Cuernavaca o en los hoteles donde se hospedaba el Güero". Sobre si Mayer vio alguna vez a la Barbie y sus escoltas armados los testigos ríen: "¡A todos! Traíamos pistolas y largas", dijo uno refiriéndose a los rifles de asalto.

Sergio Mayer sabía bien quién era la Barbie, nunca se espantó, "siempre hubo mucha confianza". "A propuesta de Mayer, llegaron a ir juntos a los shows de los Mascabrothers", el dúo de comediantes integrado por Freddy y Germán Ortega. "[La Barbie] se llevaba con los Mascabrothers, pero por el Mayer, él los presentó y la chingada", dijo un entrevistado recordando un show en Insurgentes, al sur de la Ciudad de México, donde también estuvo el Charro.

Pero la Barbie no quería la amistad de Sergio Mayer solo por su linda cara o su "talento". "El Güero sí le insistió varias veces en que invirtieran, pero no se concretaba nada, como para lavar dinero", recordó uno de los que presenció sus conversaciones. Mayer decía que "sí, pero que tenían que ser muy cautelosos, o checar, le daba un poquito de largas al principio, se culeaba, le daba miedo".

Al final acordaron que Mayer produciría una película para contar la historia y las "hazañas" del narcotraficante. Más de un testigo afirma que la Barbie le entregó al artista dinero para el filme. "Él [Mayer] y el Charly eran muy encajosos con el Güero", recordó otro de los testigos.

Aunque también la Barbie se llevaba pesado con Mayer, aun delante de Issabela Camil. "Le pegaba, le daba sus manotazos, e incluso le daba nalgadas." "¡Ponte verga! ¿Qué pasó con la película?", le preguntó un día, después de haberle dado el dinero. "Ahí va", respondió Mayer evasivo. "¡Pues apúrate!", le dijo la Barbie dándole otra repasada al amigo. Cuando la Barbie insistía en que le hicieran su película, la madre de Priscilla se preocupaba por las consecuencias que podría haber para todos si el proyecto se ponía en marcha.

En realidad, eran "amigos amigos", dijo el testigo entrevistado sin titubear sobre la relación de Sergio Mayer con la Barbie. Y es que "el artista se mete donde el narco no puede", explicaría otro testigo presencial del vínculo de la Barbie y otros miembros del Cártel de los Beltrán Leyva con la farándula. La frase expresaba con elocuencia cómo los artistas son un vehículo para acceder a lugares y obtener cosas a las cuales los narcotraficantes no podrían acceder ni a punta de pistola.

* * *

La primera información pública sobre la relación entre Sergio Mayer y la Barbie se ventiló en la averiguación previa PGR/SIEDO/UEITA/168/2009, en la cual estaban acusados varios integrantes del Cártel de los Beltrán Leyva y artistas que ofrecían espectáculos privados para la organización, como Los Cadetes de Linares. El testigo afirmó que Mayer había recibido dinero de la Barbie para hacer una película sobre su vida.[6]

"Decidí dar la cara porque no tengo nada de qué avergonzarme. Las autoridades no me han llamado a testificar sobre el asunto, jamás he recibido ninguna notificación, no hay nada que esconder; tengo una familia preciosa a la que amo y no me involucraría jamás en ningún negocio sucio", dijo Mayer en 2010, cuando se hizo público el testimonio.[7] En un programa de radio conducido por Javier Poza, añadió: "La Barbie es conocido por todos los mexicanos por lo que hace, pero yo no tengo nada que ocultar, todo mundo sabe dónde vivo, a qué me dedico, conocen a mi familia, y si yo quisiera producir una película de la vida de esa persona, hubiera convocado a una rueda de prensa".[8]

No obstante, los testimonios de diversos miembros del Cártel de los Beltrán Leyva y personas afines que convivieron con Mayer y la Barbie van en sentido contrario. Incluso hay testigos que afirman que Mayer y su esposa no solo tenían relación con la Barbie, sino que incluso asistieron a eventos donde estuvieron presentes capos como Arturo Beltrán Leyva, Gerardo Álvarez Vázquez, *el Indio*, Ever Villafañe y otros.

En 2018, el amigo de la Barbie fue postulado por Morena como candidato a diputado por el Distrito 6 de la alcaldía Magdalena Contreras, en la Ciudad de México. El efecto aplastante del triunfo de López Obrador fue el que terminaría llevando a Mayer a una curul en la LXIV Legislatura en la Cámara de Diputados. No importaron los señalamientos públicos ni las declaraciones de testigos ante la PGR que hablaban sobre sus relaciones con la Barbie y otros narcotraficantes, sino que además, como premio, fue nombrado presidente de la Comisión de Cultura y Cinematografía. Antes de terminar la legislatura, Mayer habló de que soñaba con ser jefe de Gobierno de la Ciudad de México.

Como diputado, Sergio Mayer siguió negando una y otra vez los nexos con la Barbie, como si eso pudiera borrar todos los testimonios de los años de aquella estrecha amistad.

* * *

La Barbie, el Indio, los Beltrán Leyva, el Mayo, el Chapo y los demás socios de La Federación manejaban sus asuntos con diferentes niveles de seguridad. Las reuniones de trabajo donde se hablaba de cargamentos, acuerdos de paz o guerra, encuentros con funcionarios públicos y pagos de sobornos, eran reservadas, no cualquiera podía estar, solo gente de seguridad de cada capo. Pero habitualmente después de cada reunión venía una "gran fiesta".

"Las fiestas eran divertidas y extrovertidas, con mujeres, droga y alcohol, por lo regular las organizaban los jefes de plaza y la gente de confianza del anfitrión. La mayoría era en casas o ranchos, haciendas o salones de fiesta de lujo, en Acapulco, Cuernavaca, Cancún, Ciudad de México, Querétaro y Estado de México", señaló uno de los testigos presenciales.

Pero incluso en el mundo femenino que habitaba bajo las reglas machistas de esos narcotraficantes había códigos que debían respetarse. Las esposas, los hijos y la familia tenían su espacio único. Ahí no había amantes, ni prostitutas, ni excesos de sexo. "Con las esposas era algo serio, formal y muy respetuoso. Con las amantes era algo más privado, casi no permitían que los miraran. El Güero tenía a su amante en privado, el Charro en privado, don Arturo en privado. A veces ni ellos mismos sabían qué amantes tenían los otros".

Muchas de esas amantes pertenecían a la farándula, eran conductoras, actrices, cantantes y modelos. Fueron varios los testigos directos de la forma en que la Barbie y demás miembros de la organización de los Beltrán Leyva conseguían la compañía de esas mujeres, dependiendo del nivel de la relación. Había encuentros únicos y también llegaban a establecerse vínculos más duraderos. Les regalaban "coches, departamentos, joyas, ropa y bolsas de marca. A las actrices o a las cantantes les pagaban de 20 mil a 30 mil dólares por noche".[9]

Sobre qué mujeres reciben los mejores tratos y regalos por parte de los señores del narco, quienes han vivido en ese mundo no tienen duda: los narcotraficantes son generosos con sus esposas, pero son absolutamente espléndidos con sus amantes y más si son famosas. "Me tocó llevarlo [a la Barbie] a comprarles joyas y a veces yo mismo era quien las entregaba. Muchas de las joyas las compraba en la avenida Presidente Masaryk en las joyerías de alto nivel", cuenta un testigo.[10] Siempre se pagaba en efectivo, tanto los regalos como las "visitas".

Había dos formas de transportar a las amantes, las acompañantes ocasionales o las de una sola sesión a los lugares donde se llevarían a cabo las fiestas o los encuentros individuales. "Yo traía la bolsa, coordinaba la llegada de la persona en tal lugar, iba por ella, cabeza al piso o tapada con una capucha, y no miraba para dónde iba, lo mismo de salida", narró una fuente. El propósito era evitar que las mujeres dieran información de los lugares donde estaban los miembros del cártel. También existía una modalidad más refinada. La Barbie terminó adecuando una camioneta con todos los vidrios oscuros que impedía la vista hacia afuera, la parte del asiento trasero estaba aislada de la vista de los asientos delanteros con una tabla de madera acojinada. Así, las invitadas iban como en una especie de ataúd rodante a las citas.[11]

En el caso de la modelo Silvia Irabien, *la Chiva*, la conocieron como pareja del JJ. Se les veía juntos en los bares y discotecas que frecuentaba la Barbie. La misma señora Irabien ha declarado públicamente haber conocido al narcotraficante y haber procreado una hija con él. Afirma que lo conoció en el Bar Bar, donde acudía la Barbie con sus acompañantes. Era evidente quiénes eran y que iban armados.

"Indiscutiblemente la gente que tenemos que ver con el medio artístico corremos el riesgo de tratar con gente que se dedica a esto y sin saberlo, como me pasó a mí. Y no me da miedo, porque no he hecho nada. Además, todo mundo puede estar relacionada con esta gente, porque van a restaurantes, antros, tienen hijos que van a la escuela, van al cine, hacen una vida normal y nadie sabe quiénes son", justificó Irabien en 2012, quien reconoció que salió con el JJ al menos durante seis meses en 2008.[12]

"Cuando eran fiestas de placer con socios y amigos, sí había mujeres, prostitutas de nivel VIP, modelos y edecanes de la televisión y de programas. Las conductoras y actrices eran ya más en privado", describió un testigo. Sobre lo que pensaba cuando veía a actrices o conductoras reconocidas haciendo compañía a los jefes del narcotráfico no dudó en responder: "¿Cómo siendo famosas, se podían vender por dinero?".

Los colaboradores del cártel de menor nivel no tenían el mismo acceso a las mismas mujeres que sus jefes: "Yo y algunos otros que éramos de mayor confianza en ocasiones sí, pero con artistas y famosas no, solo con algunas de las VIP". Las modelos y prostitutas VIP "eran diferentes a las amantes, esas eran para la fiesta, una en el momento y punto, se acabó la noche y vámonos a la chingada". Una de las agencias de donde enviaban algunas de las modelos VIP a las fiestas de la Barbie era Mandala Modelos & Edecanes, y el enlace era un hombre llamado Isaac Terrones.[13]

* * *

Priscilla se daba cuenta de la vida de excesos de la Barbie. Pero lo que generaría el fin de su cuento de hadas sería la relación que el sanguinario capo estableció con la actriz Arleth Rocío Terán Sotelo, conocida en el mundo artístico como Arleth Terán. En 2007, cuando las sospechas de Priscilla eran mayores, en Cancún, luego de una larga borrachera con su prima Anahí, quiso sobornar a uno de los escoltas para que le confirmara si su esposo tenía o no una relación con la actriz.

Las personas cercanas a la Barbie confirmaron dicha relación y la describieron como constante y estable. Aseguran que el narcotraficante estaba muy enamorado de Terán. Iban a restaurantes, cines, bares y discotecas de manera muy abierta, en los años de total impunidad de la Barbie. Incluso él la presentó con una de sus hermanas. "Era muy preciosa, superbuena onda, otro rollo", comentó uno de los testigos que estuvo presente en algunos de los encuentros. Señaló que la Barbie tuvo que terminar con ella cuando los Zetas identificaron que era su novia y la iban a matar.

La actriz ha participado en al menos 23 telenovelas, entre ellas, *Confidente de secundaria* (1996), donde compartió créditos con Sergio Mayer, y *Tú y yo* (1996), protagonizada por el cantante Joan Sebastian y Maribel Guardia, en la que Arleth Terán era parte de un triángulo amoroso. El drama habría traspasado la pantalla y en la vida real Terán llegó a establecer una relación sentimental con el cantante. Integrantes del Cártel de los Beltrán Leyva les adjudican actividades de narcotráfico al propio Joan Sebastian y a su hermano Federico Figueroa, quienes habrían participado en reuniones de la organización criminal.

Otras producciones de Terán fueron *La esposa virgen* (2005), *Yo amo a Juan Querendón* (2007), *Mañana es para siempre* (2008), donde actuó en el papel de una mujer llamada Priscilla, y *Zacatillo, un lugar en tu corazón* (2010). En ese tiempo es cuando habría tenido durante más de un año una relación sentimental con la Barbie.

Un día, Priscilla descubrió una llamada entre la Barbie y la actriz. Cuando ella le quiso reclamar, él la confrontó y admitió su relación con la famosa: "Yo tengo dinero para eso y más", le soltó y presumió la belleza de la actriz. Socios y también escoltas de la Barbie lo acompañaron en los paseos que daba con Arleth Terán en plazas comerciales de la Ciudad de México, como si nada. "¡Sí!", respondió uno de los colaboradores más cercanos de la Barbie sobre si este llegaba a salir abiertamente con la actriz. "Sí, así andábamos con el Güero cuando traía a la Arleth Terán, o cuando traía a la colombiana, no siempre, pero sí alguna que otra vez se explayaban."

"La Arleth lo tenía muy obsesionado, se paseaba mucho con ella por antros, restaurantes, le daba joyas y dinero", cuenta el testigo. La Barbie era tan amable con ella que hasta se ocupaba de enviar a verificación el auto que usaba, que en esa época era un BMW. Otra persona cercana a los hechos afirmó que la relación de la actriz con el capo duró al menos cuatro años.

En 2010, luego del ataque contra el futbolista Cabañas en el Bar Bar, aparecieron diversas narcomantas colgadas en la Ciudad de

Emma Coronel Aispuro. Después de que se casó con el Chapo, en 2007, conservaba un perfil discreto, pero tras el juicio al narcotraficante comenzó a mostrar imágenes en redes sociales que significaron un desafío para el Cártel de Sinaloa.

Cuando el Chapo Guzmán conoció a Emma, en 2006, él ya era un narcotraficante que había acumulado más poder incluso que Pablo Escobar.

Emma Coronel asegura que el Chapo la cortejó durante un tiempo, iba a su casa: "Lo que me conquistó de él fue su plática, su forma de tratarme".

Lucero Sánchez era pareja del Chapo al mismo tiempo que Emma, y gracias a los favores del narcotraficante llegó a conseguir una curul en Sinaloa.

Como muchos otros jefes del narcotráfico, Don Neto era adicto a las mujeres. Eso alimenta su ego, los hace creer que tienen acceso a lo inaccesible. (Crédito)

Marcela Rubiales, conductora y cantante de música vernácula. Llegó a vincularse sentimentalmente con Don Neto. Después introduciría a Zoyla Flor con el narcotraficante para "relevarla".

Zoyla Flor, "la morenita de la voz de oro", era asidua a las fiestas del Cártel de Guadalajara y una de las consentidas de Don Neto.

Imagen tomada de boletín del FBI

Rafael Caro Quintero conoció a Diana Espinoza cuando llevaba ya más de 25 años en prisión, acusado del asesinato del agente Enrique Camarena y el piloto Alfredo Zavala.

Diana Espinoza era interna en la cárcel femenil ubicada en Puente Grande, donde ganó un certamen de belleza, apareció en televisión y llamó la
atención de Caro Quintero.

Cuando se conocieron, a Diana le pareció que Caro Quintero era un
hombre reformado. Los años de su violencia y crueldad atroz, dijo ella,
habían quedado atrás.

Edgar Valdez Villarreal, *el Güero*, fue detenido en 2010. Un testigo cercano a los acontecimientos señaló que el narcotraficante tenía esa sonrisa misteriosa porque sabía que sus hijos podían llegar a verlo y no quería que se preocuparan.

Priscilla Montemayor conoció a Edgar Valdez entre 2002 y 2003. Ella cuenta que fue "amor a primera vista". Su padre, Carlos Montemayor, tenía poco tiempo de haberse asociado con la organización de la Barbie.

Lo que causó el fin del "cuento de hadas" de Priscilla sería la relación que el sanguinario capo estableció con la actriz Arleth Terán.

Gerardo Álvarez Vázquez, *el Indio*, era el encargado de las relaciones entre la organización de los Beltrán Leyva y Centro y Sudamérica. Alicia Machado no sería el primer interés que tendría en Venezuela. Desde 2004, estableció una red de transporte en la que estaban involucrados militares de ese país.

En una entrevista de televisión, Alicia Machado aseguró, sin mencio-
narlo por su nombre, que conoció a Álvarez Vázquez "en un momento
muy duro" de su vida. "Él llegó en ese momento para protegerme, para
cuidarme en su país y me protegió mucho, me cuidó mucho", explicó la
ex Miss Universo.

Arturo Beltrán Leyva fue uno de los narcotraficantes más poderosos en la historia reciente de México. Primo de Joaquín Guzmán Loera, operaba a sus anchas en Quintana Roo, Sonora, Guerrero, Morelos y el Estado de México, y tenía a su servicio a los principales jefes de la Policía Federal.

Ninel Conde se ha definido en diversas entrevistas como "introvertida, timidona", aunque así no la veían algunos integrantes del Cártel de los Beltrán Leyva.

Escoltas de Arturo Beltrán Leyva afirman que el narcotraficante tuvo una relación de al menos dos años con Galilea Montijo, a cuya hermana ayudaría a sacar de la cárcel.

Manuel Garibay Espinoza, don Manuel, era un importante operador del Mayo Zambada. Él y su hijo, el Gordo, dirigían la organización de tráfico de drogas conocida como los Garibay.

Manuel Garibay Félix, *el Gordo*, quien tenía al diablo en los ojos y la maldad de su padre tatuada en el alma, como dicen algunos, se involucró en una tortuosa relación con su media hermana Brenda. La prohibida historia es una tragedia griega.

El actor y exdiputado federal de Morena Sergio Mayer y su esposa Isabella Camil fueron grandes amigos de Edgar Valdez Villarreal y Priscilla Montemayor, con quienes compartieron muchas noches de fiesta y antros en diversas ciudades.

En mayo de 2021, el actor Andrés García reconoció su vínculo con los principales narcotraficantes de México, entre ellos el clan de los Beltrán Leyva, con quienes llegó a compartir su casa en Pie de la Cuesta.

Otro miembro de la farándula que tenía relación con los Beltrán Leyva era Joan Sebastian. De acuerdo con miembros de la organización criminal, al ritmo de "Maracas", el cantautor también se dedicaba al narcotráfico.

Alexandria Sheriff's Office

En junio de 2021 Emma Coronel se declaró culpable de ser cómplice en las operaciones de narcotráfico de Joaquín Guzmán Loera. El paso que dio representa para el Cártel de Sinaloa un nuevo y complejo episodio de su historia.

México. "Chiva, tú sabes cuánto quiero al JJ, te dije que te quedaras callada y no lo hiciste, por eso te voy a cortar la cabeza. Tú sabes que lo que le pasó a este pendejo fue por meterse con Arleth Terán y ella es mi vieja. Atte. la Barbie."[14]

Luego del intento de homicidio, Silvia Irabien habló públicamente de su relación con el JJ, pero Arleth Terán negó la suya con la Barbie. "Todo eso fue una cortina de humo, yo no conozco a esa persona", dijo la actriz en tono airado en una entrevista con el programa televisivo de espectáculos Al extremo.[15] Afirmó que la noticia la perjudicó y "ustedes [medios de comunicación] no lo miden de esa manera porque no tienen conciencia, y ahora que ya pasó el tiempo y que nada de esto fue cierto, ¿ustedes qué me dicen a mí?" En otro momento Terán dijo que era madrina de bautizo de la hija que Irabien tuvo con el JJ.

A la par de Terán, la Barbie tenía otra relación estable con una mujer colombiana de nombre Jennifer, a quien le decía *la Chicles*. Esta mujer es la que habría hecho que el narcotraficante se convirtiera a la religión cristiana. A ella le rentaba un departamento en Santa Fe y la llevaba constantemente a sus viajes al mismo tiempo que Priscilla. La alojaba en un lugar cercano a su esposa e hijos para tener acceso a ella cuando quisiera. Su relación habría durado dos o tres años.

* * *

La personalidad de la Barbie era dual. A la par de su vida criminal y de excesos, se decía muy religioso. Era devoto de la Virgen de Guadalupe, en todas sus casas había una imagen de ella y se persignaba todas las mañanas. También era fiel a San Judas Tadeo. Una vez llegó a hacer una manda y prometió ir todos los días a misa durante tres meses. No faltó una sola vez.

En aquellos años hubo un terrible desastre natural en Chiapas, inundaciones y cientos de damnificados. "¿Ya miraste la tele, güey?", dijo a su colaborador. En el noticiario estaban dando la noticia de los damnificados en Chiapas. Por las fechas del relato, podría haberse referido a los efectos destructores del huracán Stan en 2005. "Pobre gente, güey. Toma, agarra dinero de la maleta, habla a la bodega y dile que te manden un tráiler a la Central de Abastos."[16] En aquel tiempo la Barbie tenía una bodega en Cuautitlán Izcalli de donde salían tráileres con compartimentos secretos que transportaban droga. En la Central de Abastos de Iztapalapa se compraron 400 mil pesos en víveres y utensilios no perecederos y los llevaron por tráiler a Chiapas como un donativo anónimo.

La Barbie también podía llegar a ser solidario en otros ámbitos, como cuando se hizo mecenas de un grupo musical. Tan solo en 2008 les regaló a los integrantes de Intocable relojes con un valor de más de 30 mil dólares a cambio de que impulsaran al grupo Torrente.[17]

En 2021, José Carlos Salinas, líder de Torrente, habló en un video sobre su relación con el narcotraficante. Salinas dijo que lo conoció en Monterrey, Nuevo León, en una discoteca llamada Bar-Rio, que era entonces la más famosa de la ciudad, donde se daban cita hijos de empresarios, políticos, artistas de renombre y jugadores de futbol. Uno de los clientes asiduos era la Barbie, quien siempre estaba rodeado de amigos y amigas. Se lo presentó directamente el propietario del establecimiento. Lo que más le gustaba a la Barbie era que le tocaran la canción "Baraja de oro". Y en algún momento le propuso a Salinas contratar al grupo para tocar en una fiesta privada. Un buen día la Barbie dejó de ir.

Tiempo después, Bar-Rio comenzó a vender franquicias que abrieron en la Ciudad de México, Reynosa, Tamaulipas, Acapulco, Veracruz y San Antonio, Texas. Fue entonces cuando Salinas se reencontró con la Barbie, en la sucursal de la Ciudad de México. Una noche el grupo terminó de tocar y el dueño de la franquicia le dijo que una persona quería saludarlos y que le tocara "Baraja de oro". Y supo que era el Güero.

Cuando vio a la Barbie en su mesa, Salinas cuenta "que ya estaba en un nivel muy cabrón, con artistas y la chingada, ya tenía ahí a artistas de Televisa, tenía a dos o tres actores con él, ahí cotorreando, y bastante gente". Después del saludo se fue con sus compañeros al camerino y ahí llegó un mesero a advertirle que esa persona era Edgar Valdez Villareal.

En 2009, la suerte cambió. En una narcoposada que se celebró en Morelos, en la que tocó Ramón Ayala para Arturo Beltrán Leyva, la Barbie y otros socios también invitaron a Torrente. El festejo terminó con un operativo del Ejército. A diferencia de muchas mujeres y hombres del espectáculo que tuvieron relación con la Barbie, dos integrantes de Torrente fueron detenidos y encarcelados durante casi cuatro años. Uno de ellos fue el propio José Carlos Salinas. Su caso quedó asentado en la ya citada averiguación previa PGR/SIE-DO/UEITA/168/2009.

"El delito más grande que yo pude haber cometido es haber sido compositor, y componerles canciones, a mí me pedían que les compusiera una canción para su esposa, y yo la componía, o para su novia, o un corrido; y debo admitir que siempre se portó con madre con nosotros, nunca nos trató mal, siempre fue un caballero", dijo sobre la Barbie.

En su declaración ministerial, registrada en el expediente abierto en 2009 en la PGR, José Carlos Salinas declaró que también conoció al actor Sergio Mayer, quien "ya se subía a cantar con nosotros y también nos ayudó en Televisa, también sé que Sergio es amigo de Edgar Valdez Villarreal, *la Barbie* o *el Güero*".[18]

José Carlos estuvo cuatro años en prisión; a Sergio Mayer el partido Morena lo hizo diputado.

* * *

A inicios de 2008 estalló una guerra entre cárteles que cambiaría para siempre la vida de Priscilla. La Federación se deshizo. Ismael Zambada y Joaquín Guzmán rompieron su alianza con los Beltrán

Leyva y con Vicente Carrillo Fuentes, del Cártel de Juárez, y se desató una masacre a escala nacional. La Secretaría de Seguridad Pública que comandaba Genaro García Luna y que había protegido a todos prácticamente por igual, se le volteó a la Barbie, y se quedaron del lado del Cártel de Sinaloa. Por órdenes del Mayo, debían detener o asesinar a toda la gente de los Beltrán Leyva, incluyendo al Güero.

El mundo feliz de Priscilla terminó de desmoronarse ante sus ojos. Se sentía deprimida y lloraba. La Barbie comenzó a ser violento con ella. "Me tocó ver que maltrataba a la señora, una vez la tenía de los cabellos. Ella estaba sentada en un banco de la isla de la cocina llorando, a él le valió madre y siguió hasta donde quiso. Ella estaba llore y llore por el dolor y la pena porque fue delante de mí y del chef", narró uno de los testigos. "Más tarde, ella se disculpó conmigo y me dijo que tenía mucha pena y volvió a llorar. Me dijo que se había enojado porque le reclamó de la Chicles."

Además, empezó a restringirle más las salidas y la tenía vigilada todo el tiempo. Sería por la tensión que le causaban las dificultades en sus sangrientos negocios o por la desconfianza de que Priscilla, por celos, pudiera delatarlo.

Para no aburrirse, ella se escapaba e iba de compras a Santa Fe, adquiría ropa, bolsos, maquillaje, joyas. Puro Gucci, Luis Vuitton, Chanel, que terminaba usando solo entre las cuatro paredes de su casa. La Barbie incluso comenzó a restringirle el dinero, Priscilla tenía que pedírselo a un encargado del capo y él ya había puesto el límite de 250 mil pesos a la semana.

A veces ella se quedaba encerrada en su recámara llorando y prefería que su esposo ya mejor ni regresara. "Era una vida fea, triste", comentó una persona que estuvo muy cerca de Priscilla en aquel tiempo. "Solo era feliz cuando veía a su mamá y a sus primas", pero la Barbie no las soportaba y "no las bajaba de putas".

Priscilla llegó a asumir una actitud de indolencia. Sus empleados ya ni siquiera le parecían humanos. Una vez, la Barbie mandó llamar a uno de sus hombres de confianza para encargarle un mandado. Cuando entró en la habitación, Priscilla estaba prácticamente desnuda, la bata apenas le cubría algo del cuerpo. El empleado no podía ser indiferente ante la belleza de la señora, y volteó hacia otro lado. "Pero voltea, güey", le dijo el jefe retándolo.

Cuando la Barbie salía, ya sin dinero para ir de compras infinitas, Priscilla se iba corriendo a la casa de su madre, que vivía en el exclusivo fraccionamiento Condado de Sayavedra, en Atizapán, Estado de México. Y decía que ya no quería regresar a su casa. Ya había nacido su segundo vástago, una niña a la que pusieron el nombre de Sofía. Su hijo mayor apenas de cinco años ya imitaba a su padre. Le gustaba jugar con las pistolas de plástico que la Barbie le compraba y aun con su escasa fuerza les pegaba a los escoltas con el bat. A su corta edad, tenía su propia *tablet*, donde se entretenía mientras los adultos a su alrededor lo ignoraban.

* * *

La Barbie era una moneda de dos caras. No solo como marido de Priscilla, sino también como narcotraficante. En 2008 dio la orden a su gente de mayor confianza de cambiar secretamente de bando: "Ahora somos chapos",[19] pero hacía creer a Arturo Beltrán Leyva que aún estaba de su lado. Lo que nadie sabía en su grupo es que Edgar Valdez había entrado en comunicación con la DEA y el FBI; no lo sabían ni sus jefes, ni sus socios, ni las autoridades a las que seguía pagando sobornos.[20]

En 2004, la Barbie contactó al Departamento de Justicia de Texas para que desecharan varios cargos en su contra. A cambio, el gobierno estadounidense le pidió ayuda en la captura de Joaquín Guzmán y Arturo Beltrán Leyva, pero la Barbie no lo hizo, prefirió comandar ejércitos de sicarios, la fiesta, los artistas y los excesos.

Sin embargo, en 2008 cambió de opinión, cuando ocurrió la ruptura de La Federación. Quizás calculando que en esa guerra todos perderían, volvió a contactar al gobierno estadounidense.[21]

De 2008 a 2010 fue informante de la oficina de la DEA en San Antonio, y del FBI, en su base de McAllen y en la embajada de Estados Unidos en México. Todo lo hizo por medio de una tercera persona, quien era parte de su familia, y cuya identidad el Departamento de Justicia mantiene bajo reserva.[22]

En su cooperación con el gobierno estadounidense, la Barbie reveló cómo oficiales corruptos del gobierno de Felipe Calderón entregaron al Cártel de Sinaloa y los Beltrán Leyva la identidad, fotografía y ubicación de agentes de la DEA que trabajaban encubiertos en diversas partes del territorio mexicano. Entre los oficiales mexicanos corruptos estaban García Luna y su equipo comandado por Luis Cárdenas Palomino, Ramón Pequeño, Armando Espinoza de Benito, Facundo Rosas Rosas, Iván Reyes Arzate, entre otros. Estos policías a su vez obtenían información gracias a que la propia DEA la compartía con ellos, sin saber que serían traicionados.

Evidentemente la corrupción de los funcionarios mexicanos del gobierno de Felipe Calderón puso en peligro la vida de decenas de funcionarios americanos. Al menos uno de ellos fue asesinado. La Fiscalía de Estados Unidos confirmó que la información proporcionada por la Barbie era real y había ayudado a salvar la vida de otros agentes.[23]

Una de las colaboraciones que la propia Barbie se adjudicó fue haber revelado datos que derivaron en el operativo que llevó a cabo la Marina en diciembre de 2009, en el cual fue abatido Arturo Beltrán Leyva, con quien la Barbie trabajó durante años y según testigos se estimaban como "padre e hijo".

Vicente Zambada Niebla, el hijo del Mayo, también se adjudicó haber colaborado con el gobierno de Estados Unidos para asesinar al Barbas, en medio de la guerra desatada. Formalmente, el Departamento de Justicia de Estados Unidos dio crédito por esa ayuda a los dos, así que es probable que de una u otra manera Vicentillo y la Barbie, acérrimos enemigos en el pasado, hubieran estado en coordinación aquella terrible noche de diciembre de 2009.

* * *

El 16 de diciembre de 2009, Arturo Beltrán Leyva se encontraba en un departamento de lujo en la torre Altitude, ubicada en una de las avenidas más transitadas de Cuernavaca. Al igual que la Barbie, estaba habituado a pasar algunas temporadas en la llamada ciudad de la eterna primavera.

Beltrán Leyva ya había tenido ciertas diferencias con la Barbie, pero aún existía una buena relación, tanto que ese día Arturo le había pedido prestada a su masajista y a su cocinero. Cuando sus escoltas notaron que algo extraño ocurría en el edificio, Arturo ordenó que le pidieran refuerzos a la Barbie. Un grupo de élite de la Secretaría de Marina que contaba con información de la DEA estaba a punto de entrar en el complejo, pero aún no sabían exactamente cuál era el departamento.

En medio del operativo, la masajista, quien no conocía los planes de la Barbie, le llamó con insistencia para comunicarle la petición de auxilio del jefe. Al no localizarlo, telefoneó a uno de sus lugartenientes, quien le informó personalmente que el Barbas necesitaba refuerzos. "Vete y tira ese teléfono", ordenó la Barbie, aludiendo al aparato en que había recibido la llamada de la masajista. "No me has visto." Arturo Beltrán Leyva murió semidesnudo, acribillado, estaba casi sin ropa precisamente porque ese día el capo pensaba consentirse con un masaje. La Marina detuvo a la masajista y al cocinero, y al poco tiempo los liberaron.

Por su parte, la Barbie se fue a Puebla, donde estuvo alrededor de un mes; se llevó a Priscilla y sus hijos. Su objetivo era organizar el asesinato de Héctor Beltrán Leyva, quien se encontraba en esa ciudad. No lo logró.

Un mes después, como si las cosas no estuvieran ya demasiado calientes, el JJ, uno de sus principales lugartenientes, disparó contra Salvador Cabañas en el Bar Bar. La Barbie se molestó, le gritó, lo golpeó, pero al final le dio protección y lo alojó en un departamento en Bosques de las Lomas. Cayó antes la Barbie que el JJ.[24]

Meses más tarde, todo empeoró para Priscilla y sus hijos. En julio de 2010 hubo un operativo en una lujosa residencia que habían rentado en una zona exclusiva de Brisas Marqués, en la calle Carabela. La Policía Federal irrumpió violentamente en el domicilio donde se encontraba la familia del narcotraficante y en una habitación amagaron a Priscilla, a sus hijos, su madre y sus hermanos. La Barbie se había ido desde temprano a jugar pádel con su suegro y no había regresado.

Los escoltas y las personas de servicio estaban en la planta baja de la casa y los arrodillaron. Al no ver al narcotraficante, pensaron que se habían equivocado de casa. Ya habían entrado a dos casas continuas y habían amagado, golpeado y robado a los habitantes. Una de las policías observó a su alrededor cuidadosamente y vio la tablet de Arturito. No tenía ninguna contraseña, así que enseguida descubrió los retratos de la Barbie y sus hijos.

A continuación les quitaron a todos el teléfono y cualquier otro medio de comunicación. Rompieron paredes en busca de dinero y joyas, pero no encontraron nada porque la casa era rentada. No obstante, se robaron todo lo que había a su alcance. Golpearon durante toda la noche a los escoltas y empleados. Cuando a las 3 de la mañana sonó un teléfono de los que habían confiscado, contestó un policía: era la Barbie. "¿Qué hacen en mi casa? Ya sé que están ahí, ahora se dan por mal servidos, después de todo el dinero que les di. Si no sueltan a mi gente y a mi familia voy a ir matando uno por uno a los federales de Acapulco."

El policía salió de la casa para negociar y al final habrían llegado a un acuerdo para dejar ir a la familia. A las 7 de la mañana se llevaron a cinco de los empleados que estaban en la casa y liberaron a Priscilla y a toda la familia en la glorieta de Puerto Marqués. Cuando hicieron el parte policiaco, inventaron que las detenciones de los trabajadores habían ocurrido en otro momento. Y les sembraron armas para justificar el arresto. No podían decir dónde los habían detenido porque habían saqueado el lugar.

A fines de agosto de 2010, poco después de su cumpleaños 37, la Barbie fue detenido por la PF. La misma corporación comandada por los jefes policiacos que habían estado a su servicio lo detuvieron con la intención de asesinarlo. Fue la presencia de agentes de la DEA lo que le salvó la vida. Horas antes, ya la policía corrupta de García Luna y Luis Cárdenas Palomino había acribillado a Aarón Arturo Ginés Becerril cerca de Perisur, al sur de la Ciudad de México, mientras circulaba en un Mazda plateado propiedad de la Barbie. Lo mataron porque era uno de los responsables de pagar sobornos a funcionarios públicos. Si lo detenían, iba a testificar cosas muy incómodas.

Una de las cosas a las que más temía la Barbie era justo que lo arrestaran. Y ese día llegó. Priscilla acababa de cumplir 24 años y estaba embarazada de su tercer hijo, Jesús. Ella se quedó bajo el cobijo de su madre y se fue a Estados Unidos, de donde tiene nacionalidad.

Las autoridades presentaron a la Barbie ante los medios de comunicación. En su rostro se dibujaba una sonrisa que durante años fue un misterio. Un testigo cercano a los acontecimientos señaló que el narcotraficante sonreía porque sabía que sus hijos podían llegar a verlo y no quería que se preocuparan.

Y así ocurrió. Un día Arturito lo vio en la televisión y se asustó porque su papá estaba rodeado de policías. "¡Es mi papá!", dijo el niño. "Mira, se está riendo", le dijo un familiar para tranquilizarlo. Cuando comenzó a preguntar por su papá le decían que estaba en una escuela. "¿Y sus pistolas?", preguntaba el menor.

A Edgar Valdez lo encarcelaron en el penal de máxima seguridad del Altiplano. Por medio de sus abogados pidió que su esposa le hiciera una visita conyugal. Priscilla no quería, pero al final se presentó para no generar un problema con él. Para su sorpresa, en el penal le dijeron que su acta de matrimonio era falsa. "Solo eso me faltaba, que hasta el matrimonio hubiera sido falso." Se sintió ofendida e indignada, pero al final verificaron que el acta era real. No pudo evadir hacer la visita conyugal.

Priscilla viajaba cada tanto de Estados Unidos a ver a la Barbie. Entraba en la prisión vestida muy sencilla, con una playera tipo polo, zapatos sin tacón y jeans. Salía devastada, asqueada, y a veces con señales de violencia en el cuerpo. "¿Qué tienes? Estás muy fría", le reclamaba la Barbie. "Es que me da pena", decía ella argumentando que había cámaras de video. Él comenzó a celarla. La mandaba seguir. Quería saber todo lo que hacía. Le advirtió a través de sus abogados que no podía estar de fiesta mientras él estaba "comiendo", refiriéndose a que no podía serle infiel. "¿Con qué derecho me reclama?", decía Priscilla, quien conocía bien la vida de excesos con otras mujeres que había vivido su esposo. "Él piensa que me compró, que soy de su propiedad."

Poco después, en noviembre de 2010, detuvieron al padre de Priscilla: Carlos Montemayor. Le imputaron diversos delitos de narcotráfico y delincuencia organizada, así como el multihomicidio ocurrido en octubre en Acapulco, donde 20 personas provenientes de Michoacán fueron confundidas con miembros de un cartel contrario.

* * *

Tras su caída, la Barbie intentó recuperar la mayor cantidad posible de dinero y bienes. Uno de los primeros puntos a donde envió a su gente fue a la lujosa joyería Berger Joyeros, ubicada en Masaryk 438, en la Ciudad de México. En la sucursal, entre los escaparates llenos de las joyas y los relojes más costosos, al fondo a la izquierda había un salón oculto decorado con maderas finas, donde resaltaba una discreta barra con bebidas exclusivas para los clientes VIP. Ahí había una bóveda con cajas de seguridad para los compradores exclusivos.

La Barbie era cliente frecuente. Ahí llegaba acompañado de su gente de mayor confianza para adquirir todo tipo de joyas. En esa joyería mandaba a hacer las cachas de oro y gemas para sus armas. "Lo acompañé muchas veces, entré con él", narró uno de esos acompañantes. "Lo recibían como el señor Rogelio, lo atendía el gerente, un señor entre 40 y 45 años. De traje, obviamente, bien educado, bien rasurado. Había dos empleadas más que le traían las joyas y el joyero para decirle de qué calidad eran las joyas."

La Barbie compraba ahí regalos para su familia, para Arleth Terán y la Chicles. El testigo explicó que no sabía la razón por la que iba a esa joyería y no a otras, pero claramente era "la principal y más famosa de Masaryk, la de más caché, donde van políticos y mucha gente poderosa".

Fue ahí donde Priscilla compró un exclusivo reloj Cartier de oro rosa con diamantes que le regaló en su cumpleaños al Güero; "le costó 200 mil dólares", dijo el testigo. También en esa joyería la Barbie compró los rosarios de oro que les iba a regalar a los invitados a su boda, pero como se frustró no se sabe qué ocurrió con las alhajas. Igualmente, ahí adquirió los relojes que les regaló a los integrantes del grupo Intocable para que promocionaran a Torrente.

"Gastaba hasta 50 mil dólares en una sola compra, pagaba de contado y todo estaba bien", reveló uno de los testigos de dichas compras. "Si él quería, podía dejar guardadas las joyas y relojes ahí, pensaba que estaban más seguros que en sus casas por si llegaba a haber algún operativo." En la caja de seguridad, la Barbie conservaba celosamente una colección de al menos 30 relojes finos, centenarios, joyas y una pistola con cacha de oro y diamantes. Y precisamente eso era lo que la Barbie quería recuperar.

Al enviado lo atendió una persona mayor, de más de 70 años, quien dijo ser el responsable. Le explicó que ya habían pasado por el contenido de la caja, un amigo del señor, su empleado José Jorge Balderas Garza, *el JJ*. El mismo personaje que fue detenido en enero de 2011. Tal vez por eso en una diligencia judicial la Barbie y él terminaron a golpes.

Por suerte, en Interlomas tenía otra caja de seguridad con al menos 13 relojes y joyas, que habría recuperado uno de sus hermanos. Otros de sus familiares viajaron a Suiza para pedir la entrega de los 3 millones 100 mil dólares que debían estar ahí por la venta de aquella lujosa residencia en el Club de Golf Interlomas al brasileño, ocurrida en 2009. La cuenta estaba testada a prestanombres, en el banco les dijeron que solo quedaban 50 mil dólares. El resto la Barbie lo había perdido jugando al lobo de Wall Street.

Igual perdió un equipo de futbol de la primera división de Panamá llamado Club Atlético Veragüense, fundado en 1996. Lo había comprado en 2010 por 300 mil dólares antes de ser detenido. Pero luego de caer en prisión, ya no tuvo dinero para mantener los sueldos de los jugadores ni del director técnico.

* * *

En 2012, días antes de que terminara el gobierno de Felipe Calderón, la Barbie decidió revelar las redes de corrupción que conectaban a la administración saliente con diferentes organizaciones criminales, incluyendo el Cártel de los Beltrán Leyva.[25]

> Quiero manifestar, en primer lugar, que no me acogí al programa de testigos protegidos. Asimismo, niego categóricamente los señalamientos y manifestaciones que refieren los elementos aprehensores respecto a la forma de cómo fue mi detención; y que la verdad de los hechos es la siguiente: mi detención fue el resultado de una persecución política por parte del C. Felipe Calderón Hinojosa, quien instauró un acosamiento en contra de mi persona, por la razón de que el suscrito se negó a formar parte del acuerdo que el señor Calderón Hinojosa deseaba tener con todos los grupos de la delincuencia organizada, para lo cual él personalmente realizó varias juntas para tener pláticas con grupos de delincuencia organizada.

Se quejó del cateo de domicilios relacionados con él sin orden judicial y del robo de dinero, alhajas y automóviles. Uno de ellos el ocurrido en Brisas del Marqués.

Genaro García Luna, titular de la Secretaría de Seguridad Pública federal (SSP), quien cuando menos desde el año 2002, primero en la AFI y luego en la PFP, me consta que ha recibido dinero de mí, del narcotráfico y la delincuencia organizada, al igual que un grupo selecto integrado por Armando Espinosa de Benito, quien trabajaba con la DEA y me pasaba información; Luis Cárdenas Palomino, Édgar Eusebio Millán Gómez, Francisco Javier Garza Palacios (PF Colombia), Igor Labastida Calderón, Facundo Rosas Rosas, Ramón Eduardo Pequeño García y Gerardo Garay Cadena, quienes también forman parte y reciben dinero de la delincuencia organizada y de mí.

Entre otros ellos tuvieron la encomienda de "detenerme en algún operativo", cuando en realidad tenían la instrucción de matarme, tan es así que al momento de mi detención, la cual se realizó en el domicilio que salió en los medios de comunicación, y lugar en el que me encontraba solo, dicen que ese día no se reportaron balazos, pero la verdad sí hubo. Un policía federal que fue el mismo que me trasladó a este lugar, en el que actualmente me encuentro, me instaba a que corriera para poderme disparar, y así poder decir que al repeler el ataque me habrían matado al igual que hicieron con Aarón Arturo Ginés Becerril, a quien mataron en las inmediaciones del centro comercial Perisur, a quien los impactos de bala le fueron proporcionados todos por la espalda el mismo día de mi detención...

La Barbie habló de la impunidad de la que gozaban entonces García Luna y su equipo, y denunció que aunque el gobierno de México tenía información clara de su relación con el narcotráfico, lo protegían. "Yo pude haber hecho lo que haya hecho, pero ellos, los funcionarios públicos que menciono, también son parte de la estructura criminal de este país", dijo.

Con los años, aquella declaración abierta de la Barbie sería corroborada por más testigos. Genaro García Luna fue detenido en Texas a fines de 2019, y se encuentra en una prisión en Nueva York acusado de narcotráfico y de haber recibido sobornos de los Beltrán Leyva y del Cártel de Sinaloa durante casi dos décadas. En el mismo caso judicial están acusados Ramón Pequeño y Cárdenas Palomino.

* * *

Con su esposo y su padre detenidos, Priscilla sufrió un nuevo golpe irreparable. Su hermano Juan Carlos desapareció. Un muchacho que no pasaba de los 22 años. Había viajado con un amigo a Guadalajara y se lo tragó la tierra. La Barbie incluso le pidió al Chapo que le ayudara a saber qué había ocurrido con su cuñado.

Pasaron tres o cuatro larguísimos meses hasta que por fin encontraron su cuerpo en un rancho cercano a Guadalajara. Lo enterraron vivo, no sin antes robarle la ropa y los zapatos. A primera vista, su familia identificó el cuerpo por el color fosforescente de su trusa, el tipo de ropa interior que le gustaba usar. Sería una prueba de ADN la que confirmaría su identidad. Priscilla y su mamá estaban solas y destrozadas. La señora Laura puso en su casa un altar con veladoras y fotografías de su hijo.

Priscilla, la Niña, decidió iniciar una nueva vida. Tras la pérdida de su hermano, antes de que la Barbie fuera extraditado a Estados Unidos, ella le pidió el divorcio. Quizás la gota que derramó el vaso fue que él la amenazó de muerte si no le entregaba la casa que había comprado en Texas con el dinero de la venta del departamento en la Torre Altus, en Bosques de las Lomas. Ni ella ni sus hijos tenían otro patrimonio ni donde vivir.

En octubre de 2015 Edgar Valdez y su suegro Carlos Montemayor fueron extraditados a Estados Unidos y presentados ante la Corte de Distrito Norte en Atlanta, Georgia.

A la Barbie le asignaron el número de preso 05658-748 y lo encarcelaron en una prisión federal de esa ciudad. Siguió colaborando con el Departamento de Justicia. Priscilla Montemayor logró divorciarse de él en 2014, mientras estaba recluido.

En enero de 2016, la Barbie se declaró culpable de los tres cargos que le imputaban: lavado de dinero, tráfico y distribución de cocaína. No hubo juicio y podía ser sentenciado a cadena perpetua. Días después lo trasladaron temporalmente a Washington D.C. para testificar en el juicio contra Alfredo Beltrán Leyva, *el Mochomo*, hermano de Arturo, y uno de los jefes del cártel que mejor conocía. Al final no testificó porque en febrero de 2016 el Mochomo firmó un acuerdo y se declaró culpable. Aunque su colaboración fue útil para el gobierno de Estados Unidos, su conducta en la prisión, la violencia de sus acciones como narcotraficante y el que no se haya entregado a las autoridades de ese país antes de que fuera detenido en México causaron que la Fiscalía pidiera para él una sentencia de 55 años de prisión.

En la sesión del 11 de julio de 2018 se jugó el destino de la Barbie. Era el día en que el juez William S. Duffey le dictaría sentencia. En la discusión el juez calificó a la Barbie como un hombre inteligente, calculador y peligroso que ocasionó muchas muertes en México y dañó a la sociedad de Estados Unidos con las drogas que tráfico.[26]

En contraste, Karla Valdez, hermana de la Barbie, quien era asistente del procurador de distrito en el sur de Texas, lo describió como un hombre gracioso, gentil, un excelente hermano y padre de seis niños: Victoria, Edgar, Abel, procreados con Vicky; y Arturo, Sofía y Jesús con Priscilla. Afirmó que aunque había estado alejado de ellos, "siempre ha estado atento a su educación, siempre inculcándoles buenos valores". "Él siempre ha sido un hombre temeroso de Dios, y ahora lo es más que nunca, le pedimos compasión por él, por sus hijos, y por nosotros, su familia", dijo Karla intentando ser elocuente.

Llegó el turno de hablar a la Barbie. Él sabía que esos minutos ante el juez eran definitorios en su vida. Argumentó que él había intentado entregarse antes de ser detenido en 2010 a las autoridades de Estados Unidos: "Yo iba a entregarme, y ahí está la carta del gobierno diciéndome que me aguantara, y que siguiera haciendo lo que estaba haciendo", refiriéndose a que le dijeron que siguiera obteniendo y proveyendo información para ellos. "Y tengo pruebas de eso." "Y debo decir, y estoy siendo aquí honesto desde el fondo de mi corazón, que muchas personas han sido asesinadas, y acepto la responsabilidad, pero en mis 44 años yo nunca he matado a nadie. Hay muchas personas que han sido asesinadas, pero yo, por mí mismo, nunca he matado."

La Barbie sacó una carta escrita por él y la leyó con tropiezos. Estaba muy nervioso:

Antes que nada quiero decir que lo siento y pido me disculpen y perdonen por todo el dolor y sufrimiento que he causado a toda la comunidad por mis acciones.

A mis padres y familiares por la vergüenza, los he avergonzado, que les traje, y poner sus vidas en peligro. Quiero decir a mi familia que los amo mucho y gracias por estar conmigo en esto. Mis padres, básicamente, ellos trabajaron muy duro para darme, darnos, la oportunidad de ser exitosos en la vida.

Mis padres me enseñaron lo que era bueno y lo que era malo, me dijeron que me mantuviera apartado de gente mala y de las drogas. En vez de hacer algo bueno con honestidad, con los valores que mis padres me enseñaron para el bien, yo me fui por otro camino e hice mal.

Lo siento, mama y papá, por las cosas que hice de las que están en contra y odian.

La Barbie interrumpió varias veces su lectura y dijo que estaba nervioso. Afirmó que durante los años que llevaba preso había entregado su vida a Cristo.

No soy la misma persona de antes, las cosas que hice en mi vida ahora estoy en contra. Ya acepté a Jesús como mi salvador y Dios ha cambiado mi vida porque estaba ciego; creí que estaba haciendo algo bueno, ayudando a personas, donando dinero, donando dinero de la droga.

Ha llevado un proceso al estar en prisión para ver lo que las drogas han hecho al mundo. No hay nada que pueda decir o hacer para cambiar el pasado, pero la persona que soy ahora puede hacer la diferencia en el futuro.

[…]

Comencé [un grupo de oración] con una sola persona, un interno y yo, ahora ha crecido a 30 o 40 personas al día. Yo estoy viviendo una vida ejemplar, he tenido una conducta limpia en los ocho años que he estado encarcelado en prisión. Yo hablo de mi vida y la uso como ejemplo para otros y soy un mentor de otros y les muestro que la vida en drogas te puede llevar a la prisión y la muerte.

Si me dan la oportunidad yo puedo ser mentor de niños y jóvenes y hablarles de las consecuencias de las drogas. No quiero ver a nadie cometiendo mis mismos errores. Este es mi corazón ahora.

Citó la Biblia, a Lucas 15 y la parábola del hijo pródigo con la que dijo identificarse:

El padre dijo: porque este mi hijo muerto era y ha revivido; se había perdido y es hallado.

Hoy, su señoría, estoy aquí parado frente a usted y acepto total responsabilidad de mis acciones. He asistido y cooperado con el gobierno de Estados Unidos. He hecho todo lo que me han pedido que estuviera en mis posibilidades.

Aseguró que por haber colaborado y dado información su familia vivía en peligro.

Por mi cooperación, mis amigos y la gente con la que he crecido y me conoce de toda la vida me consideran un traidor y ahora piensan lo peor de mí. Yo sé dentro de mi corazón que hice lo correcto, sé que Dios ha salvado mi vida para cosas más grandes... No soy una mala persona, soy una buena persona que ha tomado malas decisiones en su vida.

Soy un hijo, un hermano y un padre, no estoy perdido. Soy alguien que puede y será un pilar de la comunidad.

Mi vida está en sus manos, su señoría. Hoy le quiero pedir, más bien suplicar, en el nombre de Jesús, que tenga piedad de mí y de mi familia.

El largo discurso de la Barbie no convenció al juez, quien dijo con dureza: "No recuerdo haber dicho esto antes, jamás, pero usted ha traicionado casi todo lo que es importante para todas las personas de la comunidad. ¿Cómo explica todas las cosas que adquirió? ¿Qué tipo de trabajo tenía que le hubiera pagado millones de dólares, que le hubiera permitido comprar cosas lindas y autos lindos, para mantener a su familia? Usted traicionó a sus hijos. ¿Qué tipo de ejemplo les ha dado? Cuando las cosas se ponen difíciles, cuando el dinero es fácil, ¿qué hizo usted? Solo hizo trampa y cometió crímenes de una manera más amplia". El juez le reprochó severamente a la Barbie la falta de un verdadero remordimiento por sus actos. Le dio una sentencia a 49 años de prisión, la cual ahora la Barbie está apelando en un tribunal.

Actualmente la Barbie se encuentra en la prisión de máxima seguridad Coleman II, en Florida. En este centro penitenciario, administrado por el Buró Federal de Prisiones, hay reclusos por delitos de cuello blanco como Robert Allen Stanford, quien cometió un fraude por 7 billones de dólares y cumple una condena de 110 años de prisión, y terroristas como Mohammed Odeh, acusado de los bombazos en las embajadas de Estados Unidos en Kenia y Tanzania en 1998 y sentenciado a cadena perpetua.

* * *

Carlos Montemayor, *el Charro*, socio, amigo, compañero de fiesta y exsuegro de la Barbie, se declaró culpable en noviembre de 2018 de tres cargos de tráfico de drogas y lavado de dinero. Se presentó ante la misma corte de Georgia el 16 de mayo de 2019 para recibir sentencia. Como estrategia, permitió que su abogado de defensa lo interrogara ante la jueza Leigh Martin May, pero la ley exigía que la Fiscalía lo contrainterrogara. Fue una pésima idea.

Frente a la jueza, dio un testimonio lleno de contradicciones. Primero reconoció que había firmado el acuerdo en el que se declaró culpable de seis cargos, luego dijo que prácticamente nunca había traficado droga. Aseguró que, aunque ayudaba a la Barbie a transportar mercancía a Estados Unidos, no sabía qué era y le hacía el favor a cambio de ninguna compensación económica solo porque eran "familia". "Yo sabía que estaba transportando, pero no sabía exactamente en qué trabajaba", dijo. Ante la insistencia del fiscal, quien le preguntó: "¿Y qué pensó que era?", retándolo a repetir alguna otra mentira, terminó admitiendo: "Sí, sí, yo lo ayudé a traficar cocaína".

En la audiencia estaba Priscilla, escuchando todo. Había ido con su hermano Miguel Ángel y con su madre, quien ya se había divorciado de Montemayor. Ante ellas, la jueza dictó 40 años de prisión contra el Charro y una orden de confiscar bienes por 192 millones de dólares.

Ahora Priscilla, la Niña, vive con sus hijos en Texas.

Un 10 de mayo, en una de sus redes sociales reposteó:

Todo el mundo dice que un niño necesita a su padre, pero no. No es tan fácil de decir. Un niño necesita un padre seguro. Un padre proveedor. Un padre consciente. Un padre que entiende que su familia es más importante que el egoísmo inmaduro. Es importante para una madre salvar al hijo de cualquier daño o personas tóxicas. Y sí, eso incluso incluye a familiares y padres. Rezando por cualquiera que ponga el bienestar de un niño a un lado para sus momentos personales de sentirse bien.

NOTAS

1 Redacción, "Asegura PGJDF discoteca de 'Charly', exGaribaldi", en WRadio, 25 de mayo de 2009, disponible en https://wradio.com.mx/radio/2009/05/20/judicial/1242848160_815325.html.

2 Información obtenida por la autora de testigos de los hechos varias veces entrevistados para esta investigación.

3 *Idem.*

4 *Idem.*

5 El restaurante Chocolate se inauguró en abril de 2007, las fechas señaladas por el testigo coinciden con las fechas en que el restaurante ya estaba en funcionamiento.

6 Redacción, "'La Barbie' quiere llevar su historia a la pantalla grande; produce película", en *El Universal*, 28 de febrero de 2010.

7 Redacción, "Sergio Mayer niega relación con La Barbie", en *El Siglo de Durango*, 5 de marzo de 2010, disponible en https://www.elsiglodedurango.com.mx/noticia/256765.sergio-mayer-niega-relacion-con-la-barbie.html.

8 Redacción, "Rechaza Sergio Mayer niega nexos con 'La Barbie'", en *Las noticias México*, disponible en https://www.lasnoticiasmexico.com/201745.html.

9 Información obtenida por la autora de testigos de los hechos varias veces entrevistados para esta investigación.

10 *Idem.*

11 *Idem.*

12 Las fechas que señala Silvia Irabien coinciden con las de los testigos. Ver Redacción, "Habla Silvia Irabien de su relación con el 'JJ'", en *Info7*, 26 de abril de 2012, disponible en https://www.info7.mx/espectaculos/habla-silvia-irabien-de-su-relacion-con-el-jj/597601.

13 Información obtenida por la autora de testigos de los hechos varias veces entrevistados para esta investigación.

14 Redacción, "'La Barbie' habría ordenado ejecutar a Cabañas", en *Proceso*, 12 de febrero de 2010, disponible en https://www.proceso.com.mx/nacional/2010/2/12/la-barbie-habria-ordenado-ejecutar-cabanas-10419.html.

15 AXM, "Arleth Terán molesta por preguntas sobre 'La Barbie'", 15 de febrero de 2016, disponible en https://www.youtube.com/watchv=KxIMdQdR_-I&ab_channel=AXM.

16 Información obtenida por la autora de testigos de los hechos varias veces entrevistados para esta investigación.

17 *Idem.*

[18] Francisco Gómez y Justino Miranda, "Yo le cantaba a 'La Barbie'", en *El Universal*, 5 de marzo de 2010, disponible en https://archivo.eluniversal.com.mx/nacion/176084.html.

[19] Información obtenida por la autora de testigos de los hechos varias veces entrevistados para esta investigación.

[20] Información del expediente judicial 1:09-cr-00551 de la Corte de Distrito Norte de Georgia. La autora reveló la doble cara de la Barbie en Anabel Hernández, "Valdez Villarreal: el narco testigo de la corrupción de García Luna era informante de la DEA y el FBI", en *Aristegui Noticias*, 11 de junio de 2020, disponible en https://aristeguinoticias.com/1106/mexico/valdez-villarreal-el-narco-testigo-de-la-corrupcion-de-garcia-luna-era-informante-de-la-dea-y-el-fbi/.

[21] Información del expediente judicial 1:09-cr-00551, *loc. cit.*

[22] *Idem.*

[23] *Idem.*

[24] Información obtenida por la autora de testigos de los hechos varias veces entrevistados para esta investigación.

[25] Edgar Valdez Villarreal envió una carta a Anabel Hernández, la cual se publicó el 28 de noviembre de 2012 en la portada de *Reforma*. David Luhnow y José de Córdoba, "Capo mexicano acusa a gobierno de Calderón de aceptar sobornos", en *The Wall Street Journal*, 28 de noviembre de 2012, disponible en https://www.wsj.com/articles/SB10001424127887323751104578147653601938518.

[26] Información del expediente judicial 1:09-cr-00551, *loc. cit.*

7

Alicia en el país de la cocaína

El 3 de octubre de 2008, un hombre de 51 años, piel apiñonada y bigote perfecto, ataviado elegantemente, caminaba de prisa por el Centro Comercial Santa Fe, ubicado en una de las zonas más lujosas de la Ciudad de México. Era el colombiano Pedro Bermúdez Suaza, mejor conocido como *el Arqui*. Hizo una rápida escala para comprar de última hora un regalo para la hija de uno de sus mejores amigos y socios, José Gerardo Álvarez Vázquez, a quien todos llamaban *el Indio*: alto, fornido, de piel morena, rojiza y melena larga.

Ese día era el bautizo de la niña que apenas iba a cumplir cuatro meses de nacida. Debía ser un regalo exquisito, como se estilaba en el círculo social y de negocios en el que se manejaba. Pero sobre todo debía ser costoso. Compró una pulsera con el nombre de la menor grabado.[1]

El Arqui no podía faltar al festejo. Su alianza con el Indio y el Cártel de los Beltrán Leyva le había permitido regresar a sus años dorados, cuando comenzó en el tráfico de cocaína al lado del colombiano Pablo Escobar Gaviria, líder del Cártel de Medellín, ya para ese entonces extinto.

La celebración se llevaría a cabo en una casa en la zona residencial de Interlomas, donde el Indio había asentado su reino. Se darían cita los principales jefes de la organización, como era común en ese tipo de rituales religiosos que los narcos mexicanos, como la mafia siciliana, utilizan como amalgama de su red criminal. Asistirían el poderoso Arturo Beltrán Leyva, quien estaba anunciado como el padrino; Edgar Valdez Villarreal, *la Barbie*; los colombianos Harold Mauricio Poveda, *el Conejo*, y Ever Villafañe, entre otros.

Como cereza del pastel de la fiesta asistiría, por supuesto, la flamante pareja del Indio, la anfitriona, la madre de la bautizada, que despertaba curiosidades e incluso envidias entre de los miembros de la organización criminal: la Miss Universo Alicia Machado,[2] quien, en el repertorio de mujeres bellas y famosas que estaban en la lista de conquistas de los capos mexicanos, estaba en el *top ten*.

Pero el Arqui nunca llegó a la ceremonia. Lo detuvo el jefe policiaco Édgar Bayardo del Villar, de la Policía Federal, quien trabajaba para el Cártel de Sinaloa y tenía nexos filiales con la familia Zambada. Específicamente, era ahijado de Jesús Reynaldo Zambada García, hermano del Mayo.

Ya había ocurrido la ruptura de La Federación. Había comenzado la guerra entre el Cártel de Sinaloa y los Beltrán Leyva. El Indio era uno de los hombres de mayor confianza del Barbas, y la Miss Universo quedó atrapada entre los dos fuegos.

* * *

Alicia Machado es originaria de Maracay, Venezuela. Su padre, Arturo Machado, de origen español, era propietario de una juguetería en la ciudad, y su madre, Martha Fajardo, cubana, se hacía cargo de un restaurante. Nunca fue una familia de amplios recursos económicos, sus padres no hubieran podido darle jamás la vida de opulencia con la que ella soñaba.

A los 18 años, en el espectacular Teatro Aladino para las Artes Escénicas de Las Vegas, fue coronada Miss Universo. "Siempre es día de Navidad en mi casa porque mi padre es un hombre que ama a los niños", dijo Machado en la sesión de entrevista del concurso.

Ella misma tenía aún un rostro casi infantil que contrastaba con su figura de mujer de piernas largas y cuerpo de líneas delicadas. Además de haber ganado el concurso de belleza le habían también dado el premio del cuerpo con mayor estética.

Así, se convirtió en la cuarta venezolana en ser coronada como la mujer "más bella del universo", según reza el slogan del concurso. Pero contrario a lo que podría esperarse, el sueño de "la más bella" se convirtió en una pesadilla.

Ese mismo año Donald Trump compró los derechos del concurso incluyendo el contrato del certamen con Alicia Machado. Crónicas de diferentes medios de comunicación describieron el aumento de peso de Alicia convirtiendo el hecho humano en un linchamiento mundial. Trump la llamaba de modo ofensivo "Miss Peggy" y en 1997, en una bizarra conferencia de prensa en Nueva York, Trump anunció que Alicia iba a ser sometida a un régimen alimenticio y de ejercicio. "El sobrepeso es inaceptable para mucha gente", dijo el magnate. Ante los medios, Trump obligó a Alicia a realizar ejercicios con una barra de peso, saltar la cuerda y hacer abdominales, y la llamó "máquina de comer".

La Miss Universo ha señalado en diversas ocasiones que se considera una de las personas que más bullying ha sufrido públicamente en el mundo. Y que esa etapa de su vida, donde apenas había dejado la adolescencia, fue traumática.

Por ser Miss Universo, por los abusos públicos a los que fue sometida, y por las decisiones que fue tomando durante su carrera como actriz y modelo, Alicia se convirtió en la Miss Universo más polémica de la historia. Ella misma deseaba ser recordada como "la reina renegada".[3]

* * *

Cuando Alicia fue coronada como Miss Universo, José Gerardo Álvarez Vázquez ya era el príncipe de las metanfetaminas.

El Indio nació en 1965 en el municipio de Coahuayutla, en la región de la Costa Grande, Guerrero. Su tierra natal ha sido durante décadas una de las zonas más marginadas del país. De 1.85 de estatura, el Indio era un hombre con ambiciones e innovador.

Su incursión en el crimen organizado la hizo al lado de los hermanos Jesús, Adán y Luis Amezcua, líderes del llamado Cártel de Colima, uno de los pioneros en la fabricación y tráfico de drogas sintéticas. En aquella época, entre 1984 y 1998, los Amezcua dirigían la organización de tráfico de efedrina y producción de metanfetaminas clandestinas más importante del mundo.[4]

A los 22 años, el Indio ya formaba parte de la organización. Los Amezcua operaban en Guadalajara. Con la ayuda de diversas farmacias compraban ilegalmente grandes cantidades del precursor efedrina, utilizando contactos en Tailandia e India, que suministraban a laboratorios de metanfetamina en México y Estados Unidos. Los Amezcua tenían operadores mexicanos en Estados Unidos a quienes entregaban metanfetamina. Esos grupos gestionaban el negocio en California, Texas, Georgia, Oklahoma, Iowa, Arkansas y Carolina del Norte.

Además de la producción doméstica de droga, los Amezcua, con el Indio como lugarteniente, comenzaron a producir metanfetaminas en Estados Unidos. Al padre de Alicia Machado le gustaban los niños, a la organización criminal a la que pertenecía el Indio también. Los usaban como escudo humano. Establecieron uno de sus laboratorios a pocos metros de una guardería y una escuela en Los Ángeles, California, y otro se ubicaba casi en medio de un centro ecuestre en Acton, California. La capacidad de producción de los laboratorios superaba los 135 kilos de metanfetamina, lo cual representaba un riesgo a la salud de las personas vecinas al lugar por el nivel tóxico de la contaminación que generaba la producción.[5]

Además del redituable negocio de la metanfetamina con el que el Indio estaba relacionado, también traficaba cocaína. Y sus actividades no pasaron desapercibidas para el Departamento de Justicia de Estados Unidos.

Lo que es el destino, en 1996, en el mismo mes de mayo en que a Alicia le pusieron la corona, en la Corte de Distrito Sur de California se abrió un expediente criminal en contra del Indio y le imputaron cuatro cargos: fabricación y distribución de metanfetaminas, posesión de efedrina y continuación de la empresa criminal. Los delitos habrían sido ejecutados en complicidad con cinco o más personas y habría obtenido "cuantiosos ingresos y recursos" procedentes del crimen. En aquel entonces Gerardo Álvarez Vázquez aún no tenía como sobrenombre *el Indio*, sino el simplón apodo de *Gera*.[6] Se giró una orden de arresto en su contra.

Todo fue culpa de Jesús Amezcua, a quien un policía encubierto le tendió una trampa cuando vivía en California en 1992. Haciéndose pasar como comprador de efedrina logró grabar en audio todos los detalles de las operaciones del Cártel de Colima confesados por el propio Jesús. Le dijo a su simulado comprador que obtenían la efedrina de laboratorios alemanes, y lo cierto es que algunas toneladas de efedrina habían sido decomisadas en México.[7]

El Departamento de Justicia siguió con paciencia los pasos de Jesús antes de girar la orden de arresto contra él, sus hermanos y cómplices como el Indio.

Jesús viajaba personalmente a Holanda, India y Tailandia para contactar a nuevos suministradores de efedrina y para lograr la importación a México usaba compañías fachada en Jalisco.

En noviembre de 1997 Adán Amezcua, cabeza del cártel, fue detenido en Colima. José Gerardo Álvarez Vásquez fue detenido en México el 5 de enero de 1998 con fines de extradición;[8] los hermanos Luis y Jesús Amezcua fueron detenidos en Guadalajara en junio de ese mismo año.

En 1996, Alicia Machado, por órdenes de Trump, prácticamente había sido encerrada en un gimnasio de Caracas para hacer dieta y ejercicio, y prácticamente se le prohibió salir a la calle para que nadie pudiera tomarle fotografías y no "atentara" contra la supuesta "figura perfecta" con la que debía cumplir una Miss Universo.[9]

Alicia Machado entregó la pesada corona en 1997 y quedó en libertad de los compromisos que le exigía su contrato como Miss Universo.

Milagrosamente Adán y el Indio también lograron salir pronto de su prisión. En 2001 se allegaron a La Federación, pero Adán fue recapturado. Sería ese el momento en que Gerardo Álvarez Vázquez se habría asociado con los Beltrán Leyva. Sus contactos en el negocio lo hacían muy valioso.

* * *

"No es que me paguen lo suficiente para venir a Rodeo Drive", protestó Alicia en una entrevista con *The Washington Post* el último día que ostentó la corona de la más bella del universo. Ese día se llevaría a cabo la final del concurso para elegir a su sucesora y los organizadores planearon para despedir a la reina una ronda con la prensa donde la acompañarían a comprar en las boutiques más costosas y exclusivas de Beverly Hills.

"Si quieres ver un día real en la vida, tendrías que levantarte a las cuatro para poder estar en una limusina a las 4:30, ir al aeropuerto, subir a un avión, volar por 13 o 14 horas a donde sea para que puedas ser recibida por otra aburrida conferencia de prensa y cualquier otra tarea que hayan planeado para ti, luego ve a tu habitación de hotel a la 1 de la mañana para que puedas empezar de nuevo al día siguiente", declaró sin tapujos.

A pesar de toda la polémica, Alicia se sinceró y dijo que haber ganado el concurso había sido benéfico y se cumplieron los planes que tenía en mente: "No me malinterpretes, ha sido una gran oportunidad. Me he dado a conocer en todo el mundo, que es lo que quería". La meta inmediata de Alicia era llegar a ser talla 4 y convertirse en actriz de telenovelas mexicanas, como Thalía, e incluso le gustaba pensar que se parecía físicamente a ella, dijo al prestigiado diario.

Cuando entrevistaron a la entonces presidenta del certamen, dijo que Alicia era una muchacha inteligente, ambiciosa y trabajadora y que el mayor inconveniente era que había ganado el título muy joven. "Aunque quizás no tan joven como para no aprender la lección número uno del mundo del espectáculo: la controversia vende", concluyó perspicazmente el artículo publicado en *The Washington Post*.

Alicia comenzó su carrera como actriz en telenovelas como *Samantha* (1998), *Infierno en el paraíso* (1999), *Mambo y canela* (2002), *Hasta que el dinero nos separe* (2009), *Lo imperdonable* (2015), entre otras. Después incursionó como cantante y en 2004 lanzó el disco *Si se acabara el mundo*. En 2005 participó en un *reality show* en España conocido como La granja de los famosos, donde causó polémica durante semanas porque tuvo relaciones sexuales con uno de los concursantes frente a las cámaras. En 2006, a sus 30 años, fue la primera Miss Universo en posar desnuda para *Playboy*, en la edición de México.

Quienes conocen a Alicia en un ámbito más personal, la describen como una persona caprichosa, prepotente, conflictiva, que como mantra de vida siempre está del lado del mejor postor, y la definen como codependiente de ser el centro de atención. Constantemente emprende proyectos que no concreta, tiene conflictos con las personas o lugares donde trabaja. "Es una mujer que siempre está pensando cómo usar todo y a todos. No es inteligente, no es culta, pero es maquiavélica." Las citas con hombres famosos o importantes las llevaba a cabo convocando al mismo tiempo a paparazis para que se hicieran públicas sus conquistas.

Afirman que es una mujer dual, llena de contradicciones. En la campaña presidencial de Estados Unidos en 2016, el tema del trato que Trump le había dado cuando era Miss Universo fue adoptado por la campaña de Hillary Clinton. Alicia hizo spots para la campaña de los demócratas donde aseguraba: "No considero que Donald Trump tenga ni la capacidad ni la experiencia ni la preparación ni la humanidad para ser presidente de Estados Unidos". Y dio decenas de entrevistas confirmando su sólida posición contra el candidato republicano. Posteriormente, ese mismo año, aún durante la administración de los demócratas, Alicia recibió la ciudadanía de ese país.

Cuatro años después, en la elección de 2020, con la misma convicción, aseguró que iba a votar por Trump: "Este año voy a votar por él. Porque necesitamos carácter, el mundo está hecho un desastre". Ella misma ha confiado a sus cercanos que bien podría buscar la candidatura a la presidencia de Venezuela.

$$* * *$$

Entre 2005 y 2007, Alicia tenía problemas financieros, el dinero que ganaba se le iba como agua entre las manos. En la Ciudad de México vivió en un departamento prestado cerca de tres meses en la colonia Florida, cerca del Centro Libanés, que le ayudó a conseguir un amigo. En contraparte, Gerardo Álvarez Vázquez había asumido el apodo de *El Indio*, y lo estaba grabando con sangre en la historia de México, y con muchas toneladas de droga traficadas a Estados Unidos.

Álvarez Vázquez ya trabajaba para Arturo Beltrán Leyva cuando la Barbie llegó a la organización criminal. Y entre ellos nació una estrecha amistad y confianza. Quienes lo conocieron describen al Indio como un hombre serio, lejos del carácter extrovertido de la Barbie. Era reservado y prepotente, miraba a todos por encima del hombro. Solo con la Barbie y otros pocos se explayaba.

"El Indio era un tipo muy desmadroso con la Barbie, siempre agarraba curva con él, pero con los trabajadores era muy serio, muy mamón, creído, más que el Güero", dijo un testigo entrevistado que trabajaba para el Cártel de los Beltrán Leyva. "El Indio tenía una sociedad con el Güero, si no estaban al mismo nivel, estaba un escalón abajo, pero sí estaba muy pesado", añadió.

Álvarez Vázquez estaba obsesionado con su apariencia, los lugartenientes del narcotráfico que lo conocieron desde 2001 afirman que con el tiempo fue modificando dramáticamente su rostro. Al menos se ha hecho tres cirugías estéticas: nariz, pómulos y mentón. Se vestía a la usanza de la Barbie, trajes de marca con los pantalones particularmente ajustados, camisas, zapatos y cinturones finos. Como un gesto particular de su excentricidad, a veces llegaba a juntas con socios criminales escoltado por una mujer rubia despampanante y una mujer de color, como un sultán con sus odaliscas. Y quienes lo vieron en reuniones de narcos aseguran que siempre hacía que alguien bebiera de su vaso o comiera de su plato para verificar que la comida no estuviera envenenada.

Tenía su base de operaciones en la zona residencial de Huixquilucan y Cuajimalpa. Ahí había comprado y rentado una serie de departamentos y casas en las zonas residenciales de Bosques de la Herradura, Interlomas y Santa Fe, que ocupaba como casas de seguridad para organizar sus negocios criminales. Además tenía una residencia en el Ajusco, cerca del parque de diversiones Six Flags. Tenía decenas de propiedades en Guadalajara donde también administraba la empresa American Tune Up S. A. de C. V., y como era originario de Guerrero, por supuesto, tenía y rentaba residencias en Acapulco, como sus socios.

Utilizaba distintos seudónimos. Se hacía llamar Salvador Sánchez Salamanca, Gerardo Aguilar Vázquez, Javier Saldívar Vega, José Álvarez Vázquez, entre otros. El común denominador de cada una sus identidades eran los escoltas que siempre lo acompañaban armados hasta los dientes. Difícil disimular un perfil así.

A diferencia de la desparpajada Alicia, el Indio era metódico y ordenado. Y era terriblemente exitoso.

Por un lado, seguía en el negocio de los precursores químicos a través de una empresa radicada en Guadalajara. Y por el otro, con

Pedro Bermúdez Suaza, *el Arqui*, había constituido una aerolínea llamada Aerocóndor que disponía de un hangar en Toluca, y tenía una empresa espejo en Panamá. Usaban la aerolínea para el tráfico de cocaína de Sudamérica a México.

Compraban la cocaína en Colombia principalmente por medio de Harold Mauricio Poveda, *el Conejo*, contemporáneo de la Barbie. A su corta edad, este personaje era el principal proveedor de cocaína, aliado de La Federación, en especial de los Beltrán Leyva. De estatura media, no pasaba del 1.65, figura delicada, más bien delgado, y cabello largo rizado, podía pasar fácilmente desapercibido.

"El día que lo miré por primera vez fue en un rancho en Querétaro, es un rancho desde donde se mira la autopista a lo lejos. Un rancho muy bonito. Estaba ahí platicando con el Güero y él me dijo que me iba a presentar al mero mero que nos surtía el material. Estábamos ahí pisteando", refirió un testigo de los hechos. "¿Y dónde está el bato ese?", preguntó el acompañante de la Barbie mirando alrededor. "¡Es ese!", dijo la Barbie señalando a un sujeto vestido con una chamarra negra, pantalón de mezclilla, una cachucha negra y Converse del mismo color. "¿A poco es él?" "¡Sí, güey!" "Me lo presentaron. Era muy humilde, pero muy poderoso en dinero y drogas. Se llevaban muy bien, y era muy buen pedo", recordó el testigo.

Aunque su sencillez no quitaba que el Conejo se desplazara con grupos de escoltas grandes, que llegaban a 25 personas, muchos de los cuales eran elementos de la Secretaría de Seguridad Pública del Estado de México, al igual que ocurría con el Indio.[10]

El Conejo también era asiduo a las fiestas y excesos con la Barbie y otros de sus socios. Su apodo venía justamente de su proclividad a la promiscuidad. Entre sus conquistas en el mundo de la farándula se dice que estuvo la cantante Alejandra Guzmán; de hecho, su hermano, Luis Enrique Guzmán, junto con ocho empleados, participó como DJ en una fiesta que se llevó a cabo en una residencia del Desierto de los Leones, al sur de la Ciudad de México, donde hubo un operativo policiaco en octubre de 2008. El convocante de la fiesta fue el Conejo, quien logró huir a tiempo.

La cocaína que el Indio conseguía en Colombia con la intermediación del Conejo se la suministraban con frecuencia miembros de las Fuerzas Armadas Revolucionarias (FARC), considerados en ese tiempo como un grupo terrorista.

* * *

Alicia Machado no sería el primer interés que el Indio tendría en Venezuela. Desde 2004, con la ayuda del Arqui y miembros de la Guardia Nacional de Venezuela, estableció una red de transporte en la que estaban involucrados militares de alto rango del ejército de Hugo Chávez. Uno de ellos era el peculiar Vassily Kotosky Villarroel, quien tenía el rango de capitán.[11]

Villarroel, junto con otros militares, transportaba la droga en vehículos oficiales hasta Caracas, y luego a diversos aeropuertos, como el de Maracaibo. Luego la trasladaban por medio de Aerocóndor, la línea aérea del Indio y el Arqui, y otras compañías. Llegaban en una primera escala a Cancún y más tarde al aeropuerto de Toluca, para seguir a través de otras modalidades de transporte su ruta hasta Estados Unidos.[12] El Indio y el Arqui estaban en el epicentro de una conspiración de tráfico de drogas mayúscula y de dimensiones políticas inconmensurables.

El 26 de marzo de 2020, el Departamento de Justicia hizo una acusación formal contra Nicolás Maduro, actual presidente de Venezuela, por los delitos de narcoterrorismo, corrupción y tráfico de drogas. Y contra 14 funcionarios de alto nivel del gobierno de ese país como Maikel Moreno, presidente de la Suprema Corte de Justicia, y Vladimir Padrino López, ministro de la Defensa.

Se le imputa a Maduro que bajo las órdenes de Hugo Chávez facilitó el tráfico de droga de Colombia a Venezuela y de ese país a México, en complicidad con las FARC y narcotraficantes mexicanos, como el Indio, el Arqui y otros socios del Cártel de los Beltrán Leyva, "para inundar Estados Unidos con cocaína", y utilizar la droga como "un arma en contra de Estados Unidos".

Fue en el contexto de esa operación narcopolítica cuando Alicia Machado y el Indio se conocieron. Ella dice que se enamoró.

* * *

"Yo lo conocí a él en un momento muy duro de mi vida, estaba atravesando muchas cosas, económicamente yo no estaba bien, a nivel de trabajo tampoco, yo venía de salir de algunas enfermedades como los desórdenes alimenticios y la bulimia, y de depresiones muy severas, y yo apenas llegué a México lo conocí, y él llegó en ese momento para protegerme, para cuidarme en su país y me protegió mucho, me cuidó mucho…", explicó Alicia Machado sobre el padre de su hija en 2018 en una entrevista de televisión sin mencionar el nombre.[13]

Para 2007 ella y el narcotraficante ya se frecuentaban. Justo cuando se desarrollaba el complot venezolano.

El Indio tenía una esposa y varias mujeres al mismo tiempo. Quienes lo conocen afirman que su debilidad eran las colombianas. "Si algo no le gustaba de alguna, las arreglaba, las mandaba a operar", señaló un colaborador de la organización que conoció de cerca al narcotraficante. Su tipo eran mujeres con caderas amplias y seno prominente. "Él era de los más mujeriegos, luego don Arturo y Edgar". Y al igual que la Barbie, el Indio también consumía Viagra.

Pero entre esas mujeres Alicia era la que más le gustaba presumir. Le gustaba llevarla a reuniones sociales con sus cómplices para que la contemplaran y lo envidiaran. Todos podrían decir que tenían a tal o cual cantante, conductora o actriz, pero ninguno podría jactarse como él de salir con una Miss Universo. En el grupo criminal se pensaba que el Indio había tenido mucha suerte, aunque todos sabían que esas mujeres se alcanzaban solo con mucho dinero.

En una ocasión, el Indio ocupó a un lugarteniente de la Barbie para ir a recogerla a un departamento que en el sur de la Ciudad de México. Probablemente en el departamento de la colonia Florida. La debían llevar a una residencia que el Indio tenía en el Ajusco, la que se encontraba cerca de Six Flags.

"Me tocó recogerla y llevarla", dijo el responsable de transportarla. Ella iba callada y nadie tenía permiso de hacerle conversación según las reglas. La llevó hasta la residencia de color blanco, dos niveles, portón negro y teja roja. El mismo testigo la vería al menos otras tres o cuatro veces. "Ella siempre se portó amable y educada, jamás la miré bailar en una fiesta", observó. "Podría decirse que era una relación formal, pero clandestina", pues el Indio tenía una esposa oficial.

Serían muchos otros testigos quienes verían a la "reina renegada" con el narcotraficante. Por ejemplo, en reuniones familiares de los líderes del Cártel de los Beltrán Leyva donde estaban presentes Arturo Beltrán Leyva, Ever Villafañe, la Barbie y el Conejo Poveda. Los tres primeros acompañados de sus respectivas esposas. Por supuesto, las reuniones estaban custodiadas por decenas de escoltas armados. Los propios narcotraficantes portaban armas. Los testigos afirman que era evidente el ambiente donde se encontraba y era inocultable a qué se dedicaban el Indio y sus socios. Se afirma que en ese escenario Alicia era una mujer silenciosa y reservada.

Como la Barbie era muy devoto de la Virgen de Guadalupe, organizaba junto con su esposa Priscilla posadas más íntimas el 12 de diciembre. Alicia fue vista en alguno de esos festejos que se llevaban a cabo en Cuernavaca.

Afirman que en una ocasión, en una fiesta de narcos, el Indio sentó a la Miss Universo en una mesa, y en otra tenía a una colombiana que también era su pareja. Si las dos estaban eran conscientes de lo que ocurría en la escena, no se puede saber.

Al igual que la Barbie y otros miembros del Cártel de los Beltrán Leyva, el Indio también era cliente de Berger Joyeros, la lujosa joyería ubicada en Presidente Masaryk, donde al igual que su amigo Edgar Valdez tenía una caja de seguridad. A la reina de belleza la habría consentido con lujosos regalos y costosas joyas, muchas de ellas compradas ahí.

Para fines de 2007, Alicia Machado estaba embarazada del Indio, y su hija nació en junio de 2008. En octubre se llevaría a cabo el bautizo al cual el Arqui no pudo asistir tras ser arrestado en Santa Fe. Como novela de Mario Puzo, el bautizo de la hija de Alicia y el Indio estuvo enmarcado por uno de los hechos más macabros que se hayan registrado.

* * *

Aunque Alicia Machado ha tenido siempre una actitud ambigua sobre la identidad del padre de su hija o francamente falsaria, por las cambiantes y contradictorias versiones que ha dado, el Indio lo ha gritado a los cuatro vientos a quien lo quiera escuchar.

Lo que Alicia ha dicho públicamente, siempre en esa ambivalencia, es que el padre de su hija la trataba como una reina, la tenía viviendo en un lujoso departamento, con chofer, escoltas y un chef que cocinaba todo lo que se le antojara. Al parecer, el Indio había encontrado el lado flaco de "la reina renegada" y la llave de su corazón. Además, Machado afirmó que la ayudó a traer a su madre de Venezuela a México.

"Como dicen, me solté como gorda en tobogán y me sentía muy feliz a su lado y muy tranquila, muy en paz y muy cuidada, todo era muy feliz, él se portaba bien, me cuidaba mucho, me trataba como una reina", confesó Alicia Machado sobre el padre de su hija en septiembre de 2021 durante una de las transmisiones del *reality show* La casa de los famosos, producido por Telemundo. Sería de comedia de no ser porque las personas que mataba quien la trataba como reina eran de verdad y no de utilería.

Pocos días antes del bautizo, en septiembre de 2008, se encontraron los cuerpos de 24 trabajadores de la construcción en un paraje cercano a La Marquesa, en el municipio de Ocoyoacac, Estado de México. Todos estaban semidesnudos, amarrados de pies y manos con cinta canela, presentaban huellas de tortura y fueron ejecutados con tiro de gracia. Era la masacre más terrible de la que se tuviera memoria en el Estado de México.

Quien estaba detrás del infernal episodio era el Indio y uno de sus grupos de sicarios de élite, entrenados por los kaibiles de Guatemala.[14] El jefe era Óscar Osvaldo García Montoya, conocido como la cabeza del grupo La Mano con Ojos. Otro de sus integrantes era Raúl Ortega Villa, *el R*, y Adrián Ramírez Soria, *el Hongo*. La orden de asesinarlos se dio porque se pensaba que eran miembros de La Familia Michoacana que querían meterse en el territorio del Indio.

Desde 2007, en una casa en Paseo de la Herradura, en Huixquilucan, el Indio personalmente estaba reclutando lugartenientes ambiciosos que quisieran sacar a La Familia Michoacana de Guanajuato. Les ofrecía cocaína fiada, les daba armamento y les explicaba el *know how* para alinear a los vendedores con las autoridades y lograr el control de la plaza.[15]

El Indio, como buen hombre de negocios, explicaba que no quería enriquecerse a costa de las ganancias del narcomenudeo en Guanajuato, pues su verdadero negocio estaba en Estados Unidos. El porcentaje que obtuviera por la venta de cocaína en esa entidad solo le daba el dinero para pagar los sobornos a las autoridades. A cambio del negocio que ofrecía, pedía "exterminar a los integrantes de La Familia Michoacana".[16] Como creyó hacerlo con aquel grupo de 24 personas inocentes, según afirmaría el propio jefe de La Mano con Ojos.[17]

* * *

"Ya perdí la cuenta", respondió el Indio cuando el 21 de abril de 2010 lo interrogaron sobre cuántas personas había asesinado en su carrera delictiva.[18]

El tobogán en el que se había lanzado Alicia Machado terminó abruptamente, cuando detuvieron al Indio durante un operativo militar en una de sus casas de seguridad, ubicada en Bosque de Antequera 96, en Bosques de la Herradura, Huixquilucan. Justo a un costado de una propiedad de la Presidencia de la República que entonces comandaba Felipe Calderón.

El Indio y 18 sicarios repelieron el operativo con sus armas de fuego, para intentar darse a la fuga por la barranca a la que tenían acceso a través del jardín. La balacera duró varias horas, pero el grupo delictivo se vio derrotado. Tres de sus hombres resultaron muertos.

A diferencia de la Barbie, su amigo y socio, el Indio no sonrió a las cámaras cuando lo presentaron ante los medios de comunicación. Tenía el ceño fruncido y la mirada de quien no podía creer lo que estaba sucediendo. El narcotraficante iba con los brazos sujetos por la espalda y lucía barba de candado. Durante los minutos en que lo exhibieron como un trofeo, prácticamente no parpadeó. Le imputaron delincuencia organizada, falsificación de documentos, delitos contra la salud y operaciones con recursos de procedencia ilícita. Además, sobre él pendía una orden de aprehensión con fines de extradición por el expediente que tenía abierto en California desde 1996.

Cuando ocurrió la fractura dentro de La Federación, el Indio, al igual que la Barbie, decidió quedarse del lado de los Beltrán Leyva. Y después de que asesinaron a Arturo en el operativo de la Marina en Cuernavaca, junto a su compadre emprendió una guerra contra Héctor Beltrán Leyva, *el H*, con el objetivo de tomar las riendas de la organización. El gobierno federal y local que los había protegido se quedó del lado del Cártel de Sinaloa, liderado por el Mayo.

Al Indio lo encarcelaron en el penal de máxima seguridad del Altiplano. Fue justamente unos días después cuando se hicieron públicas las declaraciones de testigos de que la Miss Universo Alicia

Machado y el narcotraficante José Gerardo Álvarez Vázquez habían procreado una hija. De inmediato, "la reina renegada" salió a negarlo en un comunicado de prensa.

"Aseguro no tener, ni haber sostenido, relación alguna con el Sr. José Gerardo Álvarez Vázquez, conocido con el sobrenombre del Indio", afirmó el 23 de abril de 2010. "Ratifico que la paternidad de mi hija, la cual se le atribuye a la persona antes mencionada, es totalmente falsa." Cuando la agencia de noticias Associated Press la buscó para una entrevista, Alicia se negó.

Decenas de testigos del vínculo, sabían que sí habían sostenido una larga relación y que ella incluso fue a fiestas y convivió con otros narcotraficantes y sus familias. Mientras Alicia pretendía cambiar la paternidad con un comunicado, el Indio les contaba a todos dentro de la prisión que había procreado una hija con la reina de belleza.

* * *

"La otra vida de esa persona yo no la conozco, esa no fue la persona que yo conocí y de la que yo me enamoré, las cosas que esta persona, el papá de mi hija, pueda hacer lícita o ilícitamente, la actividad que el papá de mi hija tiene, o tenga, o tuvo, no tiene nada que ver conmigo", dijo Alicia en aquella entrevista de 2018.[19]

Aseguró que el padre de su hija no se encargaba de la manutención "por convicciones mías", "mi hija es mía y yo creo que estoy en todo mi derecho, legalmente es mía, mi hija es ciudadano norteamericano [sic] y yo tengo todo el derecho de ser una madre sola en todo el sentido de la palabra. Mi hija es el producto de una relación de dos personas que se quisieron mucho, de dos personas muy distintas, porque él y yo somos aceite y vinagre, no sigo enamorada de él, pero me duele mucho por mi hija…"

En septiembre de 2021, Alicia contó una versión distinta de la historia en el ya citado *reality show* de La casa de los famosos. Dijo que cuando lo conoció, ella tenía trabajo y dinero y no dependía de él. Reveló incluso que se había comprado un departamento "divino" en Santa Fe. Sobre su embarazo narró:

"Y una noche de esas, ¡bueno, está bien, vamos a cenar! Ese día yo quedé embarazada, yo lo sabía, y bueno, pasa, y no sé qué, yo me di cuenta de que estaba embarazada así [chasquea los dedos], como a las cuatro semanas, y resulta que pasó, y bueno, medio volvimos, entre comillas, yo me estaba comprando un departamento aquí en Santa Fe, divino, que lo había comprado en preconstrucción, le estaba haciendo el suelo, haciendo la cocina [...] Estaba haciendo *El Pantera*, una serie que le fue muy bien, y entonces, bueno, entre que eran peras y manzanas, pues yo me pasaba a veces tiempo con él en su casa, porque mi casa la estaban haciendo, y bueno, empezamos a armar todo lo del bebé y tal [...] ¡Él estaba como loco [feliz]! ¡No puede ser! Tú eres el amor de mi vida, tarará, tarará, tururú, tururú..."[20] Alicia aseguró que tuvo un embarazo feliz, pero dijo que después de cinco meses de embarazo el padre de su hija comenzó a alejarse.

"Yo a veces le decía 'es que me dejas sola', 'sí, pero yo te dejo con chef, con escoltas, con mujeres de servicio', me dejaba en jaula de oro, yo le decía 'sí, pero lo que yo quiero es estar contigo'. 'Es que tengo mucho trabajo', 'es que los políticos', porque andaba en cosas de política, y tal, no sé qué [...] y tengo que esto, y que el alcalde, y que el gobernador, y que el pedo, y que la campaña, y que el pedo y la madre, y se me desaparecía un jueves y regresaba un lunes. [¿Y no te salías con tus amigas?] Pues yo soy tranquila, yo estaba en mi casa feliz."

"Mi mamá se vino, o sea sí, pero al final lo que quieres es estar con el güey del que estás embarazada, cabrón, no es cualquier cosa [...] la verdad no la hacía de pedo, estaba muy contenta [...] Yo traía camioneta blindada, cuatro escoltas, no me hacía falta nada, pues..."

Alicia aseguró que ella misma terminó la relación porque descubrió que le era infiel con una mujer que también estaba embarazada al mismo tiempo. Por medio de distintos testigos, se pudo confirmar la versión de que fue la infidelidad del Indio y no sus negocios de narcotraficante y asesino lo que habrían hecho que terminara la relación.

"Al día de hoy, ella y yo somos las mejores amigas y mi hija se lleva con los niños y todo, y mi hija pasa días con ellos; cuando tú amas tanto a tus hijos tu orgullo de mujer lo dejas a un lado", dijo Alicia.

Son muchas y diferentes las versiones que ha dado la Miss Universo sobre el padre de su hija, omite su nombre y cambia los hechos, sobre todo lo que se relaciona con su situación económica, por las implicaciones que tendría jurídicamente como ciudadana estadounidense, estatus que obtuvo desde 2016.

De sus últimas declaraciones de septiembre de 2021 lo que sí es verdad es que Alicia Machado tenía un lujoso departamento en Santa Fe, aunque en aquel momento no contaba con la solvencia económica para comprarlo, como ella misma admitió en 2018 y como constaba a las personas que la conocieron en aquellos años.

Personas vinculadas en aquel tiempo a la "la reina renegada" y el Indio afirmaron categóricamente que el inmueble lo compró él, fue un regalo para Alicia y su hija. La adquisición habría ocurrido entre 2007 y 2008. El inmueble estaba en el residencial Torre Vista del Campo, en Altavista, Santa Fe. Un exclusivo complejo con cinco edificios y amenidades como alberca, gimnasio y un bellísimo jardín comunal. En aquel entonces el valor de compra era de entre 850 mil dólares y un millón.

A quienes visitaron el departamento, Alicia les explicó que se lo había regalado el padre de su hija y que la tenía como una reina, y que aunque ya no se frecuentaban, la mantenía. El inmueble lo describieron como un departamento amplio con vista panorámica, pintado de blanco, con una decoración de buen gusto y un piano de cola en el salón principal. Entre 2008 y 2009, cuenta una de las personas entrevistadas, Alicia vivió en ese departamento con su madre, la niña, que aún era pequeña, y una nana.

Desde el 2 de octubre de 2008, el Departamento del Tesoro de Estados Unidos puso en su lista de la OFAC al Indio y todos sus alias, lo cual quiere decir que estaba prohibido para cualquier ciudadano o entidad de ese país tener relaciones económicas de cualquier índole con él.[21]

* * *

A lo largo de su carrera la "reina renegada" se ha quejado de tener problemas económicos, aunque durante su relación con el Indio esa mala racha pareció ser diferente.

En 2013, ella misma hizo público que estaba por perder su propiedad en Miami porque tenía problemas con el fisco en Estados Unidos, por no pagar los impuestos del inmueble. No tenía dinero para hacerlo.[22] Según los registros públicos de la propiedad del condado de Miami, se trata de un departamento ubicado en avenida Collins 5600-5N, en Miami Beach, que ella compró en 2002 por 260 mil dólares.[23]

En 2015, el conjunto Torre Vista del Campo fue afectado por un deslave y la desalojaron junto con otros vecinos. Decidió dejar México y se fue a vivir a California. En 2017, en diversos videos dijo que no encontraba trabajo y que de nuevo tenía serios problemas económicos, incluso dijo que algunas de sus compras debía hacerlas con cupones de descuento. Cansada de esperar una oportunidad, se mudó a Miami.

Según el registro público de la propiedad, en enero de 2017 vendió el departamento de Miami Beach en 430 mil dólares. La compradora fue la corporación Aleandre Properties LLC, creada en Florida apenas un mes antes de la compra, en diciembre de 2016. Aleandre Properties vendió la propiedad en abril de 2021 por 379 mil dólares. Un mal negocio. La compañía fue disuelta en septiembre de 2021.[24]

En realidad, las finanzas de Alicia Machado no estaban tan mal como ella decía. Algún milagro ocurrió. El 3 de diciembre de 2019 se compró de contado un penthouse en el lujoso y nuevo condominio Le Jardin, ubicado en 102nd Street, 1150, penthouse 705. De acuerdo con los registros públicos de la propiedad, en una sola exhibición pagó 742 mil 800 dólares.[25] Llama la atención que aunque oficialmente ya había vendido la propiedad de avenida Collins, en la escritura de compra del PH en Le Jardin, fechada el 3 de diciembre de 2019, quedó asentado ese departamento como su dirección oficial.

El PH se ubicaba en el corazón de Bay Harbour Islands. Medía más de 120 metros cuadrados, tenía dos habitaciones y dos baños y medio; con ventanas de vidrio del piso al techo, interiores blancos y una terraza privada de casi 28 metros cuadrados con vista a Bal Harbour-Bay Harbor. El edificio contaba con bar, espacio para guardar bicicletas, área de pícnic con parrilla, sala comunitaria, ascensor, sala de ejercicios, espacio de almacenamiento adicional, piscina climatizada, biblioteca, sauna y spa con jacuzzi.

Ella misma hizo pública su adquisición por medio de un video donde festejaba y celebraba su lujoso inmueble. Sin embargo, lo vendió en poco tiempo. El 22 de marzo de 2021, Susana J. Levinson y Marvin S. Levinson lo adquirieron por 750 mil dólares

En México, luego del arresto del Indio, las autoridades le incautaron seis propiedades en el estado de Jalisco, en Tonalá, Tlajomulco y El Arenal, incluyendo una residencia en el lujoso Club de Golf Santa Anita en Tlajomulco. También le incautaron un departamento de lujo en Bosques de las Lomas con un valor comercial de al menos un millón de dólares, y otro departamento en Hacienda de las Palmas en Huixquilucan. Estaban a su nombre o al de Gabriel Rosillo Majul, quien aparece involucrado en todas las propiedades, y en unas u otras Refugio Gutiérrez Martín, Mamiye Sultan Esther y Antonio Bachaalani Nacif, sobrino de Kamel Nacif, denunciado en 2004 por Lydia Cacho de pornografía infantil, y acusado del secuestro y tortura de la prestigiosa periodista.

El narcotraficante lleva ya 11 años en prisión, viviendo en una celda de dos por tres metros, que a veces tiene que compartir con una o dos personas, con la luz encendida las 24 horas; ha habido épocas en que le han negado atención médica e incluso ha sufrido abusos y golpes como otros presos en ese penal.

En marzo de 2018, en la Corte de California fueron retirados los cargos "sin prejuicio" contra el Indio y otros coacusados porque los testigos principales ya no se encontraban, y se canceló la petición de extradición. Eso no significa que los cargos se hayan retirado de manera definitiva y en cualquier momento podría volver a ser imputado.

El Indio sigue en México esperando una sentencia, pero con el escándalo de la narcoconspiración en la que está imputado el presidente de Venezuela Nicolás Maduro, y en la que está involucrado directamente el Indio, las circunstancias para él pueden cambiar de un momento a otro. Las implicaciones para la Miss Universo venezolana, Alicia Machado, son igualmente impredecibles.

NOTAS

[1] Declaración ministerial de Édgar Bayardo del Villar en la averiguación previa PGR/SIEDO/UEIDCS/359/2008. Agencia Reforma, "Narcotraficante 'El Indio', ¿padre de la hija de Machado?", *Reforma*, 23 de abril de 2010.

[2] *Ibid.* Ricardo Arroyo, alias *El Richard*, hijastro de Jesús Reynaldo Zambada García, confirmó dicha relación.

[3] Lydia Martin, "Miss Universe, Sizing Up her Reign", *The Washington Post*, 16 de mayo de 1997, disponible en https://www.washingtonpost.com/archive/lifestyle/1997/05/16/miss-universe-sizing-up-her-reign/4b76f45c-aaa9-4b44-8acf-39f2d4af7598/.

[4] Informe presentado por Thomas A. Constantine, director de la DEA, ante el Congreso de Estados Unidos en 1998.

[5] *Idem.*

[6] Información del expediente judicial 3:97-cr-02209 abierto contra José Gerardo Álvarez Vázquez en la Corte de Distrito Sur de California.

[7] *Idem.*

[8] *Idem.*

[9] EFE, "La 'Miss' engorda", *El País*, 11 de agosto de 1996, disponible en https://elpais.com/diario/1996/08/12/agenda/839800805_850215.html.

[10] Declaración ministerial de Édgar Bayardo del Villar, 9 de marzo de 2009.

[11] Información del expediente judicial 11-cr-00247 abierto contra el capitán Villarroel en la Corte de Distrito Este de Nueva York.

[12] Declaraciones ministeriales contenidas en la averiguación previa PGR/SIEDO/UEIDCS/439/2010, PGR/SIEDO/UEIDCS/439/2010, e información del expediente judicial 11-cr-00247 abierto en la Corte de Distrito Este de Nueva York.

[13] Palabras de Alicia Machado en el programa Suelta la sopa de Telemundo en 2018. Disponible en https://www.youtube.com/watch?v=cIZRqOkEXL8.

[14] Los kaibiles son un grupo de élite del Ejército de Guatemala que se hizo famoso internacionalmente durante la guerra civil de ese país de 1960 a 1996, por las cruentas masacres y abusos de lesa humanidad cometidos contra la población, principalmente indígena. Cuando se firmó la paz, muchos de ellos desertaron y se alquilaban como sicarios en México.

[15] Declaración ministerial del testigo protegido Lucero, 21 de septiembre de 2010.

[16] *Idem.*

[17] Vanguardia, "Sicarios cuentan su versión sobre la peor masacre del Edomex", *Vanguardia*, 23 de septiembre de 2015, disponible en https://vanguardia.com.mx/noticias/nacional/2865564-sicarios-cuentan-su-version-sobre-la-peor-masacre-del-edomex-CXVG2865564

[18] Gustavo Castillo García, "'Perdí la cuenta de cuántos he matado'", *La Jornada*, 25 de abril de 2010, disponible en https://www.jornada.com.mx/2010/04/25/politica/006n2pol

[19] Palabras de Alicia Machado en el programa Suelta la sopa, *loc. cit.*

[20] "Alicia le llora a Mane, le cuenta lo que sufrió con el padre", disponible en https://fb.watch/8TnTYiDzYH.

[21] Boletín de prensa publicado por el Departamento del Tesoro el 2 de octubre de 2008, disponible en https://home.treasury.gov/policy-issues/financial-sanctions/recent-actions/20081002.

[22] Univision, "Alicia Machado podría perder su departamento por una deuda con el fisco", Univision, 3 de junio de 2015.

[23] La autora cuenta con la copia de los registros públicos de la propiedad de Miami-Dade.

[24] *Idem.*

[25] *Idem.*

8

El Bombón Asesino

Aún era de día cuando llamaron a la residencia de Paseo de Primaveras número 19, en Bosques de las Lomas, una de las zonas más exclusivas de la Ciudad de México. Llegó un peculiar sujeto con llaves en mano y un flamante Lamborghini. El mensajero llamó a la puerta y solo dijo lo que le estaba instruido "Un regalo para la señora".

Ante el insólito obsequio, el empleado de la residencia pidió que esperara ahí y llamó a su patrón: Juan Zepeda Méndez, un polémico empresario que en el pasado había sido vinculado con el narcotraficante Amado Carrillo Fuentes y el Cártel de Juárez, a través del Grupo Financiero Anáhuac. Luego de tres años en prisión, en 2001 salió absuelto de lavado de dinero y con una condena menor por el uso de documentos falsos. Había demasiados políticos involucrados en el caso incluyendo Federico de la Madrid, hijo del expresidente Miguel de la Madrid, y Diego Fernández de Cevallos. Ninguno fue condenado.

Su pareja era una vedette famosa y eran habituales algunos arreglos florales y cosas como esas. Cuál sería su sorpresa cuando le informaron que en esta ocasión era un Lamborghini.

Ni siquiera se atrevió a preguntar quién era la persona que enviaba a su compañera tan espléndido regalo. Solo pidió que la persona se retirara con todo y auto, y que no volviera más por ahí.

El enviado respondió nervioso, cierto que se podría haber puesto en los zapatos del marido indignado, pero no tenía opción. Debía por fuerza dejar el regalito.

"Tengo instrucciones de que el coche se quede aquí o va a haber problemas", dijo sin dar más explicaciones.

Al buen entendedor, pocas palabras, dice el refrán.

Así, el mensajero dejó las llaves, el Lamborghini estacionado y se esfumó. No por mucho tiempo. Cuando Zepeda vio a su esposa, la actriz Ninel Conde, comenzaron una acaloradísima discusión.

* * *

Ninel Herrera Conde, mejor conocida en el mundo artístico como Ninel Conde, *el Bombón Asesino*, nació el 26 de septiembre de 1976 en una familia de clase media baja en el Estado de México. Trabajaban en el negocio de las tortillas. Sus padres eran Mirna Conde y Lenin Herrera. Su nombre es el nombre de su padre escrito a la inversa. Es la menor de cinco hermanos, tres mujeres y dos hombres.

Su padre murió cuando tenía tres años. Ella misma ha dicho que su sueño desde niña era ser artista, no tenía un plan B. Solía ver la novela infantil *Chispita*, cuya dulce y tierna protagonista era la cantante y actriz conocida como Lucerito.

Ninel estudiaba en un colegio privado exclusivo para niñas en la colonia Satélite del Estado de México llamado Academia Maddox. Ha contado a sus cercanos que el lema de su abuela era que "los hombres no servían para nada". Pero ella con el tiempo les encontró utilidad.

Quienes la conocen de cerca afirman que es una mujer sin prejuicios y pragmática cuando se propone obtener algo, y más bien desinhibida y de muy amplio criterio. La describen como la típica persona que piensa que el jardín de enfrente siempre es más verde y lo ambiciona.

Estudió formalmente hasta el nivel preparatoria. Con rostro natural, esbelta y larga figura, en 1995, a los 19 años, representó al municipio de Naucalpan en el concurso de belleza del Estado de México en el cual fue ganadora. Fue ahí donde comenzó a abrirse camino en el mundo que quería.

Ese mismo año tuvo algunos pequeños papeles como extra en programas del comediante Eugenio Derbez y en telenovelas. Fue así como conoció al multipremiado actor y escritor Ari Telch, 14 años mayor que ella, quien tenía un prestigio sólido en el selecto mundo del teatro. Ninel quedó embarazada durante su noviazgo y contrajeron nupcias.

Telch alcanzó uno de sus momentos de mayor fama en 1997 como protagonista de la telenovela *Mirada de mujer*, con la actriz Angélica Aragón; así como de diversas producciones teatrales. Su matrimonio con Ninel Conde terminó en dos años. Durante cuatro años ella no le permitió al actor ver a su hija y le hizo una serie de requerimientos económicos que Telch no podía solventar, además de que lo acusó de supuesta violencia doméstica. Personas cercanas a esa historia afirman que el actor define esa etapa de su vida como una de las peores.

En 2003 Ninel Conde se involucró sentimentalmente con el cantante José Manuel Figueroa, cuyo principal género es la música grupera. Es uno de los hijos del cantante Joan Sebastian, cuyo nombre real era también José Manuel Figueroa, fallecido en 2015. De acuerdo con integrantes del Cártel de los Beltrán Leyva, además de su actividad como cantante, tenía relaciones con el narcotráfico, al igual que su hermano Federico Figueroa, quien oficialmente se dedica a ser ganadero y promotor de espectáculos como jaripeos, palenques y ferias al interior del país. Un ejemplo de cómo un mundo y otro se entremezclan operativamente.

Cuando Ninel Conde se relacionó con Figueroa, él ya tenía una carrera musical exitosa. Ella grabó su primer disco de música grupera en 2003 y ocupó la carrera de su pareja como trampolín.

Comenzó a participar en palenques y ferias regionales. Desde entonces, ha basado su fama de vedette con shows donde el principal ingrediente es su apariencia física, su llamativo y diminuto vestuario y sus coreografías. El mundo de los palenques y la música del género que eligió son el gusto predilecto de los narcotraficantes mexicanos y el espacio donde se hacen contrataciones de vedettes de su perfil para fiestas privadas.

Ninel Conde ha centrado su carrera en un modelo de apariencia física que ha alcanzado a través de diversas cirugías estéticas. Quienes la conocen afirman que al menos se ha hecho una decena de intervenciones estéticas y ha transformado su rostro y moldeado su cuerpo a través de implantes, liposucción y otros procedimientos, desde pantorrillas, brazos, piernas, cintura, abdomen, derrier, senos, ojos y nariz. Algunas partes en más de una ocasión.

"Es que ella tiene un bombón asesino
Se sabe un bombón bien latino
Me dicen bombón suculento
Que por mi bombón casamiento
Saben que bombón y lo mueve
Menea el bombón cuando quiere
Me dicen bombón insaciable
Que soy un bombón masticable
Me dicen bombón"

La canción "Bombón asesino", que el autor argentino Juan Baena compuso "en 15 minutos", según explicó él mismo, la tomó Ninel Conde para cantarla en primera persona en 2006. De ahí vino su sobrenombre. La melodía la convirtió en su himno. La relación con Figueroa terminó mal ese año. Cuando se separaron, ella lo acusó de ser "agresivo, celoso y posesivo". Y lo hizo responsable públicamente de cualquier cosa que le ocurriera a ella o a su familia.

El Bombón Asesino ya tenía otro candidato en puerta: el controvertido empresario Juan Zepeda, con quien comenzó una relación sentimental en el mismo 2006. Estaba incluido en la lista de los su-permillonarios en México. Ella tenía 30 años y se casaron en 2007. Viajes en avión privado, bolsas de marca de edición especial, joyas, ropa y un sinfín de excentricidades. En todo fue complacida Ninel Conde por su nuevo esposo, y ella continuó con su carrera de vede-tte. Se afirma que la cantante podía gastar hasta 2 millones de pesos en un día de compras.

"Soy introvertida, timidona…", se ha definido Ninel Conde a sí misma en diversas entrevistas. No para los integrantes del Cártel de los Beltrán Leyva, según afirman testigos de los hechos. Cuando el dinero de Juan Zepeda fue menguando, igual ocurrió con el in-terés de Ninel Conde en él. Así fue como el Lamborghini llegó a la puerta de su casa.

* * *

A través de los circuitos que conocía, Juan Zepeda mandó de re-greso el superauto italiano al *sponsor* que había enviado tan fas-tuoso regalo. No podía tolerar la situación porque eso lo haría ver como alguien que no se toma en serio a sí mismo y afectaría sus negocios.

Así, programó una reunión con quien estaba cortejando a su esposa. Lo citaron en el lujoso hotel Villa Bejar de Cuernavaca. Lle-garon a recogerlo en un vehículo y cuando entró en él de inmedia-to le cubrieron la cabeza para que no pudiera ver a dónde lo estaban llevando. El coche habrá estado en circulación 20 minutos como máximo.

Cuando descendió se encontraba en un rancho. Lo tuvieron en antesala cerca de dos horas hasta que finalmente lo recibieron. Ahí estaba Arturo Beltrán Leyva, el líder del Cártel de los Beltrán Ley-va. El Barbas para el mundo exterior, don Arturo en su reino.

Arturo Beltrán Leyva ha sido uno de los narcotraficantes más poderosos y temidos en la historia reciente de México. Primo de

Joaquín Guzmán Loera, hizo su propio recorrido en el mundo criminal para estar sentado en su trono. Operaba a sus anchas en Quintana Roo, Sonora, Guerrero, Morelos y el Estado de México, y tenía a su servicio a los jefes de la Policía Federal más importantes de México, a quienes pagaba millonarios sobornos, así como a varios de los generales más poderosos del país. Se sentaba con políticos de todos los partidos y llegó a ser mecenas en las campañas políticas de diputados, senadores, alcaldes, gobernadores y presidentes de la República. Era un hombre para el que todo tenía un precio, e incluso con "el estiércol del diablo", como llamó San Basilio al dinero, podía compra mujeres angelicales.

"Me gusta porque tiene huevos", le dijo a Juan Zepeda clavándole la mirada. Eso no significaba que dejaría a un lado su interés por Ninel Conde, pero sí que no lo mataría. "No sabía que el coche era suyo", aclaró Zepeda, y él respondió: "Tómate un trago".

Quienes conocen la historia, afirman que el empresario se quedó en el rancho cerca de dos o tres días, no por su gusto, sino en una especie de secuestro no violento. Al final lo soltaron.

Es posible que Zepeda no lo supiera o tampoco hubiera querido saberlo, pero desde hacía mucho tiempo su esposa Ninel Conde tenía contacto con los integrantes del Cártel de los Beltrán Leyva. Específicamente con Arturo, señalaron testigos de los encuentros.[1]

* * *

Arturo Beltrán Leyva nació en la ranchería La Palma, en Badiraguato, Sinaloa, hijo de Carlos Beltrán Araujo y Ramona Leyva Gámez. Las autoridades tienen registradas dos fechas de nacimiento, una en 1958 y otra en 1961. Fue el mayor de nueve hermanos. Inició cultivando mariguana y amapola y entró a las grandes ligas del tráfico de drogas internacional al lado de Amado Carrillo Fuentes, mejor conocido como *el Señor de Los Cielos*, y bajo la guía del Mayo Zambada, el omnipotente líder del Cártel de Sinaloa.

Arturo y al menos otros tres de sus hermanos decidieron seguir la ruta criminal: Héctor, *el H*; Mario Alberto, *el General*, y Alfredo, *el Mochomo*. Este último era el menor de la familia, con quien Arturo era particularmente unido, afirman quienes los vieron juntos. Más que su "carnal", era quizás más parecido a un hijo.

En un inicio el clan familiar de narcotraficantes fue conocido en los círculos del narcotráfico como Los Caballeros porque se habían hecho expertos en el tema de lavado de dinero y eran los responsables de pagar sobornos a los diferentes niveles de gobierno.

La figura materna era una de las más importantes para Arturo. Un mito. Y en honor a ella es que la familia Beltrán Leyva fundó una escuela de educación primaria en La Palma que lleva el nombre "Escuela Ramona Leyva Gámez", en el esquema de "control público", es decir, es mantenida con recursos privados, pero bajo supervisión de la Secretaría de Educación Pública del estado.

Arturo, primo del Chapo, fue quien lo ayudó a levantar su primera siembra ilegal en la Sierra Madre Occidental. Cuando el Chapo fue arrestado en 1993, tras el homicidio del cardenal Juan Jesús Posadas Ocampo en Guadalajara, fue Arturo quien se encargó de mandarle millones de dólares para sobornar a las autoridades federales y los guardias del penal de máxima seguridad en Puente Grande, y fue quien financió el proyecto de fuga en 2001.

De acuerdo con testigos presenciales e informes del gobierno, el nombre de los Beltrán Leyva no aparece entre los sicarios o lugartenientes del Cártel de Guadalajara en la época en que el Chapo era una especie de Jack el Destripador.

La fama de sanguinario, mecha corta y despiadado le llegaría después a Arturo, gracias a que contaba con socios y brazos operativos que coordinaban a grupos de sicarios para atacar a sus enemigos: Gerardo Álvarez Velázquez, *el Indio*, y Edgar Valdez Villarreal, *la Barbie*. Además tenía los que él manejaba directamente: los Pelones y los Norteños.

Los integrantes del Cártel de los Beltrán Leyva que lo conocieron en persona lo describen como un hombre de 1.80 de estatura, cabello negro, barba cerrada y complexión robusta. "Me causó la impresión de ser un hombre decidido y con un carácter fuerte e imponente por su mirada y voz", relató uno de sus lugartenientes sobre la primera vez que lo vio en el año 2001 o 2002, en una residencia de Acapulco.[2]

"Era buena gente", dijo, y luego corrigió, "pero la realidad es que sí era algo especial el señor, medio serio, solo de vez en cuando soltaba una carcajada o algo. Pero sí tenía un carácter muy fuerte y explosivo, era una persona de sangre fría en sus decisiones y agresivo cuando andaba drogado".

Don Arturo, como le decían sus socios y allegados, era de humor cambiante y de apego estricto a las jerarquías. Con los sicarios o la gente de bajo rango apenas y cruzaba palabra, pero era menos prepotente que el Indio y la Barbie. Con la gente de mayor nivel tenía más trato, incluso podía llegar a saludarlos de abrazo. Por la Barbie tenía un particular afecto y lo llamaba "mijo".

Podía llegar a ser espléndido con su gente. Por ejemplo, regalar masivamente relojes costosísimos luego de una operación o golpe exitoso. Pero no toleraba ni el más mínimo error, y podía matar a sangre fría ante la más mínima sospecha.

"A veces me abrazaba, 'mijo, ahí le encargo a mi hijo el tigre'", recuerda un testigo que le decía sobre la Barbie, "eso sí, me decía, 'si le pasa algo, usted me responde con su vida'". "Estaba al mismo nivel que el Chapo. Cuando el Chapo se fugó de Puente Grande el que lo apoya es don Arturo, le da muchos millones y le dice 'órale, ahí está…'"

"Mochomo era más amigable, un señor más alto, igual, de barba cerrada, a veces sin barba. Lo vi en dos ocasiones, una en un mall que está enfrente de TV Azteca, en el sur, ahí me tocó llevarle 150 mil dólares que le debía el Güero y se los mandó conmigo. Ahí estaba muy rasurado y sin bigote, muy elegante, de traje, corbata, gabardina, tenía un BMW 765. Iba solo con el chofer. El Mochomo y don Arturo eran muy unidos, convivían mucho, era una amistad y un gran cariño de hermanos, de mucha confianza", relató el mismo testigo.

El testigo señaló que el apodo Mochomo le venía en referencia a una especie de hormigas arrieras, hormigas cabezonas rojas, que hay en la sierra de Sinaloa a las que se les dice "mochomo".

"Al H [Héctor Beltrán Leyva] no lo conocí, una vez escuché de él, pero él no figuraba mucho en eso, por eso viene el pleito. Cuando matan a don Arturo, el H quiere brincarle al Güero, se lo digo porque esto me dijo él. El H brinca y dice que ahora iba a ser el líder, y el Güero le dijo 'no, a la verga, el líder soy yo, a mí me toca'. Y se amenazaron de muerte y de ahí se hizo la guerra entre el cártel de la Barbie y los Beltrán… De todos modos, el Güero no tenía buena amistad con ese señor." El H "era muy mamón, muy serio. Él también tenía tratos con mucha gente del gobierno".

Arturo estaba principalmente en Cuernavaca y sus inmediaciones. Tenía o rentaba casas en la Ciudad de México, sobre todo en el sur, y pasaba largas temporadas en Acapulco, donde ejercía un control total sobre las autoridades.

En la Ciudad de México habitualmente vestía de traje y corbata de marca. Y en Acapulco y climas más cálidos usaba pantalón de vestir formal y camisas ligeras. Aunque al final de su carrera criminal, cuando era perseguido por el gobierno, afirman que estaba descuidado, sucio y ahogado en drogas.

El jefe del clan de los Beltrán Leyva era muy reservado en su vida familiar, eran pocas las veces que abría la puerta para tener acceso a ella. Estaba casado con Ilyana Marcela Gómez Burgueño. Quienes la conocieron la describen como una mujer de mediana estatura y complexión media. Afirman que se vestía de manera elegante, sin mostrar de más su figura; usaba ropa de marca y joyas. Quienes presenciaron la relación de la pareja la describieron como cordial, respetuosa y fría. En la organización todos se referían a ella como "señora" o "patrona". Entre 2001 y 2009 sus hijos, Arturo e Ilyana, rondaban entre los 13 y los 20 años.

Las mujeres que conocieron a Arturo Beltrán Leyva, que eran esposas o familiares de integrantes de la cúpula, lo describen como un "caballero". Nunca le faltaría al respeto a una de las mujeres de las familias del clan y sus socios. Eso estaba vetado, absolutamente prohibido. Pero cuando alguna le gustaba no lo podía disimular.

Arturo Beltrán Leyva tenía el poco conocido hobby de tocar el acordeón. Y aseguran que lo hacía bien. Cuando había un cumpleaños, si estaba de buenas, él mismo tocaba las mañanitas. Le gustaba amenizar sus fiestas familiares con sus grupos preferidos: El Recodo, Ramón Ayala y Los Cadetes de Linares, Torrente, Banda Limón, Los Canelos, Los Cachorros de Juan Villarreal, entre otros, afirmaron testigos.

Era de gustos excéntricos. Por ejemplo, relatan que en uno de esos eventos familiares con socios y amigos del primer círculo narró que se había comido un xoloitzcuintle, un perro endémico de México con más de 7 mil años de existencia. En el mundo prehispánico era considerado un animal sagrado, pero para el capo fue un festín y presumió que además de comer la carne habría hecho chicharrón con su piel.

"Don Arturo era un hombre muy sexual, tenía una risa sonora", refirió una de las mujeres que lo conoció en ese contexto de familias del crimen organizado. Pero nadie podía dudar que Arturo Beltrán Leyva y su clan eran la viva imagen de una clase criminal insaciable que estaba dinamitando la nación. Todo lo que había a su alrededor era pagado con dinero producto del crimen, incluyendo el perro que se comió. Él no era bombón, solo era asesino.

Desde el año 2000, los Beltrán Leyva traficaban droga a gran escala por tierra, aire y mar. Eran responsables del transporte de toneladas de cocaína desde Sudamérica, a través de Centroamérica y México para hacerla llegar a Estados Unidos. También producían y traficaban metanfetaminas, resume la acusación criminal que existe contra el clan en Estados Unidos.[3]

Fueron responsables de sobornar a muy diversos servidores públicos del gobierno de México y otros países. Pagaron millones de dólares a personal militar, policía municipal, policía estatal, alcaldes, gobierno del estado, Policía Federal y a funcionarios de la PGR y procuradurías locales.[4]

Dichos sobornos permitieron a los Beltrán Leyva y sus aliados operar con impunidad, llegando incluso a conducir patrullas de la policía. El propio Arturo Beltrán Leyva era escoltado con regularidad por elementos policiacos, así como los cargamentos de droga que traficaba a través de México.[5]

A los Beltrán Leyva se les responsabiliza de la conformación de grupos de asesinos a sueldo, sicarios "que fueron responsables de múltiples actos de violencia, incluidos asesinatos, secuestros, torturas y cobro violento de deudas de drogas", así como de tráfico de armas para equipar a sus ejércitos de asesinos.[6]

Detrás de ese negocio criminal, basado en corrupción y muerte, quien comandaba la organización, Arturo Beltrán Leyva, igual que todos los integrantes de su grupo, tenía debilidad por las mujeres. Entre más famosas y codiciadas, mayor era la recompensa a sus delitos y mayor el estímulo para continuar cometiéndolos.

La conducta criminal de los Beltrán Leyva y otros narcotraficantes no generaba ningún castigo por parte de las autoridades, quienes eran sus cómplices, y su efecto era la acumulación de grandes cantidades de dinero y poder, que a su vez les daban una recompensa específica, relacionada con uno de los impulsos más primitivos: *eros*. Podían estar con mujeres que para muchos parecían inaccesibles, y no tenían que secuestrarlas, violentarlas o asesinarlas, como ocurre a miles de mujeres en México, sino comprar su compañía. Al tener a esas mujeres, el valor de todas las demás disminuía; qué más daba utilizarlas, traficarlas, esclavizarlas, convertirlas en niñas sicarias o en burros de carga de droga. La degradación voluntaria de esas mujeres famosas que iban con los narcotraficantes indirectamente condenaba a todas las demás.

El Indio tenía como uno de sus premios a la Miss Universo Alicia Machado, y la Barbie, a la actriz Arleth Terán; el Barbas también tenía acceso a diversas mujeres del mundo del espectáculo, pero durante un tiempo se aficionó particularmente a dos, una de ellas era Ninel Conde.

* * *

El Lamborghini a la puerta no sería el primer obsequio que el Bombón Asesino habría recibido de narcotraficantes. Testigos afirman que desde que comenzó a girar en el mundo de los palenques, las ferias, presentaciones públicas o privadas, le regalaban joyas, relojes y dinero. Los presentes venían de traficantes de diversos niveles y organizaciones criminales. Ella les decía sí a todos.

En 2017, el penúltimo año del sexenio de Enrique Peña Nieto, la Subprocuraduría Especializada en Investigación de Delincuencia Organizada (SEIDO), de la PGR, abrió la carpeta de investigación FED/SEIDO/UEIORPIFAM-CDMX/0001047/2017 por una denuncia anónima en la que se informó que Ninel Herrera Conde, y sus empleados y socios Rosa María Jiménez Arvide, Julio César Aranda Mata, Carlos Gustavo Palomo Ramírez, José Luis Castro Paredes, y las empresas Producciones y Espectáculos del Centro o Producciones de Espectáculos del Centro y Producciones Nueva Creación, se dedicaban al lavado de dinero presuntamente proveniente del tráfico de drogas.[7]

En dicha denuncia se afirmó que el primer contacto del Bombón Asesino con el narcotráfico había ocurrido incluso antes de establecer una relación sentimental con el hijo de Joan Sebastian. Se afirma que conoció a Mauricio Fina Restrepo, alias *la Gaviota*, y a Harold Mauricio Poveda, *el Conejo*, el principal proveedor de cocaína de La Federación y luego de los Beltrán Leyva. En la información que llegó a la PGR se afirmó que Ninel Conde tuvo una relación con la Gaviota que "duró varios años de manera intermitente".

"La señora logró que el señor Mauricio Fina le entregara recursos en efectivo", se afirma en el anónimo, para la compra de una propiedad en Lomas de Valle Escondido, una zona residencial exclusiva en Atizapán, Estado de México. Así como vehículos como camionetas Lincoln y una Porsche Cayenne.

Cuando Ninel Conde se casó con Juan Zepeda, mientras él le dio una vida de emperatriz, ella permaneció un tiempo alejada de esos círculos. Pero después volvió a tener contacto con ellos.

En dicho anónimo, se afirma que en 2008, cuando Ninel Conde tuvo un papel en la telenovela *Fuego en la sangre*, donde caracterizaba a una cabaretera llamada Rosario Montes, alcanzó un alto nivel de popularidad, y que eso la había convertido en objeto de deseo de varios integrantes del Cártel de los Beltrán Leyva, en particular de Arturo, el máximo jefe.

En la denuncia se asegura que ella recibió diversos tipos de regalos, como joyas y autos. Se asegura que Ninel Conde aceptó una cita con Arturo a cambio de un pago de 100 mil dólares y que solo sería por dos horas. La cita habría ocurrido en una residencia en Jardines del Pedregal de San ángel, al sur de la Ciudad de México, acompañada de algunos miembros de su staff, incluyendo sus bailarinas.

Efectivamente, el Barbas tenía diversas residencias en esa zona residencial. Una de ellas incluso fue subastada por el gobierno de México en 2019 por más de 14 millones de pesos.

"La cita se llevó sin ningún contratiempo, pero duró más de cinco horas, ya que la señora se encerró con el señor Leyva en una de las recámaras, de esta manera se realizaron innumerables encuentros más en esa misma propiedad y otras en Cuernavaca, Morelos, a donde la señora era transportada en helicópteros", se dijo en el anónimo.

Independientemente de dicho escrito, existen testimonios de integrantes del Cártel de los Beltrán Leyva que afirman haber visto a la cantante al menos en dos ocasiones. Es decir, no habrían sido citas privadas, sino ante miembros de la organización criminal.

En uno de esos encuentros, Ninel Conde se habría presentado a dar un show privado, en el que se encontraban Arturo Beltrán Leyva, Edgar Valdez Villarreal, Alberto y Mario Pineda Villa, alias *el Borrado* y *el MP* respectivamente, y otros. En aquel tiempo en sus shows siempre cantaba "El bombón asesino". Dos testigos, que fueron entrevistados por separado, en tiempos y lugares diferentes, comentaron que entre todos los asistentes hicieron una especie de rifa y habrían juntado cerca de 300 mil dólares, quien ganara se llevaría como premio la compañía del Bombón Asesino. Aseguran que el ganador fue Arturo Beltrán Leyva.

"Sí tuvieron una relación. En aquel tiempo hubo una posada en Cuernavaca, una fiesta privada y fue a tocar ahí", dijo uno de los testigos. "La conocí en dos fiestas que hubo en Cuernavaca y Acapulco. Cuando llegó al evento traía un vestido pegado y corto, después se cambió de ropa para dar su show", abundó quien estuvo presente. Sobre la rifa señaló: "Sí, fue en la primera fiesta que hubo en Cuernavaca, y obvio la rifa la ganó don Arturo". "Fue una relación ocasional, ya sabe, por evento y así", acotó el testigo, dando a entender que el capo y la vedette no eran pareja. El testigo afirmó que las veces que él estuvo presente los integrantes de la organización criminal la trataron con respeto, no había expresiones ofensivas ni vulgares, "por respeto a don Arturo y a ella misma". Pero en corto, "la raza le decía la Pato", explicó, por el voluminoso derrier.

* * *

Cuando la PGR comenzó la indagatoria en 2017, se encontró con el expediente UEIDFF/FISM06/133/2007 abierto contra Ninel Conde en 2007, donde se le acusaba por el "delito de defraudación fiscal o equiparable". Y le habían girado una orden de aprehensión. Aún estaba casada con Juan Zepeda.

Cuando agentes federales de investigación (AFI) de la PGR la detuvieron, ella presentó un amparo falso. Para su buena suerte el agente responsable de la investigación estaba adscrito a la entonces SIEDO, era integrante de un grupo de élite y era amigo de Zepeda. No cumplió con la orden de arresto ni ese ni ningún otro día. Pero la razón por la cual no lo hizo no fue necesariamente por ser amigo de Zepeda, sino porque el Bombón Asesino se portó muy amigable con él, y casi en las narices de su esposo le comentó insinuante que era una lástima que su esposa no lo valorara bien. "Si yo fuera tu mujer, sería otra cosa", le dijo la cantante al agente que tenía en sus manos hacer cumplir la orden de detención o dejarla libre.

Testigos relacionados con dicho policía afirman que tuvo un encuentro con la vedette al menos una vez, y él no solo no la arrestó, sino que le regaló un brazalete muy costoso. No era la primera vez que se encontraban, ya la había conocido cuando ella era pareja de José Manuel Figueroa (2003-2006), con quien el funcionario de la PGR también tenía buena relación. Sería a través de ese mismo agente que Arturo Beltrán Leyva le llegó a prestar un jet a Ninel Conde.

De acuerdo con testimonios de personas vinculadas con el círculo criminal, otro integrante del cártel con quien Ninel Conde tenía citas privadas era el Borrado, quien también era aficionado a frecuentar mujeres del espectáculo. Sus cómplices narran que él se jactaba de haber regalado un Lamborghini rosa a una de sus conquistas.

Arturo Beltrán Leyva quería disponer mejor de la compañía de Ninel Conde y le habría llegado a decir que si su problema para verse más seguido era su esposo Juan Zepeda, él podría matarlo. No lo hizo. En realidad, el mandamás del Cártel de los Beltrán Leyva se habría aficionado más a otra mujer del mundo del espectáculo.

* * *

Era 2004 cuando la Barbie recibió una orden precisa. Don Arturo necesitaba usar la casa que él ocupaba en Cuernavaca para recibir una visita especial.

Arturo, que siempre trataba de ser precavido, no quería llevar a esa persona a una de sus propias residencias por cuestiones de seguridad. La casa que le pedía a la Barbie era rentada, cada mes renovaba el contrato, así que la consideraba un lugar cómodo y seguro. Además, en ese momento Cuernavaca estaba bajo control total de la organización.

La propiedad en cuestión, narró un testigo, se encontraba en la avenida Plan de Ayala, una de las arterias principales de la ciudad, cerca de donde estaba la famosa discoteca El Alebrije, actualmente fuera de funcionamiento.

"[Estaba] a dos cuadras antes de llegar a ese antro, en ese entonces la fachada de la casa era de ladrillo, tipo rústica, con una puerta de acceso chica y dos portones a los costados. Tenía una cochera para cinco vehículos, dos en un garage y tres en otro. La alberca estaba en el jardín de la casa", describió con puntualidad quien era responsable de alquilar el inmueble y lo ocupó para vivir un tiempo.

Por órdenes de la Barbie, el testigo debía controlar la seguridad y esperar a don Arturo. Todos estaban armados. De pronto llegó el capo a bordo de un Mercedes Benz negro del que descendió acompañado por la conductora de televisión Galilea Montijo, quien entonces ya había hecho algunos papeles en telenovelas, había ganado el *reality show* Big Brother VIP y en ocasiones participaba en el famoso programa matutino de variedades Hoy. El jefe del clan de los Beltrán Leyva la trató con respeto. Le dijo: "Venga, mi amorcito, pásele", tomándola de la cadera.

* * *

Martha Galilea Montijo Torres, cuyo nombre artístico es Galilea Montijo, nació en Guadalajara en 1973. Inició su carrera en el mundo del espectáculo haciendo pequeñas participaciones en programas infantiles. En 1993, a los 20 años, ganó el concurso "La Chica TV" y fue la plataforma para tener participaciones en telenovelas como *Tú y yo*, en la que el protagonista era Joan Sebastian y también participó la actriz Arleth Terán. Sus historias se entrelazarían años después de otras formas.

Montijo actuó en telenovelas como *Azul* (1996) y *El precio de tu amor* (2000). En 2002 participó y ganó en el Big Brother VIP de Televisa, uno de los programas con mayor audiencia en la historia de la televisión en México, y es ahí cuando su popularidad despega de forma definitiva.

En 2004, cuando ya había conocido a Arturo Beltrán Leyva, participó en la telenovela *Amarte es mi pecado* con un personaje que tenía su mismo nombre: Galilea. De 2004 a 2007 fue conductora intermitente en el programa de variedades Hoy, transmitido por Televisa desde 1998 y que siempre ha sido uno de los de mayor rating. En 2006 obtuvo su primer y único papel protagónico en la telenovela *La verdad oculta*. Después su carrera la enfocó más en la conducción, regresando en 2008 al popular programa Hoy como titular, y es reconocida como una de las conductoras más populares.

Ha sido de las mujeres del espectáculo que ha posado provocativa en revistas para caballeros. En al menos cuatro ocasiones lo hizo en *H para hombres*. La primera fue en 2003, donde aparece con un collar en el cuello con la leyenda "sex" y el sugestivo titular "Galilea, en H la hicimos mujer". La segunda portada fue en 2005, donde aparece con una pantaleta azul y una blusa del mismo color satinada que cae de los hombros con el titular "De la tele a tus manos. Galilea Montijo". Las siguientes, igual de provocativas, fueron en 2007 y 2008, donde se puede leer: "En su mejor momento, Galilea en lencería".

En 2011 contrajo matrimonio con Fernando Reina Iglesias. Este empresario y político se ha desempeñado como regidor de Acapulco en 2009, director general de la coordinación de delegados de la Profepa de 2013 a 2015, y titular de la tesorería municipal de

Atizapán, Estado de México, en 2019, durante el gobierno de la alcaldesa Ruth Olvera, ganadora en 2018 por Morena y reelecta en 2021. Galilea Montijo participó en actos de campaña de Olvera recorriendo colonias populares del municipio.

Para el proceso electoral 2020-2021 Reina Iglesias fue compañero de fórmula de Armando Tonatiuh González Case en la candidatura a diputado federal plurinominal del Partido Revolucionario Institucional por la Cuarta Circunscripción. González Case era el titular en la fórmula y Reina Iglesias su suplente. Así quedo escrito en la lista emitida por el Consejo Político Nacional del PRI en febrero del 2021.[8] González Case había sido diputado y coordinador de la fracción parlamentaria del PRI en la primera Legislatura del Congreso de la Ciudad de México. Durante la campaña electoral del 2021 González Case fue investigado por su presunto involucramiento en una red de trata de mujeres e incluso la Unidad de Inteligencia Financiera de la Secretaría de Hacienda logró congelar sus cuentas bancarias. La red de trata había sido organizada por el priista Cuauhtémoc Gutiérrez de la Torre, contra quien hay una orden de arresto.

En 2009, la exconductora Inés Gómez Mont, de TV Azteca, la principal competidora de Televisa, llamó a Galilea Montijo "Doña Table". Años después se volverían grandes amigas, al grado de que Gómez Mont le regaló de Navidad a la conductora estrella un bolso de piel de cocodrilo cuyo valor oscila entre los 2 y 4 millones de pesos.

En septiembre de 2021, fue noticia pública que el gobierno de México giró una orden de arresto contra Gómez Mont y su esposo Víctor Álvarez Puga, acusados de lavado de dinero y defraudación fiscal. Se dieron a la fuga y medios de comunicación especularon que Montijo y su esposo también podrían estar involucrados en ese conflicto legal. En medio de la polémica, Reina Iglesias renunció a finales de septiembre de 2021 al cargo de tesorero en Atizapán. Para desviar las especulaciones Galilea dijo a la prensa a fines de octubre del 2021 —en los siguientes términos— que su esposo "renunció a la tesorería del estado porque va como candidato federal electo, entonces para quien sabe de eso es algo que se tiene que hacer".

* * *

Aunque don Arturo quería manejar su cercanía con Galilea Montijo con mucha discreción, la historia corrió dentro del grupo por medio de algunos guardias que atestiguaron la presencia de la conductora, según corroborarían ellos.

"Él tuvo una relación seria, de mucho tiempo, con Galilea Montijo, de hecho, le ayudó a sacar a su hermana de la cárcel, a la hermana de Galilea. A mí me tocó mirarla tres veces, por eso me consta, ¿verdad?", aseguró el miembro del cártel que prestó la casa en Cuernavaca. "Le podría decir sin exagerar que la relación duró al menos dos años, le regalaba relojes y joyas", abundó. Otros miembros del clan afirman que a don Arturo le gustaba ver cuando ella usaba en sus programas un reloj Rolex que él le había obsequiado.

Las otras ocasiones que el testigo vio a don Arturo en compañía de la conductora habría sido en una residencia de la Ciudad de México. El testigo afirmó que desconocía si el narcotraficante había regalado propiedades a Montijo, "lo que sí hizo fue pagar mucho dinero y mover sus influencias para sacar a la hermana de la cárcel". Se pudo constatar que en el periodo que refirió el informante, Paola, una hermana de la conductora, estuvo de en prisión acusada de posesión de drogas (2002-2005). En uno de los programas en que participó la actriz en 2005 ella misma anunció que su hermana acababa de salir libre: "La gente buena tiene su recompensa y por fin está libre", dijo Montijo.

"Siempre iba vestida elegantemente, en una ocasión la miré con pantalón y en dos ocasiones con vestidos pegados y muy elegantes, las tres ocasiones con abrigo", recordó el operador del cártel sobre las visitas de la conductora a Arturo Beltrán Leyva.

"Don Arturo estaba muy encariñado con ella", agregó. Otros informantes relacionados con la organización aseguraron que incluso el capo estaba "enamorado" de la conductora.

Los encuentros entre don Arturo y Montijo no ocurrieron en el contexto de fiestas o excesos, sino que eran privados. Cuando el vínculo terminó nunca más volvieron a verla con el narcotraficante ni con ningún otro del clan.

* * *

Las relaciones de Arturo Beltrán Leyva con el mundo del espectáculo no se limitaban a mujeres, también incluían hombres. Particularmente había dos con los que tenía una relación cercana y de respeto, no eran bufones, eran sus amigos; uno, su socio.

Uno de ellos era el veterano actor Andrés Abraham García García, mejor conocido como Andrés García, nacido en 1941, originario de Santo Domingo, República Dominicana. Saltó a la fama con el filme de acción mexicano *Chanoc*, difundido a fines de la década de los sesenta y que se convirtió en una saga. Tuvo su época dorada en el cine mexicano de las ficheras y luego incursionó con éxito en el mundo de las telenovelas.

El mismo testigo que conoció a Galilea Montijo y Ninel Conde, entre otros artistas, habló del encuentro entre Arturo Beltrán Leyva y otros jefes de La Federación con el famoso actor. "Estaba próximo el cumpleaños de don Arturo", recordó el lugarteniente. Fue con la Barbie a la casa del actor ubicada en la playa Pie de la Cuesta, uno de los sitios con los atardeceres más espectaculares del Pacífico. "Estaban Andrés García, don Arturo, el Güero, el Calín y el Chapo".

"Era una reunión privada, Andrés García era amigo de los señores", abundó el testigo, quien dijo que esa fue la primera vez que vio al Chapo. Recordó que el día era muy caluroso y no había nadie más de la organización criminal. Eran los tiempos de La Federación en la que aún estaban unidos el Chapo y don Arturo.

De manera inesperada, al mismo tiempo que el testigo narraba los hechos que había presenciado dentro del cártel, incluyendo las relaciones con artistas como Sergio Mayer, Arleth Terán, Alicia Machado, Ninel Conde y Galilea Montijo, en mayo de 2021 el actor Andrés García reconoció por primera vez que efectivamente conocía a los principales narcotraficantes de México.

"Conozco a todos, o al 90 por ciento de ellos, han venido aquí y me caen muy bien. Han venido porque yo les caigo bien, entonces agarramos unas parrandas terribles, ¿verdad?", confirmando los señalamientos del testigo. Aseguró que incluso le han regalado armas.[9]

Otro de los hombres de la farándula de prestigio internacional que tenía relación con La Federación y en particular con los Beltrán Leyva era Joan Sebastian. De acuerdo con miembros de la organización criminal, al ritmo de "Maracas", "Rumores" y "Secreto de amor" —algunas de las canciones más famosas compuestas por Sebastian—, el cantautor también se dedicaba al narcotráfico. Dos de sus hijos, Trigo y Juan Sebastián Figueroa, fueron asesinados en 2006 y 2010 respectivamente.

Un testigo narró que a finales de 2007 o principios de 2008, el capo para el que trabajaba, miembro de la organización, había olvidado una cosa y le encargaron a él llevársela al sitio donde se encontraba. El testigo señaló que llegó a una finca en Juliantla, Morelos, en el municipio de Taxco, a unos 80 kilómetros de Cuernavaca.

Ahí estaban reunidos los narcotraficantes Arturo Beltrán Leyva, Edgar Valdez Villarreal, Sergio Villarreal Barragán, Joaquín Guzmán Loera, Ismael Zambada García y el entonces gobernador del Estado de México Enrique Peña Nieto, quien estuvo en el cargo de 2005 a 2011. El anfitrión era el cantautor Joan Sebastian y su hermano Federico Figueroa, quien también estaba involucrado en el negocio criminal, según explicaron dos testigos.

"El ambiente era de negocios", puntualizó quien estuvo presente en el lugar durante al menos 40 minutos, tiempo suficiente para identificar claramente al gobernador del Estado de México. "Peña Nieto estaba con acompañantes, hablaba con gente."

Narró que el evento se llevaba a cabo en un amplio jardín donde había mesas, como si se fuera a servir una cena. El lugar estaba custodiado por sicarios armados, y ahí estaba la élite de la organización de los Beltrán Leyva y otros sanguinarios narcotraficantes. Una vez más, aquellos eran los tiempos de La Federación, cuando diversos cárteles hacían negocios en conjunto. Peña Nieto conversaba con tranquilidad, estaba a sus anchas.

"En el cártel [de los Beltrán Leyva] todos sabíamos que Joan Sebastian era narcotraficante", dijo el testigo, "y que Peña Nieto estaba coludido con la organización". De hecho, cuando Peña Nieto fue gobernador del Estado de México los Beltrán Leyva llegaron a asentarse a la entidad con comodidad y contaban con escoltas de la Agencia de Seguridad Estatal (ASE), además de las policías municipales y la Policía Federal.

"Peña Nieto sí tenía relación con ellos", reiteró. De hecho, recordó que la Barbie le rezaba a la Virgen de Guadalupe, de la que se decía muy devoto, para que Peña Nieto llegara a la Presidencia de la República. "Que llegue Peña Nieto y voy a quedar libre otros seis años", decía el narcotraficante. La Barbie fue detenido en 2010 en medio de las guerras intestinas dentro de la organización criminal y una serie de traiciones. Pero Peña Nieto sí llegó a la Presidencia en 2012.

Al final del encuentro en la finca de Joan Sebastian, aseguran que a Peña Nieto se le entregó una maleta y luego se retiró.[10] "Así se manejaba, en campañas políticas se juntaban [los integrantes del cartel] y todo el mundo daba 2, 3 o 5 millones de dólares y así. Hay políticos a los que les vale verga y van y dicen dame el dinero a mí. Otros mandan a sus asistentes, gente de confianza de ellos." La maleta habría sido una aportación para su futura campaña presidencial.

El 26 de septiembre de 2014 hubo un ataque armado en Iguala, Guerrero, perpetrado por miembros del Ejército mexicano, la Policía

Federal y policías locales contra estudiantes de la Escuela Normal Raúl Isidro Burgos de Ayotzinapa. El objetivo era rescatar un cargamento de droga que iba escondido en dos autobuses secuestrados por los estudiantes, ignorando lo que contenían.[11] Al final de la noche fueron asesinados tres estudiantes, otros tres resultaron heridos y 43 fueron desaparecidos. El caso fue manipulado por el gobierno de Peña Nieto a través del director de la Agencia de Investigación Criminal, Tomás Zerón, quien había sido un cercano colaborador de Peña Nieto cuando fue gobernador del Estado de México. Entre los involucrados que ordenaron el ataque hubo altos miembros del Cártel de los Beltrán Leyva, uno de ellos, se afirma, fue Federico Figueroa, el hermano de Joan Sebastian, que asistió a aquella reunión en Juliantla en donde le entregaron el maletín a Peña Nieto. Los verdaderos perpetradores de la masacre y desaparición de normalistas, autoridades y narcotraficantes siguen impunes.

Cuando todo está putrefacto, artistas, políticos y narcotraficantes pueden sentarse a la misma mesa, comer del mismo plato y compartir las mismas mujeres. Todo a costa de los miles de víctimas.

* * *

Luego de su encuentro con Beltrán Leyva, Juan Zepeda mantuvo su relación con Ninel Conde. Sin mencionar el episodio, él mismo reconocería después públicamente que estaba "enviciado" y que había creado con ella una relación de codependencia.

Cuando su relación concluyó oficialmente en 2013, Ninel Conde ya había establecido un vínculo sentimental con un nuevo blanco: el joven empresario Giovanni Medina, quien también gustaba de salir con las estrellas y ya había sostenido un romance con la cantante Belinda.

Medina, nacido en diciembre de 1989, era 13 años menor que la vedette. Al mes y medio de salir con él, ella le anunció que estaba embarazada. A la par que el Bombón Asesino comenzaba su nueva relación, presentó una denuncia penal contra su exmarido Juan Zepeda por robo y fraude, y en febrero se giró una orden de aprehensión y él acabó preso en el Reclusorio Norte de la Ciudad de México durante siete meses. Era su segunda vez tras las rejas. Fue absuelto por "falta de pruebas". Ninel Conde "es algo peor que un monstruo", dijo Zepeda meses después de ser liberado.

La relación con Medina tampoco duró mucho. Luego de rupturas y reconciliaciones, la pareja concluyó definitivamente su relación en 2018. Hubo una disputa legal por la custodia de su hijo menor y la ganó la parte paterna.

* * *

En 2017 fue cuando la PGR recibió el anónimo sobre la relación entre Ninel Conde y Arturo Beltrán Leyva, y se inició formalmente la investigación sobre presuntas operaciones de lavado de dinero, contra ella y sus empleados que aparecen como accionistas de empresas por medio de las cuales hacía las contrataciones para sus shows.[12]

El anónimo señala que Ninel Conde habría recibido 3.5 millones de dólares en efectivo en diversas entregas en el estacionamiento del centro comercial Santa Fe. Dicho dinero se usó para comprar dos departamentos mencionados en un presunto pagaré que forma parte de las investigaciones de PGR. Y un perito habría ya comprobado que la firma de Ninel Conde es auténtica. En el pagaré, cuya copia obra en el expediente de esta investigación, se puede leer:

> Recibe de Arturo Beltrán Leyva la cantidad de 3 millones 350 mil dólares en efectivo para la compra del Pent-house 1 del condominio Aquarelle en Avenida de las Palmas 127, Colonia Granjas del Marqués, en Acapulco, Guerrero, y el departamento 410 del condominio Arena Blanca, km. 4 de la carretera Cruz de Huanacaxtle en Punta Mita, Nayarit, los que deberá la señora Ninel Herrera Conde escriturar a la persona que se le indique una vez realizadas las operaciones.

Acepto

Nivel Herrera Conda [*sic*]

Como ya se ha referido, el 16 de diciembre de 2009 Arturo Beltrán Leyva fue ejecutado en un dispositivo conjunto entre la Marina y la DEA en Cuernavaca. Aquel operativo en que la Barbie lo dejó solo y no le envió refuerzos para escapar. Ese evento inesperado habría dejado en el limbo el dinero que supuestamente se le entregó a Ninel Conde.

"Hasta semanas antes de su muerte, en diciembre de 2009, la señora [Ninel Conde] y el señor Beltrán siguieron teniendo encuentros diversos", aseguró el escrito. Y mencionó que posteriormente familiares del Barbas quisieron reclamar la devolución del dinero o la entrega de las propiedades.

Al menos dos hechos son ciertos: según testigos oculares, Ninel Conde se frecuentaba con Arturo Beltrán Leyva, y la vedette es efectivamente propietaria de dos departamentos de superlujo que se encuentran en las direcciones del pagaré citado.

Un inmueble está ubicado en Aquarelle Residencial, en la costera de Acapulco Diamante. Se trata del fastuoso penthouse 1, de más de 900 metros cuadrados, en dos niveles, con techo de doble altura y terrazas monumentales con vista a la playa, con bar, jardín, piscina, jacuzzi, una amplísima área para tomar el sol y comedor exterior. Cuenta con cuatro recámaras, seis baños, tres estacionamientos y cocina equipada. Todo decorado con lujo y detalles. Además de las amenidades del desarrollo: alberca común, gimnasio, jardines, áreas infantiles y playa exclusiva. Quienes lo conocen afirman que es una de las propiedades más lujosas de Acapulco.

El departamento lo adquirió Ninel Conde en 2008 por 3 millones de dólares según los registros oficiales.[13] Pero hace unos meses lo puso a la venta por 1.9 millones de dólares. Al parecer no lo logró. Aunque la vedette no ha tenido fama de ser muy inteligente, desde que confundió un tsunami con surimi, seguro pudo notar que hubiera perdido 1.1 millones de dólares, a menos que quien le pagara 1.9 millones de dólares le ayudara a legitimar al menos esa cantidad de dinero.

De acuerdo con el anónimo que obra en el expediente de la PGR, el inmueble se pagó en efectivo en diversas entregas al representante legal del fideicomiso 515/2004 de Banca Mifel, que era el propietario del desarrollo inmobiliario, y la operación se habría hecho a través de Rosa María Jiménez Arvide, quien aparece como accionista de la empresa Producciones de Espectáculos del Centro, creada en 2007 y cerrada en 2020, luego de la investigación abierta por la PGR en 2017. En realidad, Jiménez Arvide es una empleada doméstica que trabaja desde hace más de 15 años para el Bombón Asesino, y es una mujer de modestos recursos con domicilio oficial en un departamento de la Unidad Habitacional Tepalcapa, en Cuautitlán Izcalli, Estado de México, un vehículo Tsuru a su nombre, e ingresos reportados como persona física de 2015 a 2020 de 10 mil pesos anuales en promedio.

Conde también es propietaria y se ostenta como tal del departamento ubicado en Desarrollo Pacífico Arena Blanca, en el condominio de lujo denominado Aura, uno de los mejores en Punta Mita, Nayarit, por su ubicación exclusiva. Tiene una extensión de más de 400 metros cuadrados, cuenta con terraza, un amplio salón, cocina equipada y cuatro recámaras, cada una con baño.

Existe un contrato de compraventa del departamento entre el desarrollador y Ninel Herrera Conde firmado el 26 de abril de 2010. La vedette adquirió el inmueble por un millón 46 mil dólares. Hizo un pago único inicial de 406 mil dólares y el resto en 39 pagos mensuales del 30 de mayo de 2010 al 20 de abril de 2013, tres pagos grandes: dos de 75 mil dólares, uno de 25 mil dólares, y el resto por 4 mil 595.51 dólares de acuerdo con el pagaré firmado por ella misma.

"Idílico condominio frente a la playa de cuatro recámaras ubicado en el acantilado de la carretera rodeado de selva, a 10 minutos al sur de Punta Mita. Nuevos acabados modernos de alta gama y muebles a medida que complementan las vistas despejadas de la bahía de Banderas", se describe el apartamento que la artista en ocasiones renta por 600 dólares la noche.

"El edificio incluye tres piscinas grandes de varios niveles, jacuzzis, sillones junto a la piscina, parrilla al aire libre, gimnasio y una tranquila área de masajes. Por no hablar de una playa privada de arena blanca con vistas al extremo sur de la bahía."

Aunado a esas adquisiciones, la PGR también comenzó a investigar la compra realizada en 2013 de una residencia en Bosque de Tabachines número 327, departamento 802-1, en Bosques de las Lomas, Ciudad de México, con un valor comercial de 12.6 millones de pesos. El inmueble fue adquirido con un crédito bancario de Banco Santander de 6.9 millones de pesos. De nuevo ahí emerge el nombre de Jiménez Arvide como "deudora solidaria", aunque en los hechos no tiene la capacidad económica para serlo.[14] En 2015, Ninel Conde compró otra residencia en Cumbres de Santa Fe, Ciudad de México, por 19.5 millones de pesos. Presuntamente al contado.[15] Era como si el dinero lo sacara de la chistera.

Se observa en los documentos de la PGR que existe una triangulación de recursos de empleadas de Ninel Conde que le transfieren recursos como pago de supuestos servicios. Asimismo, la empresa Grupo Distribuidor 27 S. A. de C. V., creada en Acapulco, le paga a Ninel Conde y a sus empleados, y al mismo tiempo también transfiere dinero a Condominios Arena Blanca, donde está uno de los departamentos de la cantante.

Como "pago por nómina", es decir, como si fuera empleada fija, Ninel Conde en 2017, 2018, 2019 y 2020 recibió cerca de 8.4 millones de pesos de empresas como Dreyfus Construcciones S. A. de C. V., Servicios de Ingeniería y Distribución Arango S. A. de C. V., Servicios del Norte BPE S. A. de C. V. —que se encuentra en la lista del SAT como empresa con operaciones simuladas—, Consultoría de Tecnologías de la Información Duhart S. A. de C. V. —relacionada con la triangulación ilegal de dinero a la campaña presidencial del candidato del PAN Ricardo Anaya en 2018— y Servicios Especializados Hildenber S. A. de C. V.

A nombre de la vedette hay tres vehículos de modelos 2002 y 2004, un Jeep de 361 mil pesos; un Chevy de 82 mil pesos y un Dodge Stratus de 200 mil pesos.

En cambio, a nombre de Producciones y Espectáculos del Centro —cuyos accionistas son Jiménez Arvide y Julio César Aranda Mata— hay dos vehículos de lujo como si fueran propiedad de la compañía: una camioneta Mercedes Benz GLC 5 azul, con un valor de 725 mil pesos con placas de Morelos, comprada en 2018, y un vehículo Porsche cinco puertas de 1.18 millones de pesos, adquirido en 2009.

El eje principal de las investigaciones son Ninel Conde, sus empleados y las empresas creadas a su nombre: Producciones de Espectáculos del Centro S. C., creada en 2007 —cuando la vedette tenía relación con Arturo Beltrán Leyva—; y Producciones Nueva Creación S. C., creada en 2006, en la que fue nombrada como administradora única Mirna Ibeth Herrera Conde, hermana de Ninel. Uno de los puntos esenciales del presunto lavado de dinero es que los ingresos declarados formalmente por la artista, e incluso los declarados por las que pudieran ser empresas fantasmas, no justifican las propiedades, bienes muebles e inmuebles que posee. Además del presunto pago de estas con dinero en efectivo.

* * *

Cuando la PGR abrió la investigación en contra de Ninel Conde por operaciones con recursos de procedencia ilícita, ella aplicó la misma técnica que usó con el agente federal cuando estuvo a punto de ser detenida en 2007, solo que esta vez se cobijó bajo el manto protector de un paraguas más grande. Aun siendo formalmente pareja del empresario Giovanni Medina, comenzó una relación personal con el entonces secretario de Gobernación Miguel Ángel Osorio Chong.

Afirman que él le puso escoltas y vehículos del Servicio Público Federal. Existen videos que lo prueban. En uno de ellos se ve que un vehículo blanco rotulado con la leyenda "SPF vehículo escolta 00284" acompañaba a una camioneta blanca donde Ninel Conde viajaba para ir a cenar a una taquería.[16]

Los encuentros privados entre el titular de la Segob y la vedette ocurrían en la Ciudad de México, en una casa de Las Lomas, y en un departamento de Presidente Masaryk, en Polanco. Ella no logró enviar al "no ejercicio de la acción penal" el expediente, pero sí consiguió que la investigación se congelara.

A fines de 2017 se abrió una indagatoria contra Jesús Pérez Alvear, conocido como el *Zar de los Palenques*, después de que el gobierno de Estados Unidos lo acusó de lavar dinero para el Cártel Jalisco Nueva Generación, cuyo líder es Nemesio Oceguera, *el Mencho*. El nombre de Ninel Conde volvió a salir a relucir porque también tenía una relación muy estrecha con Pérez Alvear y hubo testigos que afirmaron que convivían en la residencia de Cumbres de Santa Fe, propiedad de la artista.

En 2018, antes de que concluyera el sexenio de Peña Nieto, el periódico *Reforma* publicó información referente a la indagatoria de la PGR. Ninel Conde dijo en sus redes sociales: "Con la frente en alto y la conciencia tranquila, agradezco siempre la atención e interés que tienen hacia mí". Y emitió un breve comunicado de prensa: "Hasta el momento ni yo, ni mi equipo legal hemos recibido algún requerimiento de información y/o notificación por parte de la autoridad correspondiente. Sin embargo, si esto sucediera, no habrá problema en entregar la documentación requerida, toda vez que cuento con los comprobantes legales que amparan mi situación patrimonial". En ese tiempo, la vedette aún tenía su vínculo personal con el secretario de Gobernación.

Antes de que la Miss Universo Alicia Machado se fuera de México junto con la hija que procreó con el narcotraficante Gerardo Álvarez Vázquez, un informante aseguró que Ninel Conde se hizo amiga de la "reina renegada" y solía ir a visitarla a su departamento en Vista del Campo, en Santa Fe.

El mundo es un pañuelo, dice otro refrán.

Las dos tuvieron vínculos con integrantes del Cártel de los Beltrán Leyva.

* * *

El 21 de marzo de 2019 llegó al escritorio del fiscal general Alejandro Gertz Manero un resumen de la carpeta de investigación abierta contra Ninel Conde enviada por el entonces encargado de despacho de la SEIDO Luis Carranza Figón, quien ocupó dicho cargo hasta mediados de ese año. En el resumen se incluye el contenido del oficio 110/E/1088/2018 firmado por el director de Procesos Legales de la Unidad de Inteligencia Financiera en el cual se informa que sí existen registros de operaciones relevantes o inusuales de los imputados y relacionados, es decir, el Bombón Asesino y las personas relacionadas con las empresas vinculadas directamente a ella. En septiembre de 2021 funcionarios de la misma UIF reconfirmaron que están investigando a la vedette.[17]

Cuando el sexenio de Peña Nieto terminó, Ninel Conde ya tenía un nuevo prospecto en puerta: Larry Ramos, un supuesto exitoso empresario radicado en Miami, Florida, más joven que ella. Bombón Asesino dio a conocer su boda en octubre de 2020. En 2021, Ramos fue arrestado en el aeropuerto de Fort Lauderdale, en Florida, por el delito de fraude de 22 millones de dólares a 200 personas a través de la empresa The W Trade Group (2011-2015) utilizando el viejo modelo de fraude piramidal Ponzi. En el expediente criminal se afirmó que Ramos actuó con cómplices, aunque sus nombres quedaron bajo secreto. La empresa se creó en Miami en 2011 y cerró en 2015. Ramos aparece como CEO y como corresponsable Titus Mulamba.[18] Una de las personas que había entregado dinero al esposo de Ninel y que resultó defraudada fue la cantante Alejandra Guzmán.

Un juez le permitió a Ramos estar en libertad con una fianza de medio millón de dólares y con la condición de usar un grillete con localizador. Se dio a la fuga en septiembre de 2021.

El empresario colombiano creó otras cinco empresas en Miami: Clazloop LLC (2015-2016), inactiva; Philippians LLC (2014-2017), inactiva; Red Amber Capital LLC (2015-2016), inactiva; Rayel Fund LLC (2012-2020), inactiva. Esto ocurrió cuando ya tenía una relación con Ninel Conde, al igual que TWT GROUP INC, abierta apenas en 2020 y cerrada el 24 de septiembre de 2021, cuando ya estaba prófugo.

El Bombón Asesino afirmó que no estaba involucrada en los negocios de su esposo y, como es su costumbre, empezaría a buscar un nuevo jardín, más verde.

Mientras la vedette era investigada por la PGR y las autoridades fiscales de México, abrió dos empresas en Texas. Una en San Antonio, de nombre NC777 Entertainment INC, creada el 30 de octubre de 2018, cuyo agente responsable del registro fue la propia Ninel Herrera Conde. La dirección fiscal que quedó asentada en los documentos oficiales fue: 729 SW 34th St. San Antonio, Texas, 78237-1865, donde están registradas al menos otras 39 compañías. Según los registros oficiales, la empresa perdió el permiso de operar en Texas, aunque ha seguido activa hasta fines de octubre de 2021.[19]

En mayo de 2021, cuando su esposo estaba bajo proceso de fraude, la vedette que frecuentaba a miembros del Cártel de los Beltrán Leyva creó otra compañía. Lo hizo en Houston, en el condado de Harris, llamada The Smart Rise 77 LLC con la dirección 11911 Bammel North Houston Rd., Houston, Texas, 77066-4792. Ninel Herrera Conde quedó registrada como agente creador y como gerente de la compañía.[20] Medios de comunicación especializados en temas de la farándula en septiembre de 2021, luego de la fuga de Larry, revelaron que Ninel Conde habría hecho al menos tres depósitos por un total de 800 mil dólares a una cuenta bancaria abierta en Estados Unidos a nombre de la empresa recién creada.

* * *

Uno de los integrantes del Cártel de los Beltrán Leyva que durante años vio desfilar un inimaginable carnaval de hombres y mujeres de la farándula, personajes que fuera de reflectores y de la mirada de su público exprimieron al máximo su relación con los narcotraficantes, hizo su propia reflexión de por qué lo niegan cuando su historia sale a la luz: "Obvio no le conviene a ningún personaje, incluyendo a Alicia Machado, y las mujeres que hayan andado con ellos, ni a Galilea, ni a Arleth Terán, les conviene decir públicamente que tenían nexos con gente del narcotráfico. ¡No!, ¡El escándalo! ¿Imagínese?, ¡Se les acaba la carrera!"

NOTAS

[1] La autora pudo hablar con dos testigos directos, integrantes de la organización de los Beltrán Leyva, que vieron a Ninel Conde en fiestas del grupo criminal, y tuvo acceso a la carpeta de investigación FED/SEIDO/UEIORPIFAM-CDMX/0001047/2017 en la que se investigan dichos nexos.

[2] La autora hizo entrevistas directas a exmiembros del Cártel de los Beltrán Leyva que hablaron de los hechos que testificaron. La autora pudo verificar la pertenencia auténtica de los informantes a dicho grupo criminal y corroborar sus dichos con diferentes métodos.

[3] Información del expediente judicial 1:12-cr-00184 abierto contra la organización de los Beltrán Leyva en la Corte de Distrito de Columbia, en Washington D. C.

[4] *Idem.*

[5] *Idem.*

[6] *Idem.*

[7] La autora cuenta con documentos relacionados con la carpeta de investigación FED/SEIDO/UEIORPIFAM-CDMX/0001047/2017, así como con documentos fiscales que forman parte de la misma investigación de la PGR.

[8] "Acuerdo de la comisión política permanente del Consejo Político Nacional del Partido Revolucionario Institucional por el que se sanciona las listas de

candidaturas a las diputaciones federales, propietarios y suplentes, por el principio de representación proporcional, en ocasión del proceso electoral federal 2020-2021", 3 de febrero de 2021, disponible en https://pri.org. mx/bancoinformacion/files/Archivos/PDF/36612-1-12_00_27.pdf.

[9] Cuando la autora estaba realizando su investigación y entrevistas con los exintegrantes del Cártel de los Beltrán Leyva, en mayo de 2021, el actor concedió una entrevista en la que confirmaba el episodio narrado por el testigo de la autora. La entrevista la dio a Paola Villalobos para un canal en YouTube. Estefani Arredondo, "Andrés García impacta al contar su relación con narcotraficantes más buscados de México", en *Wapa*, 12 de mayo de 2021, disponible en https://wapa.pe/entretenimiento/2021/05/12/an dres-garcia-impacta-al-contar-su-relacion-con-narcotraficantes-mas-fa mosos-mexico-mex-4493.

[10] Además del testimonio obtenido por la autora de una fuente directa, en el juicio contra Joaquín Guzmán Loera, *el Chapo*, en Nueva York en 2018 y 2019 se afirmó que testigos de la Fiscalía también habían referido pagos de dinero de La Federación para la campaña presidencial de Peña Nieto.

[11] La autora ha investigado durante siete años dicha masacre, hubo un fallo histórico en una corte de Arizona que convalidó el contenido de su investigación publicada en 2016 en el libro *La verdadera noche de Iguala*.

[12] La autora cuenta con documentos relacionados con la carpeta de investigación FED/SEIDO/UEIORPIFAM-CDMX/0001047/2017.

[13] Benito Jiménez, "Indagan lavado de Ninel Conde", en *Reforma*, 13 de mayo de 2018, disponible en https://www.reforma.com/aplicacionesli bre/articulo/default.aspx?id=1393010&md5=d4a7abe0b68ad8cbb29adac 6dc657868&ta=0dfdbac11765226904c16cb9ad1b2efe

[14] Información del expediente judicial UEIDFF/FISM06/133/2007.

[15] Información del expediente judicial FED/UEAF/UEAF-SLP/00000 83/2017.

[16] La autora obtuvo copia de dichos videos en los que con claridad se observan vehículos de la Segob custodiando a Ninel Conde.

[17] La autora tuvo esta confirmación de un funcionario de la UIF de forma directa.

[18] Información del expediente judicial 1:21-cr-20244-RNS abierto contra Larry Ramos en la Corte de Distrito Sur de Florida.

[19] La autora cuenta con los documentos oficiales del registro de la compañía del condado de Bexar, Texas.

[20] *Idem.*

9

Lucero, la otra esposa del Chapo

Eran las 9:30 de la mañana del 21 de junio de 2017, cuando una mujer chaparrita, de apenas 1.52 metros de estatura, complexión robusta, tez blanca, ojos color miel y cabello teñido de rojo, intentó pasar a Estados Unidos por el cruce peatonal de la Garita Mesa de Otay, ubicado entre Tijuana y San Diego y famoso por ser el punto fronterizo más transitado del mundo. En realidad, no había nada particular en su persona, hubiera podido pasar desapercibida entre los cientos de personas que cruzaban la frontera esa mañana, excepto por el tic que la hacía pestañar y fruncir la nariz repetidamente, más cuando estaba nerviosa. Quizá fue eso lo que la delató cuando el oficial de la Oficina de Aduanas y Protección Fronteriza le revisó sus papeles.[1]

Se trataba de Lucero Guadalupe Sánchez López, quien cuatro años antes, a la edad de 24, se había convertido en la diputada local más joven en la historia de Sinaloa, ocupando una curul en la LXI Legislatura, como representante del 16.º Distrito de su natal Cosalá. Sin experiencia política, sin haber concluido sus estudios como abogada, y cuya única referencia laboral era ser gerente en una agencia de bienes raíces en Culiacán, la joven fue postulada de forma milagrosa por la alianza que en aquel momento conformaron el PAN, el PRD, el PT y el Partido Sinaloense. Nadie hubiera apostado a que lo lograría, como tampoco aquella mañana cuando intentó cruzar a Estados Unidos.

El oficial americano abrió su base de datos y vio que la visa de Lucero había sido cancelada. Revisando más a fondo descubrió por qué. ¡Bingo! Tenía frente a él a una mujer acusada de traficar toneladas de droga y lavar dinero. Estaba bajo la mira de la Oficina de Investigaciones de Seguridad Nacional en Arizona como sospechosa de formar parte del Cártel de Sinaloa. Se le relacionaba en específico con el Chapo, a quien acababan de arrestar por tercera ocasión en Los Mochis, Sinaloa, en febrero de 2016.

Apestada, desaforada y perseguida, Lucero estaba huyendo de México, pero la detuvieron en Mesa de Otay y la encarcelaron en el Centro Correccional Metropolitano de San Diego. Apanicada, firmó un documento con el cual se acogió a las quinta y sexta enmienda de la Constitución de Estados Unidos y se reservó su derecho a declarar.

"No quiero renunciar ni voy a renunciar a ninguno de mis derechos constitucionales si no está presente un abogado defensor. No quiero que las autoridades ni sus representantes me hagan preguntas o se comuniquen conmigo […] si quieren hacerme preguntas o comunicarse conmigo, quiero que mi abogado defensor siempre esté presente", señala el documento con el cual Lucero creyó que sus conflictos habrían terminado como ocurrió en México, cuando en 2015 la PGR la citó para interrogarla acerca de su relación con el Chapo.

Dos años después estaba sentada en el estrado de la Corte de Distrito Este de Nueva York como testigo de cargo en el juicio contra el Chapo. En medio de un mar de lágrimas, contó al detalle su alucinante historia con el narcotraficante, 33 años mayor que ella. Afirmó ser "la otra esposa", mientras Emma Coronel, la "esposa oficial", la miraba con desprecio sentada entre el público asistente.

* * *

Lucero nació en 1989, en Cosalá, Sinaloa, en el seno de una familia humilde. La localidad se encuentra en el corazón del llamado Triángulo Dorado, uno de los centros de producción de amapola y mariguana más importantes del mundo. Una tierra dominada y explotada por el Cártel de Sinaloa.

Fue justamente en ese pueblo donde Joaquín Guzmán Loera dio sus primeros pasos en el mundo de las drogas. Cuando era niño, viajaba con su padre desde la ranchería La Tuna, en Badiraguato, hasta Cosalá para vender las cosechas ilegales, como lo hacían y lo siguen haciendo cientos de familias en la región. Con el dinero que recibía, su padre se emborrachaba y gastaba la mayor parte en prostitutas.

En esa región, a las niñas habitualmente no las llevan a trabajar a los campos ilegales, contribuyen a la economía familiar de otras formas. A los ocho años, Lucero vendía empanadas a la orilla de la carretera y ayudaba a su familia en la cosecha de tomate, maíz y pepino. Cuando cumplió 14 años comenzó a trabajar como maestra en el Consejo Nacional de Fomento Educativo.[2]

En 2006, a los 16, se unió a Rubén Chávez Cháidez, un muchacho tres años mayor que ella proveniente de Tamazula, Durango. Él se dedicaba a la producción y venta de mariguana, a una escala minúscula en comparación con el Chapo. Ese fue el primer acercamiento de Lucero con el narcotráfico del que hay registro. Vivieron en unión libre.

Al igual que Emma, Lucero fue reina de belleza en su pueblo. Ganó el concurso de Reina del Carnaval de Cosalá cuando ya vivía con Rubén Chávez, quien habría presionado a los jueces para entregarle la corona.[3]

Justo en aquella época, 2007, el Chapo contrajo nupcias con Emma Coronel en Tamazula. La noticia de la boda corrió como pólvora en el Triángulo Dorado. Los códigos sociales distorsionados por el dinero y el poder que genera el narcotráfico seguramente hicieron que muchas jóvenes de la región hubieran querido estar en los zapatos de Emma.

Lucero tuvo un bebé en 2007 y se separó de su pareja aparentemente por violencia doméstica.[4] Para la manutención de ella y su hijo se dedicaba a hacer tortillas y vender comida en Cosalá.[5] Fue así como en 2010 conoció al Chapo, quien ni siquiera había cumplido tres años de casado con Emma cuando comenzó a cortejar a Lucero. Las dos mujeres tenían la misma edad, 21 años, y a partir de ese momento sus vidas corrieron de forma paralela con un destino inexorable.

Según Lucero, las relaciones sexuales entre ella y el Chapo comenzaron de inmediato, pero al principio eran esporádicas. Fue hasta febrero de 2011 cuando su relación se hizo formal. El capo le envió un teléfono a través de *Perrillo*, uno de sus "secretarios", con la instrucción de que esperara una llamada. A las dos horas de haberlo recibido, el aparato sonó y escuchó la voz del Chapo.[6] Ella sabía perfectamente que era un criminal, pero quería vivir su propio cuento de la Cenicienta con el Chapo como el príncipe que había estado esperando.

El capo le reclamó que la había "perdido de vista" y le dijo que le enviaría un teléfono especial para estar en comunicación y verse más seguido. Manipulador e inseguro, él quería tener acceso y control sobre ella. Le envió un BlackBerry donde el colombiano Christian Rodríguez había instalado un complejo sistema de comunicación. Cuántos dolores de cabeza y problemas maritales le causaría al Chapo ese maldito sistema algunos años después.

El nombre clave que se le asignó a Lucero era "Hermosura", también "Tere" y "Piedra". Se comunicaban solo a través de mensajes.[7] "Hablábamos de nuestra relación romántica [...] Él decía que quería tener una relación más estable conmigo", relató Lucero.[8] Con el paso del tiempo, sus encuentros se hicieron frecuentes, se veían una o dos veces al mes. En ese tiempo, Emma estaba embarazada de las gemelas del Chapo y pronto viajaría a California para dar a luz.

El Chapo mandaba llamar a Lucero y se encontraban en diversos sitios, uno de sus preferidos eran las paradisiacas playas de Los

Cabos, Baja California. Cuando acudía a la cita romántica, a Lucero le confiscaban su celular y le cubrían los ojos para que no pudiera saber la dirección exacta donde se encontraba el capo. Cuando abría los ojos ya estaba dentro de una villa o en un departamento de lujo con piscina y vista al mar. Que ese lujo fuera pagado con muerte, drogas y corrupción no le importó a la joven de Cosalá.[9]

Pero los planes del Chapo con ella no eran exclusivamente sentimentales. Pronto la relación se convirtió en un *thriller* de sexo, drogas, violencia psicológica y codependencia. Lucero encontraría en los ojos de su príncipe la mirada de un hombre peligroso. No obstante, con el tiempo logró habituarse para sacar el mayor provecho.

* * *

En octubre de 2011, en uno de sus encuentros amorosos el Chapo le preguntó a Lucero si conocía los distintos tipos de mariguana. Ella nació y creció en el Triángulo Dorado, donde los plantíos ilegales son algo tan normal como respirar. Así que sí, sabía bien cuál era la diferencia entre la hierba de buena y mala calidad.[10] Así que su amante la envió a la sierra de Durango y Sinaloa, donde ella conocía personas que cultivaban mariguana, para que les comprara la producción en su nombre. Según el Chapo, no tenía a nadie que se hiciera cargo de esa tarea, pero no era verdad, había decenas de personas a su servicio. Más que la verdadera necesidad de un operador, parecía un mecanismo para involucrar y controlar a Lucero. Lo mismo haría con la propia Emma.

Como en el filme clásico, el Chapo era una especie de Clyde en la búsqueda constante de su Bonnie, y en el casting muchas mujeres se quedaron en el camino y terminaron en prisión.

Lucero debía coordinarse con el experimentado piloto del Chapo, Héctor Ramón Takashima Valenzuela, alias *Cachimba*, un hombre de toda su confianza. El mismo que en 2015 participaría en el plan de fuga del penal de máxima seguridad en el Estado de México.

La orden que le dio el Chapo a Lucero fue comprar mariguana "buena, bonita y barata". Debía encargarse de que en cada vuelo el avión estuviera cargado de 400 kilos de la hierba, ni más ni menos, pues era el peso límite para que el avión pudiera despegar. La droga debía organizarse en 40 paquetes de 10 kilos cada uno.

Además de las exigencias logísticas, el Chapo quería que Lucero consiguiera toda esa droga fiada y que prometiera pagar después. Ella se negaba a hacerlo porque sabía que su amante no liquidaría jamás sus deudas. Subía al Triángulo Dorado desde muy temprano en la mañana y regresaba de noche muy tarde. A veces se quedaba a dormir ahí para terminar de organizar los envíos. Para sus operaciones de narcotráfico, Lucero se hacía ayudar de su hermana menor, María Carolina Sánchez López, de apenas 20 años, identificada con el código "Caro" en el famoso BlackBerry que usaban para comunicarse.

El Chapo monitoreaba de forma constante las adquisiciones y Lucero le informaba todos los detalles por medio del teléfono. Ella sabía perfectamente que lo que estaba haciendo era ilegal, y lo hacía con una eficiencia que no era de principiantes.

Lucero interactuaba con Cachimba no solo para la compra y el transporte de la mariguana, también él la transportaba vía aérea a los encuentros amorosos con el capo. Igual convivía con *Pancho*, primo del Chapo, Picudo y otros.

Mientras tanto, Emma regresó de California con sus gemelas en brazos. Las bautizaron con los nombres de Emali Guadalupe y María Joaquina, en honor al padre esta última. Se instalaron en Culiacán. De cualquier manera, eso no fue impedimento para que el Chapo continuara su relación con Lucero, la cual incluso se volvió más íntima, más cercana.

* * *

Entre 2011 y 2013 Lucero vivió con el Chapo durante largos periodos. Incluso compartían una casa en la colonia Libertad de Culiacán. Si lo dicho por Emma en la entrevista que me dio en 2016 era verdad, que veía ocasionalmente a su esposo, es muy probable que el capo conviviera más con Lucero que con ella.

"Yo era como su esposa. Hacía sus compras, [conseguía] su ropa personal, sus lociones, todo lo que tuviera que ver con su cuidado personal. Yo era como una esposa hogareña. Le compraba la ropa interior, las camisas, los pantalones, zapatos, todo", recordó Lucero. Al Chapo le buscaba calzado del número seis o siete y sus pantalones talla 32, lo cuales ella misma remendaba: "Tenía que cortarle las perneras de los pantalones porque eran un poco largos, así los adaptaba a su propia altura".[11]

Aunque a Lucero le gustaba jugar al ama de casa y pensar que con el Chapo tenía una vida normal, como cualquier pareja, la realidad es que estaba sentada en un polvorín, y cuando todo saltara en el aire ella también saldría volando.

En su hogar, a la hora de la comida, no solo se planeaban los viajes al Triángulo Dorado para la compra y el tráfico de droga, sino también se hablaba de las ejecuciones a sangre fría que el Chapo ordenaba. Lucero no podía decirse engañada. Desde un inicio sabía quién era él y de lo que era capaz.[12]

Una mañana de diciembre de 2011, mientras desayunaban, llegó *Cóndor*, uno de los secretarios del Chapo, a darle un mensaje urgente. "Tío Virgo está muerto", anunció. Al principio el narcotraficante no reaccionó, parecía dudar de lo que debía decir. Luego volteó a ver fijamente a Lucero, con una actitud intimidante y una seriedad que la desconcertó. "A partir de este momento [...] no importa si son familia o mujeres, quien me delate va a morir".[13]

Lucero, cuya mente parecía más lenta que su tic nervioso, en un primer momento pensó que la persona había muerto por alguna enfermedad, pero tras la advertencia del Chapo entendió que él había ordenado la muerte del Tío Virgo. Se trataba de Juan Guzmán

Rocha, también conocido como *Juancho*, el primo del capo, a quien ella conocía bien. El Chapo lo mandó matar por haberle mentido sobre el lugar donde se encontraba. Abandonaron su cuerpo amordazado y con varios impactos de bala en un camino de terracería.

* * *

La relación de Lucero con el Chapo se fue haciendo tan estrecha que él incluso la presentó con sus hijos mayores y otros familiares. Y quizá uno de los gestos más significativos de que iba en serio fue que también se la presentó a Ismael Zambada, *el Mayo*, líder máximo del Cártel de Sinaloa, su amigo y socio.

La mezcla de negocios y placer llegó a niveles perversos.

Cada vez que la enviaba al Triángulo Dorado para la compra de droga, el Chapo dirigía a distancia a Lucero por medio del BlackBerry. Las instrucciones sobre la forma en que debía cometer el crimen siempre iban acompañadas por palabras como "mi amor", "mi cielo", y emojis de corazoncitos en los mensajes.

—¿Va a querer que compre más o no, para saber? —escribió Lucero el 17 de enero de 2012 para saber si debía viajar de nuevo al Triángulo Dorado por más mariguana.

—Sí, amor —le respondió el Chapo.

—¿Sería mañana cuando iría Cachimba, ¿verdad? Salieron 400 kilos. Me acaban de hablar que lo demás era puro polvo —puntualizó ella.

—Sí, mi amor, traite eso para que no esté allá y ya después pregunta si hay buena y me dices cuando regreses, amor. ¿Y quién te acompaña?

—Mi hermana —dijo ella refiriéndose a Caro.

Dos días después el negocio estaba por concretarse.

—Amor, checa cuánta hay para que la compres toda, pero hay que rajar los costales y checar bien para ya no comprar con semilla.

Cuando ella pudo completar la operación, él se lo reconoció efusivamente.

—Te felicito porque eres lo máximo —escribió él.

—Usted también, y quiero que esté orgulloso de mí, y quiero que sepa que aquí donde estoy, frente a la Virgen, que de verdad lo amo, que lo extraño mucho, que si existe la manera de que usted y yo estemos juntos para siempre yo seré la mujer más dichosa del mundo. Porque hasta ahorita lo he sido gracias a usted —respondió Lucero.

Ella esperaba ser la esposa oficial, pero ese lugar lo ocupaba Emma.

Así como un día él podía mandarle besos y emojis de corazón, al otro la amenazaba de muerte, le infundía terror. Era una relación bipolar.

Años después, ella misma daría su versión sobre la contradictoria relación: "Yo siempre trababa de mantenerlo feliz, yo estaba confundida acerca de mis sentimientos por él. A veces lo amaba y algunas veces no, por las diferentes actitudes que él tenía conmigo en diversos momentos".[14]

* * *

Según Lucero, llegó un punto en que ella ya no quería hacer el trabajo de comprar y empacar las drogas para el Cártel de Sinaloa. Para hacer que la relevara, se le ocurrió comprar mariguana de pésima calidad por la que el capo pagó una fortuna. Pero eso no la liberó, al contrario, el Chapo la siguió enviando a realizar esas tareas, pero le daba mayor seguimiento y ponía más presión sobre ella. Aun así, su tolerancia con Lucero era notable, por menos que eso, él ya habría mandado a descuartizar a más de uno.

Sus viajes al Triángulo Dorado comenzaron a llamar la atención y generaron suspicacia. En una ocasión alguien del Triángulo Dorado le informó al Chapo que andaba una mujer en su nombre haciendo compras de droga. Es probable que algunos estuvieran celosos de que fuera a ella a quien le vendieran la mejor mercancía y querían corroborar que de verdad era para él.

"La gente habla mucho, tuve cuidado de que no me vieran. Tal vez aparezca colgada en algún lugar pronto debido a la envidia. No duermo, amor", escribió Lucero a su amante a través de la Black-Berry, cuando él le comentó que le habían informado que la vieron.

El Chapo, taimado por naturaleza, desconfiaba hasta de su sombra. Más aún de su amante. Desconfiaba tanto que incluso tenía interceptada la BlackBerry, al igual que la de Emma y otras amantes. Como temía que Lucero pudiera traicionarlo aprovechó la ocasión para darle algunos consejos de cómo mantener la cabeza sobre los hombros.

"Mira, la mafia mata gente que no paga o gente que delata, pero no si eres serio, amor", respondió el capo en una velada amenaza. La palabra *amor* sonaba más intimidatoria que afectiva.

"Bueno, es verdad, amor, cuando una persona es leal puede durar años, pero también hay personas envidiosas que solo porque quieren sacar a alguien de su camino, hacen cosas malas. Pero no le tengo miedo a eso, amor", dijo ella calculando que alguien podía estarlo poniendo en contra suya.

"He pensado las cosas antes", añadió tecleando velozmente la Black Berry. Sabiendo que bajo estrés o miedo su tic empeora, es difícil saber cuántas veces habría parpadeado y fruncido la nariz mientras escribía. Seguramente varias. "Sé que no estoy haciendo nada malo. Al contrario, creo que esto es bueno para la gente, y más contigo porque has ayudado mucho a los ranchos y estoy orgullosa y mantengo la cabeza en alto guiada por ti, amor. Si te gusta lo que he hecho y quieres que continúe, yo continuaré hasta que tú quieras que lo haga. Me gusta. Al menos me siento útil."[15]

Lucero quería dejarle claro que ella era leal y lo obedecería.

"Es verdad, amor. Las mentiras son las que causan problemas. No mientas y la gente siempre verá lo bueno, amor. Siempre recuerda esto. Te lo digo porque te amo", escribió el Chapo. "Incluso si tú cometes un error, no lo niegues y tú serás siempre feliz y la gente va a apreciarte. Te amo", escribió el capo.

La última palabra hacía aún más macabra la amenaza. Su relación estaba hecha de sexo, negocios y miedo. La tóxica mezcla podía ser el afrodisiaco que los unía.

Finalmente, el Chapo relevó a Lucero del trabajo de comprar cargamentos de droga, pero no la liberó de otros trabajos ilegales. En junio de 2012 ella se encargó de la creación legal de empresas que sirvieran al Cártel de Sinaloa como fachada para el tráfico de drogas y lavado de dinero.[16] Coordinaba el movimiento de entre 100 mil y 500 mil dólares en una sola operación. A su hermana Caro también la involucró.[17]

* * *

Lucero creó al menos cuatro compañías para el Cártel de Sinaloa. Una en la Ciudad de México y otra en Los Ángeles, California, ciudad matriz del cártel donde el Mayo creó su imperio, y su principal socio, el Chapo, operaba el tráfico de drogas desde los ochenta, cuando enviaba latas de chiles jalapeños cargadas de cocaína. Lucero estableció otra compañía en Ecuador y otras más en Europa.

En la empresa de la Ciudad de México, el principal prestanombres era *Pancho*, a quien también usaban en el transporte y la distribución de grandes cantidades de cocaína y otras drogas a Estados Unidos, pero no era un hombre de negocios, no tenía educación ni dinero propio. Era una persona de bajos recursos que lo cualificaba para ser fácilmente manipulado y por eso lo contrataron.

Oficialmente la empresa que manejaba *Pancho* se dedicaría a la importación y distribución de jugos, pero su verdadero propósito era el lavado de dinero. Lucero, que ya casi había concluido la licenciatura en derecho, asesoró a *Pancho* sobre a cuáles instituciones debía acudir para establecer la empresa, cómo abrir las cuentas bancarias y todo lo relacionado con la documentación para hacerla "legal". Gracias a esa compañía, el Chapo pudo mover cerca de 5 millones de dólares. Ningún litro de jugo se comercializó.

La empresa abierta en Los Ángeles quedó a nombre de Angie Torres. En la reunión que hubo para ponerse de acuerdo sobre la creación de la compañía, el Chapo presentó a Lucero como su esposa y dejó ordenado que ella le daría seguimiento a la operación. Cuando llegó el punto en que Angie necesitaba dinero para poner en marcha el almacén de la empresa fachada, Lucero la ayudó.

"Me comuniqué con ella porque me decía que necesitaba dinero para los gastos, que debía decírselo a mi marido, es decir, a Joaquín. Y luego me encontré con su mamá en un café unos meses después y me confirmó que todo se había arreglado con el almacén en Los Ángeles y que debía comunicárselo a mi esposo."

Ecuador era uno de los centros de operación clave del cártel por su cercanía con Colombia, Perú y Bolivia, los tres países productores de cocaína, y por su salida directa al Pacífico. La empresa que se abrió ahí quedó a nombre de Callo, quien según Lucero era uno de los productores que ella conocía y a quien compraba la droga para el Chapo en el Triángulo Dorado. Después fue la misma Lucero quien lo involucró en otras tareas del Cártel de Sinaloa aprovechándose de que era ignorante y manipulable. Esta compañía se dedicaba oficialmente a importar y exportar harina de pescado, aunque en realidad lo que salía de ahí era otro polvo blanco.

De las empresas creadas en Europa por Lucero también se haría responsable Callo. Ella debía enviarle el dinero para administrarlas y usarlas como fachada para transportar droga de México al Viejo Continente.

La propia familia de Lucero creó en mayo de 2013 una empresa de bienes raíces en Culiacán llamada Enigma Bienes Raíces. Aparecían como propietarios sus hermanos María Joana y Luis Francisco Sánchez López, su cuñado César Joel Cháidez —esposo de su hermana María Carolina— y su hermano José Ciro Cháidez

Molina.[18] El objeto social de la compañía abarcaba desde la construcción de obra civil, como carreteras, obras marítimas y fluviales, hasta remodelación y la compraventa de inmuebles.

Como presidente del consejo de administración aparecía Luis Francisco Sánchez López; como secretario legal, Yescenia [sic] Guadalupe González Salas, y como tesorero, Marisol Mendoza. Lucero era la apoderada legal de la empresa y también la gerenta. Anastacio Mascareño Aldana aparece como comisario de la empresa. Durante el Comité Técnico Resolutivo de Obra del Ayuntamiento de Culiacán, de 2018 a 2021, Mascareño era del grupo ciudadano que se encargaba de incidir en las licitaciones de obra pública del municipio. En aquella época, el presidente municipal era Jesús Estrada Ferreiro, postulado por Morena. La posición de Mascareño era más que conveniente para una empresa dedicada a la construcción.

* * *

Luego de algún tiempo, "tuvimos algunas dificultades y nos distanciamos durante algún tiempo", dijo Lucero.[19] Según ella, se alejaron a fines de 2012. Aunque si en realidad existió tal separación, duró poco. Ella continuó sacando provecho de la relación. Era una mujer de ambiciones. A como diera lugar, quería ser presidenta municipal de Cosalá, pero por ley no cumplía con los requisitos de edad para ser postulada. Además de que no tenía ninguna experiencia en política ni activismo social.[20] Jamás había hecho nada por su comunidad, solo explotar a los productores de mariguana que eran el eslabón más frágil y el peor pagado de la cadena del tráfico internacional de drogas. Una persona cercana le recomendó que era mejor que comenzara como regidora en Cosalá, e ir subiendo poco a poco, pero Lucero quería todo rápido, no quería esperar.

Las ambiciones políticas de su amante debieron resultar interesantes para el Chapo. Si su viejo conocido Pablo Escobar Gaviria, el legendario jefe del Cártel de Medellín, había logrado ser diputado,

¿por qué él no podía hacer que Lucero lo fuera? Él trataba constantemente con políticos y gobernantes de todos los niveles, desde secretarios de Estado y generales del ejército hasta senadores, diputados, líderes partidistas y con el propio gobernador de Sinaloa Mario López Valdez (2011-2016), mejor conocido como Malova.

En 2013, el Chapo no pudo hacer que Lucero fuera alcalde de su pueblo, pero le ofreció un mejor regalo: una curul en el Congreso local de Sinaloa. Con esa posición, Lucero podía lanzar su carrera política y su corta edad no era un impedimento. El ascenso de compradora y empacadora de drogas a diputada en un chasquido era algo que solo un hombre del poder e influencia de su amante era capaz de conseguir.

Fue directamente Dámaso López Núñez, *el Licenciado*, uno de los principales operadores de Guzmán Loera en el Cártel de Sinaloa, y su compadre, quien se encargó de negociar que en las elecciones locales de 2013 Lucero fuera postulada como candidata por el Distrito 16 de Cosalá.[21]

El Licenciado hizo la gestión con Héctor Melesio Cuén Ojeda, fundador y patriarca del Partido Sinaloense (PAS), que se creó en 2012 y ya para 2013 era la tercera fuerza política en Sinaloa. En el estado Cuén Ojeda es famoso por su relación directa con miembros del narcotráfico.

Así, Lucero fue candidata de la alianza PAS, PAN, PRD y PT en 2013. Ella misma presume haber ganado con amplísimo margen de votos, 4 mil 167 para ser exactos. La mayor votación registrada en los últimos 17 años. No fue su inteligencia, capacidad política ni carisma lo que le dio ese número de votos. En Cosalá todos la conocían como la mujer y operadora del Chapo. Noticias publicadas en medios de comunicación locales afirman que en su campaña repartieron dádivas y regalos a los electores.

En diciembre de 2013, cuando inició la legislatura, Lucero se sumó a la fracción parlamentaria del PAN, pero era Cuén Ojeda quien siempre estaba a su lado y la guiaba.

Qué ironía. Hacía no mucho Lucero era traficante de drogas y con ellas ayudaba a intoxicar a miles de jóvenes en México y Estados Unidos, pero gracias a su relación con el Chapo fue nombrada presidenta de la Comisión de Juventud y el Deporte en el Congreso. Es fácil imaginar la velocidad con que pestañeaba y fruncía la nariz de la emoción cuando le notificaron su cargo. También la nombraron vocal en las comisiones de Ecología, Turismo y en la Comisión de Honor y Disciplina Parlamentaria.

Lucero combinaba su gestión como diputada con la de operadora y esposa del Chapo. Por la mañana podía estar en la tribuna del Congreso presentando iniciativas a favor del deporte, y al mismo tiempo coordinando el envío de dinero proveniente de las drogas por medio de la inseparable BlackBerry. Por las noches cocinaba para el narcotraficante y compartía su cama. Todas estas ocupaciones la hacían ausentarse a menudo del Congreso, lo cual no dejaba de generar suspicacias entre los otros legisladores.

Lucero usó su puesto como diputada para atacar desde la máxima tribuna los operativos antinarcóticos que hacía la Marina en el Triángulo Dorado. También lo usó para repartir comida, despensas, materiales de construcción, ropa y zapatos en Cosalá. En las escuelas regalaba útiles escolares o enviaba dulces y piñatas en la época decembrina para las posadas. Personalmente ella iba y entregaba las dádivas, así mataba dos pájaros con la misma piedra. Como en el lugar la conocían como la mujer del Chapo, los regalos le servían como propaganda a favor del capo, del Cártel de Sinaloa y a favor de ella misma porque quería postularse como alcalde del municipio.

El gobernador Mario López Valdez, quien tenía conexión con los miembros del Cártel de Sinaloa, invitaba a Lucero sus giras y se tomaba fotos con ella abrazándola afectuosamente.

En su cuenta de Facebook, en la galería de fotos de su egoteca personal, Lucero daba cuenta de todos los outfits que usaba para ir al Congreso, de todas las reuniones y actos políticos a los que asistía.

El código que usaba en la BlackBerry con el Chapo cambió de "Hermosura" a "La Diputada".

Lucero se sentía intocable. Y la inmunidad que tenía legalmente por su cargo de diputada la hizo involucrarse más y más en las actividades criminales del Chapo.

De pronto, en su círculo cercano comenzaron a ocurrir eventos trágicos.

* * *

A las 5:40 de la mañana del 11 de enero de 2014, los paramédicos de Culiacán recibieron una llamada de emergencia. Una mujer había sido degollada. Era María Carolina Sánchez López, la hermana menor de Lucero y su cómplice en el tráfico de droga y lavado de dinero.

Cuando el servicio de emergencias llegó al domicilio, el cuerpo de la joven de 23 años yacía sin vida bocarriba sobre el pavimento. Tenía una herida profunda en el cuello que le había causado la muerte. A su lado estaba su exmarido César Joel Cháidez Molina, también con una herida en el cuello. Según la versión de la policía, él había asesinado a la hermana de la diputada por "celos" y luego había intentado suicidarse.

Cháidez Molina no solo era el cuñado de Lucero, también era su asistente en el Congreso y aparecía como uno de los socios de la empresa Enigma Bienes Raíces fundada por la familia de la diputada en la época en que ella creaba empresas fachada para el Chapo. Lo acusaron de "feminicidio agravado" y lo metieron a la cárcel. Aun así, siguió como socio de la empresa familiar.

Tan solo 10 días después, Rubén Chávez Cháidez, exesposo de Lucero, fue asesinado a tiros en Cosalá por un grupo de sicarios que lo esperaban afuera de su casa. Le dispararon con un AK-47 hasta que cayó muerto, dicen las crónicas publicadas en los diarios. Nadie fue arrestado y nunca se supo cuál fue el móvil del crimen.

Ninguno de esos sucesos hizo reflexionar a Lucero. Caminaba sobre una cuerda floja. Y un día estuvo a punto de ser arrestada con el Chapo mientras estaban en la cama.

* * *

La Cámara de Diputados de Sinaloa estaba en periodo de receso, el Chapo llegó a Culiacán y quiso ver a Lucero. La mandó llamar y el 16 de febrero de 2014 se encontraron en una residencia de la colonia Libertad. Estaban comiendo tranquilamente cuando irrumpió Cóndor, el mismo que en 2011 le había llevado la noticia de que había ejecutado la orden de matar a Juancho.

"Tío, debemos movernos", dijo.

Estaba por llegar un operativo de la Marina junto con agentes de la DEA. El comando había reventado una casa de seguridad buscando al Chapo y fue advertido que se dirigían a donde él estaba. De inmediato la diputada y su pareja saltaron de la mesa y él salió huyendo en una camioneta. "Me dijo que juntara sus cosas personales y que después enviaría a uno de sus empleados a buscarme", narró Lucero sobre ese episodio.[22]

Fernando Gaxiola, abogado del Mayo Zambada y su hijo el Vicentillo, me contó años después que en esa casa también se encontraba el propio Mayo, reunido con el Chapo y Lucero, pero que él huyó por su lado.

Lucero esperó durante horas hasta que recibió la instrucción de ir a la colonia Guadalupe para reunirse de nuevo con su amante. La llevaron a una residencia totalmente nueva. El Chapo la esperaba y se la presumió orgulloso. Tenía su propia alberca con televisión, las puertas blindadas y un complejo sistema de videovigilancia.

Se fueron a una recamara que se encontraba en la planta baja. Tuvieron sexo y se quedaron despiertos durante horas conversando hasta que él se quedó dormido. Ella estaba somnolienta cuando a las 4 de la mañana comenzó a escuchar ruidos, el zumbido de un helicóptero, golpes y gritos.[23]

"¡Tío, tío, abre arriba, están sobre nosotros, están sobre nosotros!", entró Cóndor gritando en la recámara. Lucero estaba en shock. El Chapo se metió en el baño con su escolta y la muchacha del servicio doméstico.

"¡Amor, ven, ven conmigo, ven aquí!", le dijo el Chapo. Ante los ojos de la diputada se levantó como por arte de magia toda la tina y se descubrió un compartimento secreto que daba a un túnel de escape. Bajaron unos escalones de madera, la bañera quedó de nuevo cerrada y todo quedó en absoluta oscuridad. Afuera aún se escuchaban los gritos del comando de la Marina y la DEA.

Aunque el Chapo pagaba millonarios sobornos a autoridades de todos los niveles en México, había cosas que a veces se salían de su control.

El capo salió disparado corriendo desnudo por el túnel dejando atrás a Lucero, su escolta y la mucama, quienes iban a paso más lento por la oscuridad. Era una especie de canal de aguas negras por el que caminaron durante cerca de una hora hasta que salieron al río Humaya que atraviesa Culiacán. Ya despuntaba el sol.

Cóndor se comunicó con Picudo, otro de los secretarios del Chapo, y le dio las coordenadas del punto donde debía ir a recogerlos. Lucero le había propuesto que se fueran a Cosalá. Aprovechando que ella tenía inmunidad como legisladora, le dijo que nadie lo molestaría en su casa.

El Chapo estaba callado, muy pensativo. No hablaba mucho. Ordenó a Picudo llevarlos a Mazatlán. Los transportaron en vehículos diferentes. Ahí los esperaba Bravo Aponte, el hombre de mayor confianza del capo en esa ciudad.

Lucero y el Chapo llegaron a un apartamento en el exclusivo condominio Miramar, en la costera del puerto, y hasta ese momento el capo pudo vestirse. Ahí se quedó Lucero con él durante cuatro días. Mientras ellos estaban ahí tranquilos, en Culiacán la Marina y la DEA seguían buscando cualquier pista que pudiera llevarlos al capo, y lograron capturar a Nariz, uno de sus operadores.

La diputada se fue al quinto día. El Chapo cambió de pareja y mandó llamar a su esposa Emma. Lo arrestaron cuando estaba durmiendo con ella la madrugada del 22 de febrero de 2014. Cuando los noticiarios televisivos estaban dando la noticia a nivel nacional, los parientes de Lucero la despertaron para que viera la transmisión.

El Chapo fue encarcelado en el penal de máxima seguridad del Altiplano en el Estado de México, la misma cárcel donde lo llevaron tras su primera detención en 1993. Él ya conocía los botones mágicos que debía oprimir para volver a escapar de la prisión: la corrupción.

Tras el arresto, Lucero buscó contactar a los hijos del Chapo, Iván y Alfredo, mejor conocidos como los Menores, para ponerlos al corriente de un envío de cocaína a México cuya salida de Ecuador ya estaba programada.[24] Quien atendió la solicitud fue el Licenciado. Lucero lo ayudó a coordinarse con el operador llamado Rincón, que estaba en Ecuador, para concretar la transacción. El Licenciado mantuvo al tanto de todo al Chapo.

* * *

Emma Coronel, con la ayuda de los abogados del Chapo, hizo todas las gestiones necesarias, pagando sobornos, para que su marido gozara de privilegios en el Altiplano y le cumplieran sus caprichos; ella no sabía que uno de ellos era tener visita conyugal de su esposa no oficial.

El Chapo le escribía a Lucero apasionadas cartas desde la prisión:

"Para mi reina, quién es mi reina y mi amor", solían comenzar sus misivas, que generalmente le enviaba acompañadas de arreglos florales. Algunas de esas cartas se leyeron durante el juicio del Chapo en Nueva York ante la presencia de Emma Coronel.

"Eran las palabras de amor que él siempre usaba conmigo", dijo Lucero en la Corte.

El Chapo hizo arreglos para que Lucero acudiera a la visita conyugal o visita íntima a la que tienen derecho todos los reclusos en México, siempre y cuando tengan buena conducta y la visita sea su esposa legalmente hablando. Lucero no lo era, pero lo mismo daba. Con un buen soborno, todo podía resolverse. Ella entraba en la cárcel con una identificación falsa. Y así, en esas visitas, la pareja procreó un hijo entre abril y mayo de 2014. Mientras la creatura crecía en el vientre de Lucero, debajo del penal donde se encontraba el Chapo, se excavaba un túnel para que pudiera fugarse.

Desde la prisión, el propio capo usó a su esposa Emma Coronel como mensajera y coordinó a sus hijos, sus abogados y al Licenciado para llevar a cabo el escape.

* * *

La presencia de Lucero no era tan discreta como seguramente habría deseado. El 14 de abril de 2015, el comisionado nacional de Seguridad, Monte Alejandro Rubido, ventiló que una mujer había utilizado documentos falsos para visitar al Chapo. Pero como no revelaron el nombre de Lucero, ella siguió visitándolo, con la experiencia de los peligros que ya había atravesado sin consecuencias.

En junio de 2015 se hizo público que Lucero era la misteriosa mujer que visitaba al narcotraficante y se filtraron algunas fotografías suyas. En algunas, tomadas en 2014, aparece con su embarazo ya muy avanzado. Lucero negó una y mil veces tener relación con el Chapo. Sin permitir que le hicieran preguntas, citó a conferencia de prensa y en tono de indignación dijo que la información era falsa.

"Esta atroz calumnia pone en riesgo la vida de mis hijos de ocho años y seis meses, ya que a partir de esa falsedad vertida en esos medios de comunicación me han convertido en el blanco de amenazas telefónicas y anónimos", leyó el comunicado, vestida con una blusa de estampado de leopardo. El tic en su rostro era crónico.

No solo parpadeaba y fruncía la nariz, sino que el movimiento involuntario llegaba hasta los labios.

"Tengo dos hijos fruto de mi matrimonio donde mi esposo ya falleció, y no soy novia, ni conozco ni me interesa conocer a ninguna persona, mucho menos si es parte de la delincuencia organizada", concluyó mirando a los reporteros con aire de superioridad, por encima del hombro.

Su aclaración era no solo mentirosa, sino ridícula. Lucero debió primero sacar una calculadora antes de endosar la paternidad de su hijo a Rubén Chávez Cháidez, su expareja acribillada. Porque cuando ella concibió a su hijo, él ya tenía dos meses muerto. Ni modo que la fecundara desde la tumba.

Su relación con el capo era un tema que había sido un secreto a voces en el Congreso de Sinaloa desde el inicio de la legislatura. Todos lo sabían. Aun así, diputados de diversos grupos parlamentarios le expresaron públicamente su respaldo, entre ellos Cuén Ojeda. Por ello estaba envalentonada y en plan cínico.

El Chapo se fugó el 11 de julio de 2015 principalmente con la ayuda de Emma Coronel, el Licenciado y los Menores. Y la PGR ventiló más información sobre las visitas al capo.

El 16 de julio, con su torpeza habitual y su tic nervioso, Lucero hizo un nuevo pronunciamiento:

Hoy he decidido tomar esta tribuna para hablar del tema que hace días ha venido circulando en las redes sociales y me he tomado el atrevimiento de posicionar un posicionamiento en esta tribuna.

Durante el último mes han circulado con insistencia en los medios de comunicación versiones y afirmaciones de mi persona que pretenden relacionarme con el hoy prófugo de la justicia Joaquín Guzmán Loera, alias *el Chapo* Guzmán, he pedido insistentemente que la autoridad correspondiente sea la que me cite a declarar en caso de que hubiera algún delito o conducta ilegal de mi parte. Sin embargo, todo ha trascendido a través de supuestos e infundios, por lo que veo al gobierno federal le interesan más las cortinas de humo, el protagonismo político que llegar realmente a la importancia de la justicia. Hoy de nueva cuenta reitero a la autoridad correspondiente la petición que actúe conforme a derecho y no a través de difamaciones y filtraciones burdas y ridículas, insistiendo en que quienes hoy insisten en dañar mi nombre lo demuestren jurídica y pericialmente, así mismo interpondré un recurso ante la Comisión de los Derechos Humanos por difamación y daño moral a mi persona, a mis hijos y al resto de mi familia.

Lucero pensó que la había librado. La siguieron invitando a eventos del gobierno del estado de Sinaloa y del municipio de Culiacán como si nada. Salía sonriente, con un vestido nuevo cada vez. Acompañó a Mario López Valdez a la inauguración del parque temático Más Culiacán y el gobernador se tomó una foto abrazándola, la cual se difundió en redes sociales para dejar claro su respaldo.

En su cuenta de Facebook multiplicó sus fotos en el Congreso y otros eventos, creyendo que así se limpiaba la cara ante el público. Algunas mujeres amantes de narcos tenían su fama de artistas para evadir la justicia y pasar insospechadas, ella tenía su curul como diputada.

Mientras lo seguía negando, Lucero retomó sus encuentros amorosos con el Chapo. Se vieron al menos en dos ocasiones. Pasaron juntos las fiestas de fin de año de 2015 como si fueran una familia. Fue la penúltima vez que se vieron.

* * *

El viernes 8 de enero de 2016, Joaquín Guzmán Loera fue capturado en Los Mochis, Sinaloa, y encarcelado de nuevo en Almoloya, pero sin los viejos privilegios que le permitieron fugarse. Era inminente su extradición.

El 20 de enero de 2016, a Lucero la detuvieron elementos de la PGR en cumplimiento de una orden de presentación. La trasladaron a la Ciudad de México y ella se reservó su derecho a declarar. No la detuvieron. Ella siguió negando a su amante hasta el final. Pensó que al menos podía aferrarse a la curul que el Chapo le había conseguido.

Mientras tanto, Emma Coronel salió por primera vez a los medios de comunicación a dar la cara por su esposo rompiendo la tradicional *omertà* a la que estaban obligadas las esposas de la cúpula del Cártel de Sinaloa.

Con desdén, Lucero renunció a la fracción parlamentaria del PAN en el Congreso de Sinaloa, haciéndose la ofendida porque no le habían dado suficiente apoyo. El coordinador parlamentario de ese partido, Guadalupe Carrioza, lamentó su decisión y dijo recibir la noticia con una "emoción de tristeza". Aseguró que el partido nunca le pidió su renuncia, ni tampoco la dirigencia estatal ni nacional.

En marzo de 2016, la PGR solicitó el desafuero de Lucero a la Cámara de Diputados del Congreso Federal, proceso que se concretó en junio con 414 votos a favor y 36 abstenciones. El único partido que en el debate abogó por Lucero fue Morena. En nombre de su partido, el diputado Alfredo Basurto Román dijo que la solicitud de la PGR no estaba bien fundamentada.

Fueron también los diputados de Morena quienes se abstuvieron de votar en contra del desafuero de Lucero. Cuando la notificación llegó al Congreso de Sinaloa hubo seis diputados locales del PT, PRD, PAS, MC y Panal que propusieron que no se obedeciera la resolución de la Cámara de Diputados Federal.

"El único pecado de la diputada es el de haber tenido algún involucramiento sentimental con la persona equivocada", expuso Víctor Manuel Díaz Simental, diputado que perteneció al PRI.

"Aunque se le haya quitado el fuero, se tendría que votar aquí en la Cámara si se separa del cargo o no. Lo que sí es que se me hace una verdadera canallada hacia ella", dijo el diputado Leobardo Alcántara Martínez del PT.

"Lo que está sucediendo hoy con el caso de nuestra compañera diputada es una cobardía y es una infamia", dijo la coordinadora del PAS María del Rosario Sánchez Zataráin. "Convoco y exhorto a los integrantes de este congreso a que defendamos con honor y con dignidad a nuestra diputada y que dejen de llamarla como la llaman."

Aun así, el fin de la chapodiputada era inevitable. Lucero ya no pudo presentarse al Congreso, le quitaron la silla que había conseguido por su marido.

Con todo, aferrada como estaba a ser alcalde de Cosalá, en diciembre de 2016 intentó crear la asociación civil Ciudadanos Comprometidos por Cosalá. Sin embargo, después de que extraditaron al Chapo en enero de 2017, ella también decidió cruzar a Estados Unidos y fue así como el 21 de junio llegó a la garita de la Mesa de Otay, donde fue arrestada. Le imputaron cargos de narcotráfico y lavado de dinero en la Corte del Distrito de Columbia donde podría recibir una condena de cadena perpetua.

* * *

Las últimas veces que Lucero vio al Chapo fueron el 17 y el 22 de enero de 2019. Luego de admitir su culpabilidad del delito de tráfico de drogas, y a cambio de un beneficioso acuerdo con el Departamento de Justicia, aceptó presentarse a declarar dos días durante más de ocho horas en la Corte del Distrito Este de Nueva York como testigo de cargo.

Aquella mañana fría del 17 de enero, la otrora diputada entró en la sala de la Corte con el cabello largo, casi hasta la cintura, descolorido; ataviada con un overol azul propio de una presidiaria de cárcel federal, y con el tic que alteraba su rostro delatando su nerviosismo. Se le veía avergonzada.

Ahí vio al padre de su hijo, a su examante, al príncipe que la hizo diputada. Vestido de traje y perfectamente rasurado, el Chapo la observó en un relámpago y luego posó la vista sobre Emma Coronel, quien se encontraba ahí por exigencia de los abogados de defensa. Impecablemente vestida y maquillada, con cara de palo, se sentó entre el público de la audiencia. Ahí estaban los tres juntos otra vez, como en el triángulo criminal y amoroso que habían vivido durante siete años.

"Pueden todos sentarse, por favor, excepto la testigo", dijo el juez de distrito Brian M. Cogan a la audiencia y al jurado. A él le correspondería dictar sentencia al Chapo.

"Levante su mano derecha, por favor", le instruyeron a Lucero y juró decir la verdad.

"Diga y deletree su nombre para el registro."

"Lucero Guadalupe Sánchez López."

"Buenas tardes, señora Sánchez, ¿cómo se encuentra hoy?", preguntó Anthony Nardozzi, representante de la División Criminal del Departamento de Justicia, quien haría el interrogatorio en representación de la Fiscalía.

"Buenas tardes, bien", respondió ella nerviosa.

"¿Cuántos años tiene?"

"Veintinueve", respondió. La misma edad de Emma.

Lo que siguió fue una sesión en la que salieron a relucir los detalles más íntimos y escabrosos de su relación con Joaquín Guzmán Loera, incluyendo los mensajes de amor y las noches que habían estado juntos en los condominios Miramar antes de que llegara Emma y la Marina la arrestara a punta de pistola.

La decena de periodistas en la sala observaban el intercambio de miradas que iban de Emma al Chapo, del Chapo a Lucero, de Lucero a Emma, como si fueran espectadores de un partido de tenis, mientras anotaban ávidos cada palabra en sus libretas.

Emma, quien hasta entonces era considerada la reina del Chapo, con rostro impasible sintió cómo su corona se deslizaba por las ondas de su larga cabellera y enseguida escuchó el tintineo cuando cayó al suelo ante los ojos del mundo.

Tras el primer receso de la audiencia del 17 de enero, cuando Lucero reingresó en la sala, su mirada se volvió a cruzar con la del Chapo, esta vez él la sostuvo. Si así probaba algún sentimiento o emoción, quizá solo ella podía saberlo. La exdiputada estalló en llanto y tuvieron que sacarla de la sala.

Emma se burló con sorna. Lo que ella no podía saber en ese momento es que la escena era una visión de su propio futuro, como si esa sala se hubiera transformado en un oráculo que le estaba gritando su futuro inmediato. Meses después sería ella misma quien estaría parada ante un juez confesando su culpabilidad y complicidad con el mismo hombre que Lucero: el Chapo.

Notas

1 Información del expediente judicial 3:17-mj-02036-BLM de la Corte de Distrito Sur de California del cual la autora obtuvo copia.

2 Versión estenográfica de la audiencia del 22 de enero de 2019 en la Corte de Distrito Este de Nueva York.

3 Redacción, "La 'Reina' de Cosalá", en *El Noroeste*, 29 de enero de 2016, disponible en https://www.noroeste.com.mx/buen-vivir/la-reina-de-co sala-OBNO1007779.

4 Versión estenográfica de la audiencia del 22 de enero de 2019 en la Corte de Distrito Este de Nueva York.

5 Redacción, "La 'Reina' de Cosalá", *loc. cit.*

6 Transcripción del testimonio de Lucero Guadalupe Sánchez López en la Corte de Distrito Este de Nueva York, el 17 de enero de 2019.

7 *Idem.*

8 *Idem.*

9 *Idem.*

10 *Idem.*

11 *Idem.*

12 *Idem.*

13 *Idem.*

14 *Idem.*

[15] *Idem.*

[16] *Idem.*

[17] Información del expediente judicial 3:17-mj-02036-BLM de la Corte de Distrito Sur de California.

[18] La autora cuenta con el acta constitutiva de la compañía registrada en el Registro Público de la Propiedad de Culiacán, Sinaloa.

[19] Transcripción del testimonio de Lucero Guadalupe Sánchez López en la Corte de Distrito Este de Nueva York, el 17 de enero de 2019.

[20] Redacción, "La 'Reina' de Cosalá", *loc. cit.*

[21] La información le fue confirmada a la autora directamente por personas relacionadas con la negociación.

[22] Transcripción del testimonio de Lucero Guadalupe Sánchez López en la Corte de Distrito Este de Nueva York, el 17 de enero de 2019.

[23] *Idem.*

[24] Información del expediente judicial 3:17-mj-02036-BLM, *loc. cit.*

10

El desafío de Emma, sin trono ni reino y tras las rejas

A las 10:08 de la mañana del 10 de junio de 2021 en la sala 23 A de la Corte del Distrito de Columbia, en Washington D.C., Emma Coronel Aispuro llegó puntual a su cita con el destino. Faltaban tan solo 22 días para su cumpleaños número 32 y el 14 aniversario de su boda con el Chapo.

Hacía ya casi un año que su esposo había sido sentenciado a cadena perpetua en la Corte del Distrito Este de Nueva York. Había llegado el momento de saldar cuentas.

Iba vestida con un uniforme de presidiaria color verde deslavado, triste, de manga corta, con una mascarilla quirúrgica cubriéndole el rostro por las restricciones sanitarias impuestas en la corte por la pandemia de covid-19. Atrás había quedado el glamur de la reina de belleza que había sido usada como carnada para los medios de comunicación durante el juicio de su esposo.

Estaba frente al juez de distrito Rudolph Contreras para declararse culpable de tres cargos criminales por narcotráfico y lavado de dinero. Por el Departamento de Justicia estaba Anthony Nardozzi, el mismo que había interrogado a Lucero Guadalupe Sánchez López, quien dijo ser la otra "esposa" del Chapo. La ironía no podía ser mayor. Como sus abogados de defensa estaban Jeffrey Lichtman y Mariel Colon, los mismos representantes legales del Chapo en Nueva York.

El palacio de justicia se localiza en el corazón de Washington D. C., a unos cuantos pasos del Capitolio y de los monumentos construidos en honor a Thomas Jefferson, Franklin Roosevelt y Martin Luther King, emblemas de un mundo opuesto al que ella había vivido los últimos 14 años.

La época de los cerezos en flor ya había terminado. Las delicadísimas estrellas color de rosa que en primavera penden de los árboles de cerezo esparcidos en los parques y jardines de la capital de Estados Unidos se habían marchitado. La exuberante floración dura máximo 14 días, su belleza es efímera pero cada primavera encuentra la fuerza para resurgir. Una metáfora para quien tiene por delante el fin de su vida o un nuevo comienzo.

—¿Puede decir su nombre para que conste en acta? —dijo el secretario.

—Emma Coronel Aispuro —respondió ella en ese tono de voz sofocado.

—Señora Aispuro, ¿entiende que ahora está bajo juramento? —dijo el juez Contreras.

—Sí.

—¿Y que sus respuestas podrían ser utilizadas posteriormente en su contra en este u otro procedimiento?

—Sí.

—¿Y que si no responde a mis preguntas con la verdad, podría ser procesada por perjurio o por hacer una declaración falsa?

—Sí, lo entiendo.

—Voy a hacerle algunas preguntas para asegurarme de que si hoy decide declararse culpable, lo hace de forma consciente, voluntaria e inteligente con el asesoramiento de sus abogados. Si no entiende mis preguntas o cualquier otra cosa sobre este procedimiento, por favor, dígamelo, e intentaré explicarlo; pero lo más importante es que, como he dicho antes, puede consultar con sus abogados en cualquier momento, en privado si es necesario.

—Sí.

—Señora Aispuro, ¿cuántos años tiene?

—Treinta y uno.

—¿Sabe leer y escribir en inglés?

—No.

—¿Todos los papeles que ha firmado le han sido traducidos o explicados por sus abogados?

—Sí.

—¿Ha sido tratada alguna vez por algún tipo de enfermedad mental o algún trastorno psicológico o emocional?

—No.

—¿Ha sido tratada alguna vez por adicción a los estupefacientes o al alcohol?

—No.

—¿Es usted adicta a los estupefacientes o al alcohol?

—No.

—En este momento en que usted está aquí, ¿se encuentra bajo la influencia de algún estupefaciente o alcohol?

—No.

—¿Está bajo la influencia de algún medicamento prescrito por un médico que pueda tener un impacto en su capacidad para entender lo que está sucediendo aquí?

—No.

—¿Está usted enferma de alguna manera que pueda afectar su capacidad de entender lo que está sucediendo aquí?

—No.

Emma no padecía ningún tipo de malestar físico de los que le cuestionaba insistentemente el juez Contreras, su afectación era de otra índole. Aunque, como era habitual en ella, se hacía la dura, no podía ocultar su mirada triste y cabizbaja.

El juez continuó la sesión con el riguroso procedimiento judicial del caso. Una y otra vez cuestionó a Emma si estaba consciente del paso que iba a dar, si había renunciado voluntariamente a su derecho a tener un juicio y en su caso a la apelación de la sentencia.

Le preguntó si la decisión que había tomado había sido bajo amenaza o promesas de una condena mínima. Ella solo respondió a través de monosílabos: "sí", "no", "sí", era todo lo que podía pronunciar.

—Muy bien. Señora Aispuro, ¿está lista para tomar una decisión sobre si desea declararse culpable o si, en cambio, desea ir a juicio?

—Sí.

—¿Cómo se declara a la acusación del cargo 1 de la información? Es la conspiración para distribuir varias drogas para su importación a los Estados Unidos. ¿Se declara culpable o inocente?

—Culpable —dijo con nerviosismo.

—¿Cómo se declara a la acusación del cargo 2 de la información, la conspiración para blanquear instrumentos monetarios? ¿Se declara culpable o inocente?

—Culpable —respondió con una voz más tenue.

—¿Cómo se declara a la acusación del cargo 3 de la información, participar en una transacción o trato con propiedades de un importante narcotraficante extranjero designado? ¿Se declara culpable o inocente?

—Culpable —terminó diciendo de manera casi imperceptible.

* * *

Después de su arresto en los condominios Miramar, en Mazatlán, el Chapo fue encarcelado en la prisión de máxima seguridad del Altiplano, en Almoloya, Estado de México, con el número de reo 3578. Ya había estado preso ahí en 1993, cuando el penal era conocido como La Palma. Pero, a diferencia de aquella época, ahora era todo un zar de las drogas y —gracias a la publicidad del gobierno de México y Estados Unidos, quienes engrandecieron su figura criminal— toda una leyenda.

Aunque en estricto sentido el gobierno del presidente Enrique Peña Nieto lo detuvo, esto ocurrió más por presión del gobierno de Estados Unidos que por voluntad propia. Peña Nieto había recibido recursos del Cártel de Sinaloa y los Beltrán Leyva para su campaña presidencial en más de una ocasión, como aquella ocurrida en el rancho del cantante Joan Sebastian en Juliantla, Morelos, de acuerdo con testimonios rendidos en procesos judiciales en Estados Unidos.[1] Tenía un compromiso y lo cumplió.

En pocos días el Chapo se hizo un huésped VIP en la prisión. Emma —de entonces 24 años— comenzó a visitarlo al mes y medio de que fue encarcelado; para otras esposas o familiares el trámite podía llevar varios meses.[2]

Ella iba religiosamente cada nueve días a visitarlo. Esa sería la época, en sus siete años de matrimonio, que más veces habría visto a su esposo. Aunque Emma fuera de las últimas en llegar a la larga fila de familiares que se formaban en espera de la hora de visita, ella era siempre de las primeras en pasar, pues el Chapo era uno de los primeros en ser llevado por los custodios al área de visita y en automático tenía más tiempo. Incluso las visitas se daban en un espacio especial, no como el resto de los internos. Aunque se sabía con privilegios, quienes coincidieron con Emma en la fila de espera afirmaron que no fue prepotente, más bien sencilla y callada.

Las revisiones que se realizaban en la prisión para entrar a la visita familiar o íntima eran vejatorias para todas las esposas e hijos, incluso se pedía a los menores quitarse la ropa interior y a las mujeres desnudarse y aflojarse el brasier y la pantaleta. Pero no era así para Emma ni sus hijas gemelas.

Contrario a lo que se permitía a todos los demás, Emma entraba a ver al capo acompañada de su mamá Blanca Estela Aispuro, quien fungía como nana de las inquietas nietas, para que Emma no tuviera que lidiar con los dos pequeños torbellinos de apenas tres años que, inconscientes de las circunstancias, corrían de un lado a otro.

Aunque Emma era la pareja oficial, mientras permaneció preso el Chapo nunca dejó de ocuparse de sus otras mujeres a quienes enviaba constantes saludos y mensajes a través de los abogados que lo visitaban diariamente: Óscar Gómez Núñez y Andrés Granados.

El litigante Óscar Gómez Núñez lo visitaba todos los días en la zona de locutorios para atender los asuntos jurídicos y personales del capo; era abogado de la confianza de Ismael *el Mayo* Zambada, quien nunca lo abandonó mientras estuvo preso. Gómez Núñez había sido abogado de defensa de Vicente Zambada Niebla cuando lo detuvieron en marzo de 2009 en la Ciudad de México, y también de su sobrino Omar Zambada Apodaca.

También lo visitaban sin mayor problema su madre Consuelo Loera y sus hermanas Bernarda y Armida.

Gracias a las visitas familiares y de sus abogados, el Chapo prácticamente solo estaba tras los barrotes cuando dormía; el tiempo restante deambulaba en diversas áreas de la prisión para evitar el aburrimiento de las cuatro paredes de su celda.

Aunque no podía quejarse porque desde la cárcel seguía dirigiendo su imperio criminal, una de las cosas que seguramente más le pesaban era privarse de la vida de mujeres y fiestas a las que estaba acostumbrado. Como las que le ayudaba a organizar Andrea Vélez Fernández.

* * *

Andrea Vélez Fernández es una colombiana de cerca de 1.70 de estatura. Quienes la conocieron entre 2010 y 2012 señalan que en aquella época tendría cerca de 30 años y que prácticamente todo su físico ya había pasado por el bisturí: nariz, senos y derrier. Sin tener una particular belleza ni personalidad, su talento estaba en ser embrollona, zalamera, muy servicial y eficaz.

Decía provenir de una familia humilde de Colombia. No era una mujer llamativa ni estrafalaria, vestía bien, pero con discreción, nada de joyas ostentosas ni ropa o accesorios costosos. No hablaba de manera estridente ni era prepotente. Era educada y atenta. Parecía una mujer normal que buscaba abrirse camino en el mundo de los hombres, pero sin límites ni escrúpulos.

Oficialmente en aquel tiempo era la socia de una agencia de modelos. Extraoficialmente era narcotraficante y ofrecía a algunas de sus modelos y edecanes —la mayoría extranjeras— como compañía femenina para políticos y narcotraficantes.

Andrea comenzó a trabajar para el Cártel de Sinaloa al menos desde 2011, particularmente al lado de Alexánder Cifuentes, hermano de Jorge Cifuentes. Ambos eran operadores importantes del cártel en México y Sudamérica; su familia había estado involucrada en el narcotráfico en Colombia durante décadas. Álex, como era mejor conocido, era tan importante en la organización que cuando lo arrestaron en Ecuador, el Mayo Zambada pagó millones de dólares de sobornos para que lo liberaran. Los hermanos Cifuentes eran parte del círculo íntimo del Chapo y el Mayo, y compartían con ellos fiestas y excesos.

Andrea fue presentada con Álex Cifuentes por una actriz colombiana de identidad hasta ahora desconocida. Como ella dijo no tener dónde hospedarse, Álex le dio techo en su residencia de Cancún. Por su carácter zalamero y servicial, en poco tiempo comenzó a trabajar como una especie de secretaria. Primero se encargó de comprar su ropa y costosas sábanas de más de 500 dólares y enseguida se ganó su confianza. Se hacía cargo de las llamadas telefónicas de Álex, por lo que manejaba la red de contactos de él con otros narcotraficantes, incluyendo miembros de las FARC, hasta operar algunos envíos de droga y distribución en Canadá y Sudamérica.[3]

Pero tenía otra tarea que hizo que el Chapo se fiara de ella: "Le proveyó mujeres al menos durante dos años. En esa relación se generó un vínculo de confianza", aseguró un testigo que conoció a Andrea en aquella época. "Era la madame." Muchas agencias de modelos en México se dedican a eso, indicó, le llaman "el circuito", donde no solo giran modelos y edecanes, sino también actrices. El testigo aseguró que los "catálogos" de estrellas donde aparecen muy conocidas conductoras, cantantes y actrices del mundo del espectáculo —no solo mexicanas— no son una leyenda urbana. Algunas de estas mujeres reciben un sueldo mensual para estar siempre disponibles para dar servicios de compañía y sexuales, además de "jugosas propinas" después de sus encuentros.

Estas mujeres igual pueden ser contratadas por políticos y empresarios, que por narcotraficantes. "Al final todos terminan de uno u otro modo en la cama con la misma mujer, y estas mujeres se convierten en mensajeras en el circuito, es decir, entre los muy diversos consumidores." De hecho, fue eso lo que ocurrió con Andrea Vélez.

Mientras ella trabajaba para el Cártel de Sinaloa, en 2012 logró meterse en la campaña presidencial de Peña Nieto al ofrecer los servicios de las chicas que trabajaban en su agencia, ya sea como edecanes de los eventos públicos o dando servicios sexuales a integrantes del PRI. Según reveló la propia Vélez a gente de su confianza, quien la introdujo en la campaña presidencial fue Luis Vega Aguilar, originario de Sinaloa. Fue secretario de finanzas del PRI en el Estado de México, luego del mismo partido a nivel nacional y operador financiero de Peña Nieto desde que fue gobernador del Estado de México para recabar recursos destinados a la campaña presidencial de 2012 y durante la misma.

"En el PRI todos sabían que era Luis Vega Aguilar el que controlaba el dinero de las campañas y conseguía a las mujeres para las fiestas después de los eventos o acuerdos políticos", dijo un informante que estuvo en esa época en los círculos de la campaña presidencial, describiendo un ambiente similar al del mundo del narcotráfico como cuando los jefes de la droga celebran algún buen acuerdo o una buena operación y lo hacen rodeados de mujeres.

Públicamente, las chicas de Andrea estuvieron en eventos de campaña de Peña Nieto y de otros candidatos del PRI en 2012, como diputados federales y locales.

El nombre de Luis Vega Aguilar salió a relucir en 2020 como parte de la trama de sobornos millonarios pagados por la empresa petrolera Odebrecht para que, una vez que Peña Nieto ganara la Presidencia de la República, se compraran votos de legisladores para aprobar la reforma energética que significó una importante privatización de Pemex.

Emilio Lozoya, exdirector de dicha empresa durante los cuatro primeros años de gobierno de EPN —y quien está acusado de operaciones con recursos de procedencia ilícita, ejercicio indebido del servicio público y cohecho—, denunció que Vega Aguilar recibió 32 millones de pesos, de los 84 que había enviado Odebrecht, para conseguir los votos para las nuevas leyes energéticas. Los 52 millones de pesos restantes habrían sido repartidos presuntamente entre legisladores de oposición, principalmente del Partido Acción Nacional. Además, la compañía petrolera brasileña había dado dinero a la campaña presidencial.

En 2016 explotó a nivel internacional el escándalo de los millonarios sobornos pagados por Odebrecht —780 millones de dólares— que repartió entre autoridades de 12 países de América Latina y África entre el año 2000 y 2016, para obtener contratos beneficiosos en el sector energético.

Mientras Andrea trabajaba en la campaña presidencial con el PRI y el Cártel de Sinaloa, mandaba a sus muchachas a satisfacer a los candidatos, dirigentes y políticos, igual que al Chapo y sus socios; al mismo tiempo coordinaba envíos de droga, dicen que era una operadora "todoterreno".

En 2012, el FBI detuvo a Andrea por narcotráfico y ella aceptó colaborar con ellos a cambio de una condena menor por sus crímenes. Así paso a ser madame e infiltrada. Y se supone proveyó información valiosa sobre el Cártel de Sinaloa y sus socios.

Recién iniciado el gobierno de Peña Nieto, en enero de 2013, el Chapo le instruyó a Andrea que enviara a algunas de sus chicas como regalo a un general con quien tenía conflictos y a quien no era fácil acercarse para llegar a un acuerdo.[4]

El general era asiduo cliente de las chicas de Andrea. La idea era que mientras la mujer le daba el servicio también le diera el mensaje de que el Chapo le ofrecía 10 millones de dólares por su colaboración. Pero Vélez no logró el cometido y Guzmán Loera se molestó con ella.[5]

"Cuando intenté dejar la organización, me dijeron que solo podía hacerlo de una manera: en una bolsa de plástico con los pies por delante", narró la propia Andrea. "Perdí a mi familia, a mis amigos... me convertí en una sombra sin nombre."[6]

El Chapo ordenó su muerte por "mentirosa", por no haber cumplido la promesa de persuadir al general. Pidió al propio Álex Cifuentes contratar a la banda de motociclistas canadienses Hells Angels (Ángeles del Infierno) para que la asesinaran en un viaje que ella iba a hacer a ese país. Su homicidio no se concretó.

Según Andrea, ella contribuyó en la detención del Chapo de 2014 en Mazatlán, quizás como venganza. Era efectivamente tan poco escrupulosa que luego de testificar contra el Chapo en el juicio de Nueva York pidió una indemnización al gobierno de Estados Unidos por todos los sufrimientos que había padecido. La respuesta del Departamento de Justicia fue clara: "Los cómplices no son víctimas", por lo que no entraba en el marco legal para que luego de sus tropelías la indemnizaran.[7]

* * *

Desde el día en que lo detuvieron en 2014, el Chapo comenzó a pensar cómo salir de esa. No estaba dispuesto a pasar mucho tiempo tras las rejas, para él la "libertad es muy bonita",[8] e hizo todo por recuperarla.

El 12 de julio de 2015 corrió como polvorín la noticia por todo el mundo:

A las 20:52 horas del sábado 11 de julio, en el Sistema Permanente de videovigilancia del Penal Federal del Altiplano I, se observó que Joaquín Guzmán Loera se aproximó al área de la regadera dentro de la estancia 20 del pasillo 2, donde habitualmente, además de su aseo personal, lava sus enseres.

Al prolongarse la no visibilidad del interno, se ingresó a la celda, la cual se encontraba vacía, por lo que de inmediato se emitió la alerta correspondiente por la probable evasión del mencionado recluso.

Así se inició el protocolo correspondiente, con lo que se confirmó la fuga de Guzmán Loera.

Por lo anterior, se ha desplegado un operativo de localización en la zona y en las carreteras de los estados circunvecinos.

Asimismo, se han suspendido operaciones aéreas en el aeropuerto de Toluca.

Conforme avancen las investigaciones del caso se seguirá informando.

Ese fue el escueto boletín de prensa que difundió la Comisión Nacional de Seguridad. Era la segunda vez que el Chapo se escapaba de una prisión de máxima seguridad y el único en toda la historia de México en lograrlo.

Emma aseguró que se enteró de la fuga de su esposo a través de los medios de comunicación.

—¿Tenía idea de que esto iba a pasar? ¿Él en algún momento se lo contó? —le cuestioné en la entrevista realizada en febrero de 2016.

—No, y creo que si lo hubiera sabido no hubiera podido ni dormir de la desesperación. No tenía idea, y de repente cuando lo vi en los medios de comunicación no lo creí —dijo Emma con ese gesto de ladear la cabeza con los ojos muy abiertos.

Aseguró que tuvo "muchos sentimientos encontrados, temor por lo que iba a pasar, pensé 'se van a querer desquitar con nosotros, el gobierno va a estar superenojado', y por las represalias que pudieran tomar en contra de mi familia".

Tras el escape, la casa que Emma rentaba en la colonia Hidalgo, en Culiacán, fue cateada por las autoridades. Casualmente ella la había dejado antes del 11 de julio y ya vivía otra familia ahí.

En octubre de ese año el abogado Gómez Núñez y Édgar, el hermano menor de Emma, fueron arrestados y acusados de ser cómplices de la fuga. Al más joven de los Coronel Aispuro lo detuvieron a bordo de un Mustang rojo cuando cumplía un capricho de sus sobrinas gemelas de llevarles a casa al chango que les había mandado comprar su padre prófugo. Supuestamente traía consigo armas y droga.

"Mi hermano es superestudioso, superinteligente, sabiendo cómo están las cosas sería incapaz... él no conoce las armas. Cuando lo detuvieron le ponen armas, le ponen droga y tardan todo un día con él torturándolo. La tortura ya está en su expediente porque un médico lo checó, queriendo sacarle en dónde estaba. Lo golpeaban, lo tiraban al piso, caminaban arriba de él, le metían bolsas en el cuello, lo asfixiaban, muchísimas cosas que están en su expediente y en su declaración", dijo Emma sobre la detención.

Mientras el Chapo estaba prófugo de nuevo, Emma reconoció que se encontró con él en al menos dos ocasiones. "Él quería pasar un momento agradable con sus hijas, estaba tranquilo."

* * *

La fuga fue un escándalo internacional. La versión oficial de los hechos dada por el gobierno de Enrique Peña Nieto estaba plagada de inconsistencias y francas mentiras. El secretario de Gobernación, Miguel Ángel Osorio Chong, y el comisionado Nacional de Seguridad, Monte Alejandro Rubido, presentaron un video sin audio. Aunque el capo aparece con zapatos en el momento en que se mete a la regadera, Rubido afirmó: "El comportamiento del interno el día de los hechos era, hasta ese momento, cotidiano, natural de un interno que pasa largas horas dentro de su celda". Y el Chapo desapareció como Houdini ante las cámaras para salir por un boquete abierto en el suelo de la regadera de su celda, debajo del cual se había construido durante meses un túnel de más de 1.5 kilómetros de largo sin que ningún custodio o autoridad del penal dentro o fuera se percatara.

Sin embargo, a los pocos días obtuve documentos sobre un peritaje y revisión que se le hizo al video y que forma parte del expediente judicial 45/2015, abierto sobre la evasión del Chapo, en el que por lo menos desde las 20:45 horas se escuchan los golpes de metal contra el concreto mientras el esposo de Emma se encuentra acostado en su cama y durante el tiempo que dio vueltas por la celda antes de escapar a las 20:52. En el boquete de entrada al túnel se encontró un rotomartillo y un gato hidráulico.[9]

En dicho expediente se evidencia que desde inicios de 2015 el Centro de Investigación y Seguridad Nacional (Cisen) tuvo información de que gente del Chapo estaba consiguiendo planos del Altiplano. Y sus agentes asignados al penal reportaron actividades atípicas del narcotraficante.

El narcotraficante Teodoro García Simental, alias *el Teo*, quien ocupaba una celda en el mismo módulo que el esposo de Emma, declaró a las autoridades que 15 días antes de la fuga se escuchaba un ruido excesivo, "como que estaban taladrando o perforando cemento". Pero ninguna de las autoridades responsables de vigilar al Chapo lo reportó.

De acuerdo con los informes recabados por la PGR, el "código rojo" para alertar sobre la fuga no se emitió hasta las 21:35 horas por parte de la directora jurídica del penal, Leonor García García, quien esa noche era la responsable del penal. Es decir, 43 minutos después de que el Chapo desapareció de la cámara de vigilancia. Y no fue hasta las 22:04 horas que el ejército acordonó las zonas aledañas, con lo que el capo tuvo una hora con 12 minutos para salir y desplazarse a otro lugar.

El narcotraficante se fugó con la complicidad y omisión de diversos funcionarios del gobierno de Peña Nieto. Pero, como es la constante en la historia de corrupción de México, de las más de 16 personas detenidas por la fuga, a la gran mayoría las liberaron antes de que terminara el sexenio de Peña Nieto, comenzando por el director del penal, Valentín Cárdenas Lerma. En 2020 fue absuelta por un juez Celina Oseguera Parra, excoordinadora nacional de los Centros Federales de Readaptación Social.

* * *

El Chapo en libertad volvió a sus antiguos hábitos. Lo más importante era su negocio criminal y la mujer del momento; Emma podía ser tan importante o secundaria según el día. Y al igual que todos sus socios en el Cártel de Sinaloa también tenía debilidad por las estrellas, en particular sus fantasías llegaban hasta la actriz mexicana Kate del Castillo, quien era protagonista de la muy conocida serie de televisión *La reina del sur*, basada en la novela del escritor español Arturo Pérez Reverte. Fue ella quien hizo el primer guiño al enviar un mensaje por redes sociales… él, que no era ciego, lo entendió.

"Hoy creo más en el Chapo Guzmán que en los gobiernos que me esconden verdades aunque sean dolorosas", escribió la actriz en 2012.

Luego hizo otro guiño:

"Anímese, don, sería usted el héroe de héroes, trafiquemos con amor, usted sabe cómo", Del Castillo en una carta, pese a que la historia criminal del Chapo era de documentada crueldad, corrupción y ausencia de piedad.

El capo envió a su abogado Andrés Granados como mensajero para conocerla personalmente. Con el pretexto de estar interesado en hacer una película, hizo una cita con ella en octubre de 2015 en la clandestinidad de su refugio de fugitivo.

Los mensajes previos intercambiados entre el Chapo y la actriz eran claros, al menos para los usos y costumbres del capo. Él quería que al menos se quedara tres días a su lado "para convivir 24 horas, para que alcance el tiempo". Estaba tan emocionado como niño en juguetería. A través de Granados le mandó a comprar un costoso teléfono para tener contacto directo con ella. El poderoso miembro de la cúpula del Cártel de Sinaloa se plegó a su disposición y horario. Su actitud generalmente paranoica y taimada se había esfumado.[10]

—Amiga, entonces tú traes el vino, yo tomaré del tuyo, ya que a mí me gusta el tequila y el Bucana [Buchanan's], pero tomaré del tequila que traerás y champaña. Te cuento que no soy tomador, pero como tu presencia va a ser algo hermoso, ya tengo muchas ganas de conocerte y llegar a ser muy buenos amigos... Yo te tendré súper todo para que no vayas a tener ningún detalle, me sentiría muy mal. Ten fe en que estarás a gusto. Te cuidaré más que a mis ojos —escribió el Chapo el 25 de septiembre de 2015 en un mensaje previo a su encuentro.

—Me mueve demasiado que me digas que me cuidas, jamás nadie me ha cuidado ¡gracias! ¡Y tengo libre el siguiente fin de semana! —respondió ella animándolo.

Kate puso las condiciones de la reunión, la fecha y cuántas personas irían. La acompañaría el actor y director Sean Penn. El Chapo dijo a todo que sí. "Que traiga al actor (Penn) y si ella ve que se necesita traer a más personas que se las traiga, como guste ella", dijo el Chapo al intermediario. Estaba entusiasmado porque pensaba que era una mujer alegre y bailadora. "Dile a Kate que cuando venga tomaremos tequila y bailaremos, así coméntale", instruyó al abogado. Cuando la actriz recibió el aparato telefónico, se puso en contacto directo con Guzmán Loera y le agradeció el moderno equipo.

—Bien, amiga, gracias. Qué bueno que te gustó. Me dicen los licenciados que te despediste de ellos, que estarás el viernes con tus amigos. Qué bueno, me da mucho gusto poder saludarte personalmente. Por fin se me hará. Gracias, amiga.

—Gracias a ti que voy a conocerte, y no sabes la emoción que siento... —respondió y escribió de los detalles del encuentro.

—Amiga, irás a Sinaloa. Ten confianza en que todo está bien, si no, no te invitaría. Yo te cuidaré, eso tú lo verás cuando vengas, me tocará tomar tequila contigo. Como te comenté, yo no soy tomador, pero contigo tomaré por el gusto de estar conviviendo contigo. Muchas gracias por ser tan fina persona. Qué linda eres, amiga, en todos los aspectos.

—Te confieso que me siento protegida por primera vez. Ya sabrás mi historia cuando tengamos tiempo de platicar, pero por alguna razón me siento segura y sé que saben quién soy, no como actriz o persona pública, sino como mujer... —escribió Kate.

El encuentro se llevó a cabo en Sinaloa los primeros días de octubre y habría durado solo una noche. Habrían estado entre otros el Chapo, sus hijos Alfredo e Iván, y el compadre de Emma, Dámaso López Núñez. La cena transcurrió entre tacos, carne asada y tequila.

"Yo suministro más heroína, metanfetaminas, cocaína y mariguana que cualquier otra persona en el mundo. Tengo una flota de submarinos, aviones, camiones y embarcaciones", fue la frase con que el Chapo se presentó, bravucón.[11]

Al final del encuentro, Kate aceptó que el narcotraficante la acompañara al lugar que estaba destinado para pasar la noche. Ella diría tiempo después públicamente que pensó que iba a violarla. Tras la corta visita, él quedó prendado de ella. El 10 de octubre de 2015 le mandó un mensaje.

—Buenos días, amiga, disculpa, estaba dormido. Buen viaje, te deseo de todo corazón. Estamos pendientes, te quiero.[12]

Ella respondió que no había descansado y que ya estaba trabajando.

—Y no duermo mucho desde que te vi, estoy emocionada con nuestra historia. Es la verdad. Es en lo único que pienso —añadió la actriz. Sus palabras eran como miel a las moscas.

—Te cuento que yo estoy más emocionado en ti que en la historia —dijo el Chapo con claridad.

—Ja, ja, ja, me encanta saberlo, me chiveaste, amigo —respondió ella.

El 23 de octubre de 2015, Guzmán Loera le escribió un mensaje de feliz cumpleaños. En los días siguientes le insistió varias veces en que quería verla de nuevo, e incluso que quería presentarla con Consuelo Loera, su madre. El narcotraficante le escribía a la actriz que ella era la mujer "más buena" y "más inteligente" del "mundo".

—Ya vénganse que tengo demasiadas ganas de atenderte como debe ser, amiga, eres lo mejor de este mundo. No tengo cómo pagarte lo que estás haciendo por mí y por mis hijos.

Para el 9 de noviembre, Kate le escribió que Penn ya tenía escrito el artículo que habían acordado y que solo faltaba que él grabara las respuestas a las preguntas que le habían enviado para publicarlas a modo de entrevista.

—Mi acompañante [Penn] me dijo que me tienen bien pinchada y esperan que yo los lleve a ti. No te puedo arriesgar ahora, es demasiado peligroso, por más que los dos queremos verte y cumplir con la misión que nos encargaste.

No se volvieron a ver. A Guzmán Loera lo detuvieron el 8 de enero de 2016 junto con su lugarteniente Iván Gastelum Cruz, alias *el Cholo*, a quien Vicente Zambada Niebla, el hijo del Mayo, detenido en 2009 y extraditado en 2010, ya había delatado en Estados Unidos como jefe de un grupo de 20 sicarios al servicio del Chapo.

No se sabe si algo tuvieron que ver los mensajes intercambiados con la actriz en su captura, lo cierto es que él estaba en una fiesta con otras mujeres aquel día. Había invitado al Cholo a la diversión. El Chapo de nuevo estaba en paños menores cuando la Marina irrumpió violentamente en la vivienda. Como había ocurrido en Culiacán cuando estaba en su cita amorosa con Lucero antes de que lo detuvieran en Mazatán.

Ya experto en fugas, el Chapo huyó por una alcantarilla y pensó que la había librado. Pero cuando el Cholo iba a robar un vehículo para salir del lugar, el propietario los denunció con la policía municipal y fueron ellos quienes lo arrestaron y luego llamaron al ejército.

Emma sabía del encuentro con Kate del Castillo, según dijo se lo informó su esposo, al igual que la intención de hacer una película de su vida. Cuando se hicieron públicos los cálidos mensajes intercambiados entre la actriz y el Chapo, Emma dijo que para ella no tenían ningún significado. "No pensé nada, nada más dije: '¿Esto

qué le importa al país? Lo van a leer y van a decir: ¿y?'" Sobre si
tuvo celos aseguró con frialdad: "Para nada, por supuesto que no.
Esperaremos lo que ella quiera decir, pero no tengo celos".

* * *

Tras la recaptura del Chapo fue que conocí a Emma Coronel Aispuro y me dio aquella histórica entrevista. Durante meses estuvimos en comunicación vía WhatsApp o hablando directamente.
Siempre en una relación de periodista y entrevistada.

Emma comenzó sus visitas a Washington D. C. a mediados de
2016, cuando interpuso ante la Comisión Interamericana de Derechos Humanos una queja sobre los supuestos abusos que estaba su-
friendo el Chapo en el penal federal.

Emma aseguraba que el gobierno de México quería matar a su
marido. Funcionarios y reclusos de la cárcel confirmaron que efectivamente las condiciones en las que estaba eran muy duras —con-
secuencia de las dos fugas— y que no le permitían dormir, lo cual le
estaba generando graves problemas en la presión sanguínea y eso podía provocarle un infarto. La única vez que escuché a Emma llorar fue
por teléfono cuando me narró las condiciones en las que vio a su rey.

Emma aprovechó sus viajes a la capital de Estados Unidos para
hacer algunos paseos como turista. Recuerdo que en algunos mensajes por WhatsApp puso una fotografía de ella, vestida toda de negro con zapatos de plataforma, con su prominente derrier de perfil
y de fondo la Casa Blanca.

Dijo con emoción y sorpresa que luego de su salida al mundo
público había gente en las calles de Washington D. C. que la reco-
nocían y la paraban para pedirle autógrafo. Ella siempre sonriente
se los daba de buena gana.

Poco a poco, Emma se fue convirtiendo, por así llamarlo, en
la Kim Kardashian de los narcos, la estrambótica socialité de la que
todos querían saber por morbo hasta su último respiro. Hasta en

YouTube comenzaron a hacerse tutoriales de cómo imitar el maquillaje y el vestuario con el que Emma se había presentado en la entrevista que le realicé.

Así, convencida de que el mundo la buscaba, Emma comenzó a salirse de los límites a los que estaban sujetas las esposas de la cúpula del Cártel de Sinaloa.

Las artistas, modelos, conductoras, entraban a los espacios de los narcotraficantes en secreto para que eso no arruinara sus carreras, pero Emma había entrado públicamente, por la puerta grande, al mundo de las "estrellas".

* * *

El 7 de mayo de 2016 transfirieron al Chapo a una cárcel federal en Ciudad Juárez, Chihuahua, en la antesala de su extradición a Estados Unidos, una de las cosas a las que más temía el narcotraficante. Ahí, con el número de preso 3712, escribió un "mensaje angustioso" en el que afirmó que temía morir antes de diciembre. No ocurrió.

El Chapo fue extraditado a Estados Unidos y fue presentado ante la Corte Federal del Distrito Este de Nueva York que resumió más de 17 cargos en 10.

Emma, como siempre, se mostraba dura, inmutable, como las rocas de las montañas donde vivió su infancia. Muy pocos sabían qué había detrás de esa máscara. "Para lo que sea, siempre estoy preparada. Lo que me afecta es su salud, mientras esté bien, todo bien", dijo.

—¿Usted lo seguirá a donde vaya, Emma? —le pregunté.

—Por supuesto, mientras él quiera estar con sus hijas, por supuesto.

—Y tú, ¿como mujer, como pareja?

—Por supuesto que lo seguiré a donde esté.

—¿Por qué?

—Estoy enamorada de él, es el padre de mis hijas, creo que ya le he demostrado que lo sigo donde sea.

* * *

En febrero de 2018, ya encarcelado en el Centro Correccional Metropolitano de Manhattan, Guzmán Loera le envió una carta al juez. Se quejó de las malas condiciones en las que presuntamente se encontraba en la cárcel donde alguna vez estuvo recluido el mafioso italoamericano John Gotti, jefe de la familia fundada por el capo palermitano John Gambino en Nueva York.

Guzmán reclamó que las reglas de la prisión no le permitían tener recursos económicos para pagar a sus abogados de defensa. "No he tenido contacto con mi esposa por 13 meses. Ni en persona ni por teléfono ni por carta. Nunca me han explicado por qué no permiten ese contacto. Hace seis meses le escribí una carta, y hasta que yo sepa, ella no ha recibido la carta. Por esa imposibilidad de contacto, ella no me ha podido ayudar a conseguir los fondos para pagar a mis abogados", se lamentó el capo mexicano.

Dijo al juez que las medidas especiales a las que estaba sujeto en la cárcel lo afectaban "físicamente, mentalmente y emocionalmente".

"Sufro de dolores de cabeza todos los días. Vomito casi todos los días. No me han arreglado dos muelas y me duelen mucho. No me ha pegado el sol ni aire fresco durante 13 meses en su país… la luz en mi celda está encendida todas las horas del día y se me hace difícil dormir", escribió.

"Yo pensé que la justicia estadounidense por lo menos me iba a dar la oportunidad de defenderme. Pero ahora veo que eso no es la verdad. Lo único que pido es un juicio justo."

Cuando lo extraditaron, algunos de sus abogados en México recomendaron como estrategia de defensa negociar un acuerdo con el gobierno de Estados Unidos, pero los abogados de ese país le aconsejaron seguir la vía del juicio, cuya fecha de inicio quedó definida para inicios de noviembre de 2018.

El excesivo protagonismo de Emma en las redes sociales disfrutando sus minutos de fama le originó problemas con la familia del Chapo en septiembre de 2018, semanas antes del juicio. En una cuenta de Instagram aparecieron fotos de la opulenta celebración del cumpleaños número siete de las gemelas procreadas con Guzmán Loera. Las hermanas e hijos del capo lo consideraron inadecuado en un momento tan sensible.

The Washington Post publicó un artículo de la vida excéntrica que Emma exhibía en redes sociales mientras su esposo públicamente se quejaba de su miserable vida en prisión. La nota la retomaron diversos medios de comunicación en México y otros países.

En la cuenta de Instagram con 250 mil seguidores aparecían fotos de ella. Algunas sin mostrar su rostro, posando con un arma, o con una gorra con el letrero "701" —el legendario puesto que la revista *Forbes* le dio al Chapo como uno de los más ricos del mundo—. No era claro si era Emma o no.

Pero también había fotos que claramente mostraban su rostro, con sus hijas gemelas de apenas siete años portando bolsos de Gucci. Y se puede ver el video de la fastuosa fiesta infantil con el tema de Barbie, donde Emma aparece como la muñeca en carne y hueso haciendo de feliz anfitriona. Toda la decoración era irritantemente rosa, como el mundo que Emma se aferraba a crear una y otra vez pero que solo existía en su mente.

"Mientras el presunto capo está desesperado en la cárcel, su esposa organiza fiestas con el dinero ensangrentado", escribió el prestigiado diario.

Fue por eso que Emma me escribió en la madrugada del 28 de septiembre de 2018. Yo habría jurado que era para compartir alguna preocupación sobre el juicio, pero ella ni se inmutó cuando le pregunté cómo iban las cosas.

"En cuanto al juicio todo bien, ¡va excelente!", señaló optimista pese a que a su marido lo podían condenar a cadena perpetua. E incluso añadió al mensaje un emoji de un pulgar alzado.

Ella era como una caja fuerte con diversas combinaciones. Lo que le preocupaba en ese momento era todo lo que se estaba diciendo en los medios de comunicación. Lo que le quitaba el sueño era que la vieran como la "mala" de la historia. Me dijo que en las redes sociales hay muchas cuentas abiertas de sus "fans" porque según ella la gente la quería mucho, pero aseguró que aquella cuenta de Instagram que tanta polémica había causado era falsa y que no se hacía responsable de los mensajes que se ponían a su nombre. Le dije: "Pero eres tú, son tus fotos". Y reconoció que eran verdaderas.

"No me agrada que se hagan pasar por mí, [esa cuenta] tiene miles de seguidores y cada foto que saca la retoman los periodistas, y no me gusta". "No es por el juicio ni por Joaquín, es por mí." "Ya sé la presión por Joaquín y ni modo, mientras esté el juicio así será, creo, pero me gustaría que a mí me mantengan al margen." Una petición imposible para la esposa del criminal mundialmente más notorio en la historia reciente, luego de Osama Bin Laden.

"Me expusieron como una insensible, que me doy la gran vida cuando las cosas no son así", dijo. Al cuestionarle si efectivamente había hecho esa fiesta de cumpleaños a sus hijas, respondió: "De lo de mis hijas prefiero no opinar nada, ni de lo demás, solo aclarar el tema de que no tengo redes sociales".

Esa y muchas veces antes y después me pregunté qué había en la mente de esta mujer.

* * *

Comenzó el llamado "juicio del siglo" una mañana gélida de noviembre en el Palacio de Justicia ubicado en Brooklyn. De acuerdo con una fuente de información cercana a abogados del Chapo, Emma habría recibido una compensación económica por estar presente en las audiencias.

Por la curiosidad que generaba al mundo la relación "amorosa" entre el capo y la reina de belleza, la estrategia de defensa era usarla como carnada para atraer la atención de los medios de comunicación. Y lo lograron. Constantemente las crónicas se concentraban más en los besos, las miradas, los abrazos a larga distancia y el vestuario combinado de la pareja conformada por el criminal y la *influencer* de los narcos, que en la sustancia de lo que ahí estaba ocurriendo.

Pero detrás del mito de "glamur" y "derroche" que rodea a las esposas de los reyes de la droga en México, hay otra verdad menos reluciente. La mayoría de ellas no tiene independencia económica. Emma tampoco la tenía, dependía de las propiedades del Chapo que le permitía administrar y del dinero que le enviaba. Sí vivía de manera holgada y disfrutaba de costosas joyas que él le regalaba, pero no tenía nada a su nombre que le pudiera en un momento dado dar autonomía económica. La única casa que el Chapo había pensado darle era una que estuviera a nombre de sus hijas menores de edad, no de ella. Es un modelo de control de los narcotraficantes sobre sus esposas para que dependan de ellos para siempre.

"Estos hombres al final son inseguros, no dejan jamás que sus esposas tengan autonomía total porque tienen miedo de que los dejen, son muy celosos y posesivos", me narró una de las personas del círculo cercano de Emma, conocedora de la dinámica interna en las familias del cártel.

En la hoguera de las vanidades y apariencias, las esposas de los narcos compiten entre sí para ver quién viste con mayor lujo, como si eso reflejara mayor aprecio o respeto de sus maridos. Es común verlas con vestimenta y accesorios de Chanel, Dior, Louis Vuitton y Prada, pero no todo lo que brilla es oro.

Muchas de las "primeras damas" del narco acuden a boutiques en Culiacán que venden productos pirata de las marcas de lujo porque no siempre tienen el dinero para pagar los miles de dólares que cuestan los objetos originales de su deseo, o ni siquiera pueden viajar para comprarlos. Algunos modelos de ropa pirata ni siquiera existen en los catálogos de las marcas auténticas.

Aunque los medios de comunicación de todo el mundo escribieron largas crónicas enumerando los lujosos accesorios y atuendos que Emma Coronel portaba cuando asistía al juicio del Chapo en Nueva York, en realidad muchos eran *fake*.

Emma dedicó tiempo a escoger el vestuario que usaría en el juicio, *fake* u original, siempre era formal y nada estrafalario; y desde que su esposo fue extraditado, comenzó a tomar clases de inglés para prepararse y poder comunicarse con la prensa.

Personas que la acompañaron en algunos viajes a Nueva York señalan que no se hospedaba en hoteles de superlujo, sino en sitios como el Hilton. Ahí, en una suite, cada día, antes de una audiencia, Emma se tardaba dos horas e incluso más en vestirse, maquillarse y peinarse. Se sabía centro de atención de los medios de comunicación y le gustaba engolosinarlos.

Otro ingrediente del show mediático eran las hijas gemelas de la pareja. Antes del juicio, en el verano de 2018, informantes cercanos a la familia confirmaron que Emma viajó con sus hijas a la Gran Manzana, y luego regresó con ellas cuando inició el juicio. Cada vez que las presentaba en la corte, las llevaba vestidas de modo idéntico de pies a cabeza. La prensa se daba revuelo con los gestos y saludos entre el padre criminal y las niñas durante las audiencias donde se hablaba de corrupción, cargamentos de droga, torturas y asesinatos.

Joaquina es muy parecida a su padre, mientras que Emali es idéntica a Emma, "en carácter y todo", señaló una persona que las trató de cerca en aquella época. Las niñas de apenas siete años debían ser un ingrediente para ablandar al jurado, por lo que su madre las hacía permanecer en las largas audiencias, que habrán sido soporíferas para ellas.

Conforme fue avanzando el juicio, poco a poco, el título que Emma ostentaba de reina del imperio criminal del Chapo fue perdiendo lustro y la corona sufrió algunos porrazos, hasta que al final cayó.

* * *

De noviembre hasta los primeros días de enero, la Fiscalía concentró los testimonios contra el Chapo en su *modus operandi* como jefe de las drogas. Pero el 9 de enero añadió un nuevo ángulo: el personal, la psique del capo, y con ello comenzó a cavar la tumba del "cuento de amor" que Guzmán Loera y Emma estaban representando cada día en el Palacio de Justicia de Brooklyn.

Ese día ante la sala plena —con Emma sentada entre el público y su esposo en el banquillo de los acusados— fueron presentados los mensajes que el Chapo intercambiaba casi simultáneamente con ella, su "otra" esposa, Lucero Sánchez López, y otra amante llamada Agustina Cabanillas, alias *la Fiera*, quien se refería a él como su "marido", a través del sistema BlackBerry. Para Guzmán Loera, todas eran su "amor" y para todas había palabras románticas.

Se mostró ante el público y el jurado una fotografía de la Fiera y facturas que probaban que el Chapo le había pagado hasta la liposucción. Según las imágenes, no era una mujer que tuviera ninguna belleza en particular. Lo que sí, era joven y una eficiente colaboradora en sus negocios criminales. Le ayudó a crear empresas fachada en Alemania y Ecuador relacionadas con químicos y fertilizantes para encubrir la compra de precursores químicos para fabricar metanfetaminas, que al mismo tiempo le servían para transportar droga de un país a otro.

El Chapo era tan febril en estar enviando mensajes a todas sus mujeres que a menudo se equivocaba de destinataria. Aunque en su grupo criminal era un hombre muy temido, para la Fiera era solo un idiota.

"¿Sabes que mi esposo [el Chapo] me acaba de dar una Black-Berry? Y me acaba de enviar una invitación, y creo que el idiota se equivocó porque me está hablando y yo estoy en el dormitorio. Él está afuera y me está diciendo 'mañana te recogerán en Los Ángeles, mi amor...', pero voy a seguir el juego para ver qué más me dice, el idiota", escribió la Fiera a una de sus amigas y cómplices en la organización. También le contó que descubrió que el Chapo la espiaba, cuando ella le pidió que se instalara un sistema de seguridad en el lugar donde estaban haciendo una construcción de una bodega que ella iba a manejar. Él le dijo a quién debía contratar, un sujeto apodado el Gordo, quien había puesto ya un sistema de vigilancia en la casa de una colaboradora llamada Peni.

"Pero sabes que lo atrapé ayer con la computadora, mirando un montón de fotos, como si vinieran de cámaras de seguridad, y comenzó a borrarlas rápidamente y a cerrar las páginas, para que yo no pudiera verlas, y yo: '¿voy a ser tan tonta como para darle el trabajo?' Lo que vi fue lo más probable de un sistema ordenado por otra persona. Y él querría que yo hiciera, querría que me hiciera lo mismo, que me espiara. A la mierda eso. ¿Sabes qué? Soy mucho más inteligente que él", dijo la Fiera. "Además, no me fío de estas BlackBerry que él me da porque el bastardo las puede localizar."

El Chapo estaba particularmente interesado en la Fiera, quizás el apodo le venía de su carácter desafiante y eso le gustaba. La Fiscalía lo dejó claro al divulgar en la sala de la corte un mensaje específico: "Sí, mi amor, te amo, tú eres la persona más importante para mí".

Emma había aguantado impávida la audiencia porque sabía que, tras cada escabroso mensaje entre el Chapo y sus mujeres que el gobierno exhibía, los periodistas la miraban en espera de alguna reacción. Lo más que ella hacía era tomar con sus manos de manicure impecable su larga y sedosa cabellera y acariciarla. Pero cuando escuchó el mensaje de su esposo a la Fiera no pudo ocultar su sorpresa.[13]

El Chapo estaba visiblemente inquieto cuando la Fiscalía fue sacando mensaje tras mensaje, como quien tiene todos los ases bajo la manga, y a él no le ha tocado ninguno. Buscaba la mirada de Emma, pero ella no quería ni verlo.

Pero eso no fue lo peor del día. También hicieron públicos mensajes entre Emma y el Chapo.

* * *

—Mi padre está aquí, va para allá. A trabajar —escribió Emma en una conversación de 2011 para que su esposo lo atendiera.

—Pásamelo, mi amor —respondió el Chapo.

—Ok.

—Hola, ¿cómo está usted, señor? —escribió Inés Coronel.

—Estoy bien. ¿Cuándo te diriges a la frontera?

—Mañana. Por Cananea [Sonora]. ¿Qué piensa?, hay un buen punto de cruce por ahí. Tengo un vuelo empacado en el rancho.

—¿Quién te va a ayudar allí?

—La gente de Marquitos de antes. Alfredo nos dio la referencia.

—Hablé con Alfredo para que la gente de Marquitos te cuida-ra allá. ¿Quién te ayudó?

—Sí, la gente de Marquitos lo hizo. Quiero irme mañana.

—Desde que mi amor me dijo que tú y mi compadre iban a Agua Prieta, le dije que iba a hablar con Alfredo para que él envíe un mensaje, de lo contrario no tendrías ninguna ayuda —le escribió el Chapo para dejarle claro que no debía irse por la libre.

—Sí. Gracias a ti estamos muy bien atendidos —respondió agradecido el padre de Emma.

Hablaban de un cuantioso cargamento de droga que el padre de Emma quería cruzar a Estados Unidos por la frontera entre So-nora y Arizona. Ella no solo estaba perfectamente enterada de las actividades de narcotráfico de su padre, sino que lo ayudaba a con-seguir el apoyo del Chapo, quien recomendó a su suegro no usar radios en la operación porque eran fáciles de rastrear por la Patrulla Fronteriza de Estados Unidos. Era mejor el sistema BlackBerry.

—La enviaré allá en avión desde el rancho. Lo tengo todo lis-to. Si desea, puede enviar lo suyo. Usted decide —dijo Inés Coronel tratando de que el Chapo contratara su servicio de transporte.

—Pasa ese vuelo y lo haré —dijo su yerno sin dejarse envolver.

—Lo haré. Lo haremos mañana. Entonces me voy mañana.

—¿Tienes gente lista para recogerte? ¿Del otro lado?

—No lo sé. José Luis dice que sí. Yo no tampoco tengo alguno para venderle allá. Cuídese mucho. Estaremos en contacto a través de mi hija o la secretaria. Gracias.

—Está bien, que esté bien. Una vez que este allá [la droga] tengo amigos que te la pueden comprar. Te voy a referir a alguno —respondió Guzmán Loera condescendiendo para mantener contenta a Emma.

Pero las cosas no salieron tan bien como esperaba. Inés nunca había sido un hombre de éxito y no iba a convertirse en uno de la noche a la mañana.

—Estaba hablando con mi papá. Él está deprimido —escribió Emma a su esposo en un mensaje posterior.

—¿Qué dice?

—Las autoridades federales allanaron la casa donde tenía las cosas y se lo llevaron todo. También a la familia que estaba a cargo de la casa, pero creo que ya los han liberado. Él estaba en un escondite. Ellos no confiscaron la casa y supuestamente tienen todo lo que se llevaron; que los soldados aún no lo han entregado. Dice que las autoridades federales son de Hermosillo.

—Dile que hable con la persona a cargo de allí para ver si le devuelven algunas de las cosas —recomendó el Chapo.

En 2013, el padre de Emma fue detenido junto con su hermano Omar. Aunque ella había dicho que eran inocentes, no era verdad. Como muchas otras cosas.

* * *

Emma estaba más que enterada de los negocios criminales del Chapo. Conversaban con la misma soltura sobre sus hijas, que sobre cateos, armas y muertos.

—Nuestra Kiki no tiene miedo. Le voy a dar un AK-47 para que pueda pasar el rato conmigo —dijo el Chapo en uno de los mensajes refiriéndose al regalo que le daría a su hija Joaquina cuando apenas tenía seis meses de nacida, sin que Emma pusiera ninguna objeción.

—Hace poco me dijeron que Mali [Emali] se parece a ti, pero ella tiene un carácter muy dulce. Pero Joaki [Joaquina] tiene tus gestos.

—Sí, es la viva imagen de doña Consuelo. Exactamente como ella —respondió orgulloso el Chapo refiriéndose al parecido entre su hija y su madre.

También hablaban de las veces en que el gobierno de México o de Estados Unidos ponían vigilancia a Emma y de los cateos que de vez en cuando ocurrían en los lugares donde vivía ella con sus hijas y de los que, por fortuna, gracias al poder corruptor de su marido, siempre lograba enterarse antes.

—Óscar me acaba de decir que algunos soldados están por hacer un cateo a una dirección. Lo comprobaron y dijeron que es esta casa. ¿Qué sabes? —preguntó Emma a su esposo.

—No he escuchado nada, cariño. Déjame revisar y ver qué está pasando. ¿Hay armas ahí, amor? ¿Tienes un arma?

—Tengo una tuya que me diste.

—Estoy preguntando si hay armas, cariño.

—Sí, hay una, bueno, dos.

—Ponlas en el compartimento oculto, cariño. Están haciendo una revisión minuciosa por mí, cariño.

—Avísame cuándo será —pidió Emma.

—Cariño, en un rato te lo haré saber lo que sea que escuche.

—Está bien. Si no contesto, significa están aquí y lo apagué. ¿Está bien? Por si acaso llegan aquí en poco tiempo.

Al final, el Chapo la tranquilizó y le avisó que ya no irían. Había puesto todo bajo control.

Emma se mostraba interesada incluso en los episodios violentos.

—Cariño, algunos muchachos de Guadalupe Victoria fueron asesinados hace un momento. ¿Fue alguna de tu gente? —preguntó Emma a su esposo.

—No, cariño.

—Te amo, mi amor, hablamos pronto.

* * *

Llegó aquel 17 de enero cuando vio entrar a la sala de la corte a Lucero, por quien Emma sentía una particular animadversión, la cual creció cuando se enteró ahí, delante de todo el mundo, que una buena parte de su matrimonio la chapodiputada fue un fantasma.

Ahí supo que mientras ella estaba embarazada, su marido retozaba con Lucero, la mujer del tic inquietante. Mientras ella fue a parir a California, él se quedó entre sus brazos. Que en la misma cama en que ella estaba acostada con su esposo cuando llegó el operativo al condominio Miramar, días antes había estado Lucero.

Y en 2014, mientras ella entraba a hacer la visita conyugal a su esposo por la puerta principal de la prisión, Lucero salía por la puerta trasera. Y de esas visitas había procreado un hijo varón con el Chapo, más pequeño que las gemelas.

Pero de todo, lo que le habrá parecido más insoportable era que luego de que el Chapo escapó de la cárcel, fue a Lucero a quien corrió a ver, y la frecuentó más veces incluso que a ella.

"Nadie sabe para quién trabaja", reza el refrán. Emma había sido una parte esencial en la preparación y ejecución de la fuga de Joaquín Guzmán Loera. Ella se había comprometido hasta el cuello, mientras Lucero solo se limitó a esperarlo en su cama.

* * *

El compadre de Emma, Dámaso López Núñez, quien fue detenido en México en 2017 y extraditado a Estados Unidos, fue uno de los testigos de cargo contra el Chapo en el juicio de Nueva York y contó la verdadera historia de la fuga de 2015.

Mientras el Chapo estuvo en la cárcel de máxima seguridad del Altiplano, Emma y sus abogados, Óscar Gómez Núñez y Andrés Granados, fungieron de mensajeros para que él pudiera seguir administrando su facción del Cártel de Sinaloa. A través de ellos enviaba mensajes a sus hijos Iván, Alfredo, Ovidio y Joaquín, *los chapitos*, y a Dámaso López Núñez, quienes habían quedado a cargo de las operaciones de tráfico de drogas y todo lo que ello significaba.[14]

"Te pido que estén siempre de acuerdo tú y mis cuatro hijos [Iván, Alfredo, Ovidio y Joaquín]. Contraten contadores en todo el estado, y paguen a los muchachos y viudas de allí, y lo que queda por mes, la mitad es para ti y la otra mitad para los cuatro [sus hijos]. La madre de las gemelas les dirá algo a ti y a mis hijos. Por favor, esté alerta, compadre. Ella te lo explicará", escribió el Chapo desde la prisión del Altiplano en un pedazo de papel a su compadre Dámaso López, *el Licenciado*, y Emma entregó el mensaje.

Emma se reunió con Dámaso y le pidió ayudarla a planear y ejecutar la fuga del Chapo. Su compadre aceptó. Se organizó una reunión entre Emma, Dámaso, Iván, Alfredo, Ovidio y Joaquín y ella les comunicó las instrucciones de su esposo respecto al plan de escape.[15]

"En cuanto a Cleto [un operador], que aumente la producción para que rinda. Saluda a Cleto. Dile que por favor me dé una mano, para que la primera venta sea para mí, porque tengo muchos gastos aquí", fue otra de las notas escritas por el Chapo que Emma entregó a miembros del cártel. El dinero que él estaba pidiendo era para pagar sobornos en la prisión.

Emma, Dámaso y los chapitos se organizaron para construir un túnel para la fuga del Chapo. El principal objetivo era que no lo extraditaran a Estados Unidos y así asegurar su control en la parte que le correspondía dentro de la organización criminal.[16]

El Chapo, a través de Emma, ordenó a sus hijos comprar un terreno cerca de la prisión del Altiplano, mientras que Dámaso debía encargarse de comprar una bodega en la misma zona, así como armas de fuego y un camión blindado.

Para llevar a buen término el plan, Emma y sus cómplices acordaron la necesidad de conseguir un reloj con GPS para que el Chapo lo usara dentro de la cárcel y así poder ubicar el punto exacto donde debía desembocar el túnel y construir el acceso para que pudiera fugarse. Fue Emma directamente quien le entregó el reloj en la prisión.

Emma se reunió en varias ocasiones con sus hijastros y su compadre para discutir los avances del plan de fuga, de modo que ella pudiera transmitir el reporte en la siguiente visita a su esposo.

Llegó el momento en que Emma informó a los chapitos que su padre ya podía escuchar los trabajos del túnel en construcción, eran los mismos ruidos que escuchaba su vecino de celda, el Teo, y que el gobierno ignoró porque estaban coludidos con el plan de fuga. Se decidió que la operación debía concretarse un sábado o domingo porque no estaban los altos funcionarios y no eran días de visita. Como efectivamente sucedió.

Un mes después de la recaptura del Chapo, luego de la primera visita de Emma al Altiplano, ella buscó a Dámaso para pedirle si podía ayudarla de nuevo a planear una fuga de su esposo. Cuando se encontraron, Emma le entregó a su compadre 100 mil dólares para tramitar la compra de un nuevo terreno en las inmediaciones y le dijo que le daría más dinero dependiendo del costo de la propiedad.

Con la declaración de Dámaso, la imagen de esposa amorosa de ojos de muñeca con pestañas gigantes que ladeaba la cabeza una y otra vez negando que supiera del involucramiento de su esposo en el narcotráfico y de su fuga, pasó a ser la de Judy, la triste marioneta esposa de Punch, que forma parte del tradicional teatro inglés de títeres de cachiporra. El argumento principal es el de una comedia negra en la que Punch es violento y abusivo, y siempre está dando garrotazos igual a bestias salvajes que a la autoridad, pero principalmente a su esposa Judy, quien es su comparsa.

* * *

Como estocada final, el 3 de febrero de 2021, días antes de que el jurado emitiera el veredicto del Chapo, la Fiscalía publicó un documento donde reveló información que no se había ventilado en las audiencias, pero que habían dado al menos dos de los testigos, concerniente al patrón de conducta violento del Chapo.

Álex Cifuentes, el jefe de Andrea Vélez, reveló que una empleada del Chapo a quien llamaba *comadre María* le enviaba regularmente fotografías de mujeres, adolescentes y niñas de hasta 13 años para que él eligiera con cuál quería tener relaciones sexuales. Esto en el periodo en que ya estaba casado con Emma.

"Por aproximadamente 5 mil dólares el acusado o uno de sus asociados podría tener la chica de su elección llevada a uno de los ranchos del acusado para tener relaciones sexuales." Varias eran menores de edad.

Cifuentes confesó que el Chapo drogaba a las niñas para tener relaciones sexuales colocando una sustancia en polvo en sus bebidas. El esposo de Emma decía que las menores de edad eran como "vitaminas" para él porque creía que la actividad con las niñas le daba "vida".

En realidad, el Chapo nunca había dejado de ser el infame líder del grupo de matones los Dormidos, que había hecho el trabajo más sucio para el Cártel de Sinaloa. Y Emma era su esposa y cómplice.

Si en los ocho años de matrimonio con Joaquín Guzmán Loera fuera viable identificar el momento en que Emma podría haber dicho "basta", el instante en que la olla exprés explotó, posiblemente haya sido este.

"Hoy yo no voy a llorar. ¿Por qué? Nadie ha muerto aquí", dijo Emma Coronel Aispuro seca, desenamorada, el 12 de febrero de 2019 mientras salía del Palacio de Justicia de Estados Unidos en Brooklyn, luego de que por unanimidad el jurado declarara culpable a su esposo —de entonces 62 años—, de los 10 cargos presentados por la Fiscalía, lo cual sin duda representaba una sentencia de cadena perpetua.

La última vez que Emma vio al Chapo fue en la audiencia del 17 de julio cuando le dictaron una sentencia de más de 30 años. Iba vestida con un pantalón y chaleco largo, negros, una blusa blanca de tela vaporosa, zapatillas color nude, y con un nuevo corte y color de cabello caramelo y rubio.

En la sala en la que Emma fue despojada brutalmente de su corona, Guzmán Loera pidió al juez le concediera algunas palabras: "Primero que nada quiero dar las gracias a mi esposa, mis hijas, mis niñas, por el apoyo incondicional durante este largo proceso; a mi mamá, hermanas, hermanos, mis hijos que me quieren y me han dado fortaleza y también gracias a todos aquellos que han orado por mí…", dijo el destronado rey de las drogas. Y se llevó una mano al corazón a modo de despedida.

Pero entre ellos dos aún no estaba dicho todo.

* * *

"Emma sí llegó a estar muy enamorada de don Joaquín; sí lo estaba, por eso le lastimó tanto lo que pasó en el juicio", comentó una persona cercana a ella en aquellos días.

Aunque en la corte Emma aparentaba escuchar impasible los testimonios más crudos sobre las infidelidades del Chapo y sobre su propia participación en las actividades ilegales de su esposo, en realidad fue una pesadilla. La armadura que se había construido para ocultar sus sentimientos le había servido durante las audiencias, pero cuando llegaba a la suite del hotel Hilton estaba devastada, narraron quienes la vieron.

Se encerraba en la habitación y lloraba desconsolada y avergonzada, ante sí misma, ante el mundo. Pero no lo culpaba a él, señalaron quienes escucharon sus lamentos, sino a sí misma por haberlo dejado entrar a su vida.

Fue justo durante el escabroso juicio cuando el agente del FBI Eric McGuire trató de persuadir a Emma de que colaborara con el

Departamento de Justicia. No se sabe exactamente cuál fue su respuesta en aquel momento.

Durante el juicio todo el tiempo estuvo vigilada —dicen sus cercanos— por agentes del Servicio de Inmigración y Control de Aduanas (ICE). "La trataban mal en los filtros de migración como si fuera extranjera. Sin excepción le hacían una revisión minuciosa de todas sus pertenencias y equipaje."

Quienes convivieron con ella en esa época dijeron que realmente estaba preocupada por sus hijas. "Ella es muy discreta con sus relaciones familiares, le preocupaba la situación de su papá [Inés Coronel] y de sus hermanos [Édgar y Omar]. Es muy lista, sabía que tenía una familia que estaba en riesgo."

"Tiene una gran capacidad de resistencia, aunque esté destrozada por dentro, no lo deja ver, no le gusta que la gente vea su lado frágil… le importa mucho su imagen pública, quiere que los demás la vean fuerte", describió otro testigo.

Pero más que herida, más que triste, más que derrotada, aseguran que Emma estaba enojada, y pronto lo haría ver a su familia, al Cártel de Sinaloa y al mundo entero.

* * *

Al terminar el juicio del Chapo, el cuento de narcohadas contado por Emma se había desmoronado y comenzó a actuar como si no tuviera más que perder.

Mientras el Chapo estaba siendo ingresado en su fría y diminuta celda en el Centro Penitenciario y Administrativo de Máxima Seguridad en Florence, Colorado —considerada una cárcel de super máxima seguridad de Estados Unidos, y una de las más estrictas del mundo—, Emma se fue de viaje a Europa. En sus redes sociales publicó sus fotografías en una góndola en Venecia.

"La glamurosa Emma, de 29 años, disfruta de un viaje en góndola durante sus vacaciones europeas, mientras su esposo se pudre en el infierno de la prisión Supermax de Colorado", comentó el diario británico *Daily Mail*.

Y en noviembre de ese mismo año participó en un episodio del polémico *reality show* Cartel Crew de la cadena de televisión VH1 grabado en Miami, convirtiéndose en la primera esposa de un miembro de la cúpula del poderoso Cártel de Sinaloa en hacer tal cosa.

El cambio de Emma en forma y fondo era público y evidente. Transformó su cuerpo en uno aún más irreal, con curvas más pronunciadas gracias a una nueva liposucción. Los labios eran cada vez más voluminosos por las inyecciones de colágeno. Al grado tal que la hinchazón modificaba su rostro tanto que parecía como si siempre estuviera sonriendo. Personas allegadas a ella señalaron en entrevista que desde hacía años se había operado la nariz, pero volvió a hacerlo. Se puso nuevos implantes en seno y derrier. E inyectó sustancias en sus pómulos para hacerlos más voluminosos. Decía que su sueño era un día ir a Colombia, donde asegura, están los mejores cirujanos, para hacerse aún más intervenciones.

En Emma había una metamorfosis que iba más allá de un asunto físico, algo estaba pasando en ella, y no era justamente el capullo que se convertiría en mariposa. Quizá porque solo siendo artificial, convirtiéndose físicamente en otra persona, era capaz de tolerar la vida que el Chapo eligió para ella cuando a los 17 años no tenía poder de decisión; aunque luego, cuando lo tuvo, ella escogió abrazar esa vida como quien se aferra a un yunque arrojado al mar.

Los chapitos —los hijastros de Emma— estaban enojados con su actitud y comenzaron a relegarla; la menospreciaban y le recortaron los recursos económicos. Ellos se quedaron con el control de las operaciones criminales de su padre y de los recursos que generaban.

Ella quería ser independiente y buscaba una fuente de ingresos legal para ella y sus hijas. Quiso quedarse al menos con la marca registrada del nombre de su esposo, y todo lo que derivara de ella para hacer una línea de ropa y una película o serie de TV. Pero la familia del Chapo no se lo permitió. Quien se quedó con la marca registrada fue Giselle, la hija que el Chapo procreó con su aún esposa legalmente de Alejandrina Salazar. Ella creo la marca "El Chapo Guzmán" en Guadalajara con la cual vende souvenirs, camisas y playeras con la cara de su padre impresa como si fuera el héroe de un cómic, y no el sanguinario jefe de las drogas.

Emma aumentó su desafío. Su actividad en redes sociales era incendiaria. Se mandaba a hacer estudios fotográficos y pasó de las sesiones de chica recatada, con suéter y actitud casi infantil —de los cuales me regaló un par de fotos en 2016—, a la mujer devora hombres. Cada foto que ella misma subía a su cuenta oficial de Instagram era más provocativa que la anterior. En bikini, con vestidos diminutos y poses seductoras.

De todas las fotos la más simbólica es la que ocupa la portada de este libro. Evoca el autorretrato de Vicente Zambada Niebla, *el Vicentillo*, el hijo predilecto de Ismael *el Mayo* Zambada, quien se dibujó a sí mismo con el overol de preso, maquillado de payaso llorando.

El 2 de julio de 2020 Emma publicó un estudio fotográfico en el cual aparece con una chamarra reluciente de vinil, una cadena dorada gruesa, que evidentemente usa ironizando la vestimenta masculina del prototipo de narco mexicano. Y sobre la cabeza lleva una corona dorada igual de exagerada, superlativa. La corona que perdió durante el juicio de su esposo. Y como toque final, en el disfraz se hizo pintar los labios, más gruesos de lo habitual, que daban la impresión de que en vez de boca tenía una manzana roja, como un lechón que después del sacrificio va al horno. "Feliz cumpleaños a mí", escribió en inglés cuando publicó la fotografía en su cuenta oficial de Instagram. Era Emma gritando en silencio.

A finales de ese año publicó otra foto significativa. Se decoloró por completo el cabello castaño, se tiñó la melena rubio claro y se hizo un estudio fotográfico luciendo un vestido de novia, blanco, "hampón como de princesa", como ella me había descrito había sido el vestido de nupcias con el Chapo que el mundo no había visto porque había sido una boda clandestina. Ahora todos podían mirarla.

La provocación de Emma a la familia de su esposo y al Cártel de Sinaloa era tal que su propia madre estaba preocupada, como me contó una persona cercana a la familia en octubre de 2020, cuando la señal de alerta dentro del clan criminal estaba encendida. Pidió a cercanos a su hija hacerla entrar en razón, bajar su perfil y atenerse a las líneas de vida que debían seguir las mujeres de la cúpula de la organización criminal. Pero Emma no quería hacerlo.

* * *

Pese a los consejos de los abogados mexicanos del Chapo de que era mejor que ella no viajara más a Estados Unidos por toda la información ventilada en el juicio, Emma viajó a Washington D. C. el 22 de febrero de 2021 y llegó al aeropuerto internacional de Dulles.

"La esposa de Joaquín *el Chapo* Guzmán Loera, líder de una organización mexicana de narcotráfico conocida como el Cártel de Sinaloa, fue arrestada hoy en Virginia por cargos relacionados con su presunta participación en el narcotráfico internacional", anunció ese mismo día el Departamento de Justicia de Estados Unidos.

Fue encarcelada en el centro de detención de Alexandria y presentada en la Corte del Distrito de Columbia. Su fotografía con el uniforme de presidiaria, la cara lavada sin maquillaje, y esa extraña mueca que tiene producto del excesivo colágeno en los labios dio la vuelta al mundo.

Fue McGuire, el agente del FBI que había hecho contacto con Emma durante el juicio en Nueva York, el mismo que el 17 de febrero de 2021 firmó la acusación criminal en su contra y pidió que se girara la orden de arresto, la cual se ejecutó el 22 de febrero. De acuerdo con el medio de comunicación estadounidense *Vice* la entrega de la esposa del Chapo había sido pactada y buscaba convertirse en testigo protegido, según información que habían obtenido de fuentes anónimas del gobierno de Estados Unidos. Los abogados de defensa de Emma dieron una declaración ambigua y solo afirmaron que esa filtración ponía en riesgo la vida de ella y su familia.

Personas vinculadas a Emma y su familia prefirieron no aclararme la situación de su detención. Entonces solicité formalmente a la Secretaría de Relaciones Exteriores (SRE) del Gobierno de México información sobre la asistencia consultar que le estaban brindando luego de su arresto. Se informó que Estados Unidos tiene la práctica de considerar a las personas de doble nacionalidad como Emma Coronel exclusivamente como sus nacionales por lo que no tiene derecho a la ayuda consular del gobierno de México; no obstante, se estila que funcionarios consulares puedan visitar al mexicoamericano detenido si este lo solicita.[17]

"Con base en lo anterior, informaron que hasta el momento no se cuenta con registros de que la señora Coronel Aispuro haya solicitado asistencia consular a las representaciones consulares de México en Estados Unidos, ni se tienen comunicaciones emitidas al respecto", respondió la SRE, lo cual llama la atención y podría abonar a la teoría de que Emma Coronel Aispuro negoció su entrega. Llama la atención que el 17 de febrero la Corte emitió la orden de arresto y que justo en esos días Emma viajó a la capital estadounidense.

Para el 10 de junio Emma firmó un acuerdo de culpabilidad con el Departamento de Justicia, que habitualmente significa una cooperación del detenido brindando información valiosa sobre sus cómplices a cambio de una reducción en la sentencia. Y firmó una comprometedora confesión.

Por la convivencia con integrantes y familiares del Cártel de Sinaloa durante 14 años, ella podría tener información valiosa de otras esposas e hijos de jefes de la organización, como del propio líder Ismael el Mayo Zambada, pero sobre todo de su familia política: hijos, hermanos, sobrinos y otros miembros del clan del Chapo.

Emma hizo el exorcismo de sus demonios.

* * *

"Desde el momento en que conocí a Joaquín Guzmán Loera hasta el 19 de enero de 2019 cuando fue extraditado, yo sabía que era líder del Cártel de Sinaloa y que traficaba drogas ilegales", confesó Emma.

Reconozco que ayudando a mi esposo ayudé al Cártel de Sinaloa a cumplir sus objetivos criminales. Y que esa ayuda contribuyó al tráfico de 450 kilos de cocaína o más a Estados Unidos, 90 kilos de heroína, 45 kilos de metanfetaminas y 90 mil kilos de mariguana.

Del 2011 hasta el 19 de enero de 2017 en Estados Unidos y otros lugares ilegalmente, con conocimiento e intención conspiré para realizar transacciones con dinero de procedencia ilícita.

Desde 2017 hasta el día de mi arresto tuve posesión y control de propiedades en las que un importante traficante extranjero de drogas [el Chapo] tenía intereses. De 2007 a febrero de 2021 obtuve múltiples beneficios de las ganancias obtenidas por mi esposo del tráfico de drogas.

Reconoció su participación en el complot para orquestar la fuga del Chapo en 2015, y reveló que estuvo involucrada en el pago de 4 millones de dólares en sobornos a funcionarios del gobierno de Enrique Peña Nieto en 2014 y 2016. La primera vez para conseguir condiciones favorables para su esposo cuando lo encarcelaron en el Altiplano, luego del arresto en Mazatlán. Y 3 millones en 2016, uno para que le dieran trato de privilegio y dos para que lo regresaran de la prisión de Ciudad Juárez. Sobre este último pago Emma aseguró que el dinero se entregó a "la cabeza de las prisiones" del gobierno de México, que en ese tiempo era Eduardo Guerrero Durán, comisionado del Órgano Administrativo Desconcentrado Prevención y Readaptación Social.

"Estoy firmando esta declaración de hechos porque la información contenida en ella es real y correcta. Yo soy culpable, de hecho, de todos estos delitos", concluyó su confesión firmándola con un tímido garabato que estampó de su puño y letra que dice: "Emma". Por estos delitos podría ser condenada de 10 años a cadena perpetua, y sus hijas gemelas crecerán al menos el próximo decenio con su padre y madre en prisión.

* * *

Al final, Emma, quien parecía la más frágil, la más cooptada y controlada de las señoras del narco, cuyas historias he narrado, decidió terminar su relación con el mundo criminal en el que vivía y que la había proveído de lujos, glamur y "fama", pero igual de vergüenza, rabia y dolor. Quizá solo así, exorcizando su paso por el Cártel de Sinaloa, es que encuentre un nuevo camino. No se puede saber, pero al menos no se ha quedado estática resignándose a callar y fingir que no ha sido cómplice del régimen que la había corrompido.

Emma es la primera mujer perteneciente a la cúpula delictiva que controla México que quebranta el pacto de impunidad con su confesión, y rompe con el sistema criminal machista, patriarcal impuesto a las madres, hijas, esposas, novias y amantes del mundo del narcotráfico, arriesgando todo. El 30 de noviembre de 2021 está agendada la audiencia en que recibirá su sentencia Emma, la primera dama del narco que desafió a la organización de tráfico de drogas más importante del mundo.

NOTAS

[1] La autora obtuvo testimonios de testigos directos de los hechos, además de los testimonios judiciales que constan en el expediente del juicio contra Joaquín Guzmán Loera en la Corte de Distrito Este de Nueva York.
[2] Información obtenida por la autora en 2015 durante su investigación sobre la fuga de Joaquín Guzmán Loera del Altiplano ocurrida el 11 de julio de 2015. Está basada en testimonios presenciales y en el expediente judicial 48/2015-III del cual tiene copia.

[3] Información obtenida de la declaración de Alexánder Cifuentes el 16 de enero de 2019 en la Corte del Distrito Este de Nueva York de la cual la autora tiene transcripción oficial.

[4] *Idem.*

[5] *Idem.*

[6] Testimonio de Andrea Vélez Fernández en la Corte del Distrito Este de Nueva York el 17 de julio de 2019.

[7] Información que obra en el expediente judicial 1:09-cr-00466 en la Corte del Distrito este de Nueva York.

[8] Entrevista del actor y productor Sean Penn y la actriz mexicana Kate del Castillo realizada indirectamente a Joaquín Guzmán Loera a fines de 2015. "El Chapo habla. Una visita secreta al hombre más buscado", en *Rolling Stone*, 11 de enero de 2016, disponible en https://www.rollingstone.com/politics/politics-news/el-chapo-habla-39588/.

[9] La autora tiene copia de dicho expediente judicial desde 2015 y lo reveló en el reportaje "La fuga de El Chapo paso a paso", en *Proceso*, 4 de agosto de 2015, disponible en https://www.proceso.com.mx/reportajes/2015/8/4/la-fuga-de-el-chapo-paso-paso-150509.html.

[10] Los mensajes entre el Chapo y la actriz los difundió públicamente la PGR a inicios de 2016. Este párrafo y los que siguen están basados en esa información.

[11] Entrevista del actor y productor Sean Penn y la actriz mexicana Kate del Castillo realizada indirectamente a Joaquín Guzmán Loera a fines de 2015, *loc. cit.*

[12] Los mensajes entre El Chapo y la actriz los difundió públicamente la PGR a inicios de 2016, *loc. cit.*

[13] Agustina Cabanillas fue detenida en Los Cabos en febrero de 2012 en un operativo donde casi capturan al Chapo, quien estaba ahí con ella.

[14] Declaración de Dámaso López Núñez rendida el 22 de enero de 2019 en la Corte del Distrito Este de Nueva York, de la cual la autora tiene transcripción oficial.

[15] *Idem.*

[16] *Idem.*

[17] Información basada en la respuesta a la solicitud de información folio 0000500116421 hecha por la autora a la Secretaría de Relaciones Exteriores.

Emma y las otras señoras del narco de Anabel Hernández
se terminó de imprimir en el mes de diciembre de 2021
en los talleres de Diversidad Gráfica S.A. de C.V.
Privada de Av. 11 #1 Col. El Vergel, Iztapalapa,
C.P. 09880, Ciudad de México.

71   13

Studia Hispanica in Honorem R. Lapesa. Vol. I: 622 págs. Vols. II y III, en prensa.

José Luis Martín: *Crítica estilística.* 410 págs.

Vicente García de Diego: *Gramática histórica española.* 3.ª edición revisada y aumentada con un índice completo de palabras. 624 págs.

Graciela Illanes: *La novelística de Carmen Laforet.* 202 págs.

François Meyer: *La ontología de Miguel de Unamuno.* 196 páginas.

Beatrice Petriz Ramos: *Introducción crítico-biográfica a José María Salaverría (1873-1940).* 356 págs.

Los «Lucidarios» españoles. Estudio y edición de Richard P. Kinkade. 346 págs.

Veikko Väänänen: *Introducción al latín vulgar.* 414 págs.

Vittore Bocchetta: *Horacio en Villegas y en Fray Luis de León.* 182 páginas.

Elsie Alvarado de Ricord: *La obra poética de Dámaso Alonso.* Prólogo de Ricardo J. Alfaro. 180 págs.

José Ramón Cortina: *El arte dramático de Antonio Buero Vallejo.* 130 págs.

Mireya Jaimes-Freyre: *Modernismo y 98 a través de Ricardo Jaimes Freyre.* 208 páginas.

Emilio Sosa López: *La novela y el hombre.* 142 págs.

Gloria Guardia de Alfaro: *Estudios sobre el pensamiento poético de Pablo Antonio Cuadra.* 260 págs.

Ruth Wold: *El Diario de México, primer cotidiano de Nueva España.* 294 págs.

VIII. DOCUMENTOS

2. José Martí: *Epistolario (Antología)*. Introducción, selección, comentarios y notas por Manuel Pedro González. 648 págs.

IX. FACSÍMILES

1. Bartolomé José Gallardo: *Ensayo de una biblioteca española de
   libros raros y curiosos*. 4 vols.
2. Cayetano Alberto de la Barrera y Leirado: *Catálogo bibliográfico
   y biográfico del teatro antiguo español, desde sus orígenes
   hasta mediados del siglo XVIII*. XIII + 728 págs.
3. Juan Sempere y Guarinos: *Ensayo de una biblioteca española de
   los mejores escritores del reynado de Carlos III*. 3 vols.
4. José Amador de los Ríos: *Historia crítica de la literatura española*. 7 vols.
5. Julio Cejador y Frauca: *Historia de la lengua y literatura castellana (Comprendidos los autores hispanoamericanos)*. 7 vols.

OBRAS DE OTRAS COLECCIONES

Dámaso Alonso: *Obras completas*.
   Tomo I: *Estudios lingüísticos peninsulares*. 706 págs.
   Tomo II: *Estudios y ensayos sobre literatura*. Primera parte: *Des-
   de los orígenes románicos hasta finales del siglo XVI*. 1.090 págs.
   Tomo III: *Estudios y ensayos sobre literatura*. Segunda parte. En
   prensa.
Juan Luis Alborg: *Historia de la literatura española*.
   Tomo I: *Edad Media y Renacimiento*. 2.ª edición. Reimpresión.
   1.082 págs.
   Tomo II: *Época Barroca*. 2.ª edición. 996 págs.
   Tomo III: *El siglo XVIII*. 980 págs.
Homenaje Universitario a Dámaso Alonso. Reunido por los estudian-
   tes de Filología Románica. 358 págs.
Homenaje a Casalduero. 510 págs.
Homenaje a Antonio Tovar. 470 págs.